국가를 망친 **통치자들**

# 국가를 망친 통치자들

## 누가 나라와 국민을 죽이는가

미란다 트위스 지음 | 한정석 옮김

이가서
Leegaseo publishing

# 국가를 망친 통치자들

초판 1 쇄 인쇄일 | 2016년 12월 5일
초판 1 쇄 발행일 | 2016년 12월 9일

지은이 | 미란다 트위스
옮긴이 | 한정석
펴낸이 | 하태복

펴낸곳    이가서
주소      경기도 고양시 일산서구 주엽동 81, 뉴서울프라자 2층 40호
전화·팩스 031-905-3593 · 031-905-3009
홈페이지  www.leegaseo.com
이메일    leegaseo1@naver.com
등록번호  제10-2539호

ISBN   978-89-5864-322-7   03900

# ● 차례

———

Evil. 1_도덕적으로 그른, 나쁜; 사악한: 사악한 통치자. 2_해악 또는 손상을 초래하는; 해로운: 나쁜 계획. 3_불행의 표시가 있는 또는 불행이 뒤따르는; 불운한: 불행한 운명. 4_화를 잘 내는: 성마른 기질. 5_존경받지 못하는; 평판이 나쁜: 나쁜 평판. 6_고약한, 불쾌한: 고약한 냄새. 7_도덕적으로 잘못된 자질 또는 실 ; 사악함: 전쟁의 사악함. 8_사악함 또는 해로움을 유발하는 힘이나 권력: 악함이 세계에 강하게 퍼져 있다.

_ 옥스퍼드 영어사전

———

**권력은 붕괴되게 마련이고, 절대권력은 절대적으로 붕괴된다.**

_ 1877년 존 달버그가 만델 크레이튼 주교에게 보낸 편지

「귀족이 취해야 할 우선적인 행동」 중에서

이 책에 등장하는 16명의 남녀들과 그들이 저지른 사악한 행동의 공통점은, 무제한의 권력을 휘둘러 자신들의 통치하에 있었던 많은 사람의 목숨을 빼앗았다는 것이다. 그들의 삶의 궤적을 한데 묶으면, 칼리굴라가 서기 12년 로마제국에서 탄생하면서부터 1980년대 캄보디아인들의 대량학살에 이르기까지 2,000여 년에 걸쳐져 있다. 권력, 종교, 정치적 신념에 의해, 사디즘과 정욕에 의해, 때론 광기에 의해 이들은 전세계적인 공포의 대명사가 되었다.

악이란 삶의 한 양상이다. 우리는 이런 사실을 스탈린과 히틀러의 통치뿐 아니라 정치적 또는 종교적 억압, 빈곤, 질병, 기아로 인해 잔인한 짓을 저지르는 수백만 사람들의 삶은 말할 것도 없이 살인, 강간, 구타와 같은 일상의 범죄에서도 볼 수 있다.

존 스튜어트 밀은 '진실이 항상 박해에 맞서 승리한다는 격언은 그러한 말들이 진부한 것이 되고 또 잘잘못이 가려질 때까지 다른 사람들이 하는 말을 흉내내어 반복하는 유쾌한 거짓말들 중의 하나이다. 역사를 돌이켜보면 진실과 선의가 박해에 굴복한 예를 무수히 볼 수 있다'고 말한 바 있다. 당신은 누군가가 '인과응보야!'라 하는 말을 얼마나 많이 들었던가? 물질계의 거대한 구도 속에서 우리는 종종 인간의 선의가 우세하며, 악한 행위를 저지른

자들은 반드시 대가를 치르게 되어 있다고 믿기도 한다. 하지만 이 책에 등장하는 16명의 남녀에게 정의란 오로지 이따금씩만 배당되는 것일 뿐이다. 즉 선한 자는 고통받는 반면 악한 자가 번성할 수도 있다는 것을 보여주었다. 이반 뇌제, 스탈린, 폴포트, 토르케마다, 피사로는 모두 장수했으며, 이들 16명 중 오직 여섯 명만이 그들이 저지른 행위의 결과로 죽었을 뿐이다. 아민과 같은 많은 독재자들은 안락한 삶을 살았으며 계속해서 강력한 권력을 휘둘렀고, 반면 선한 사람들의 선한 주장들은 번번이 패배했다. 슬프게도 이 16명의 가증스런 범죄를 비교함으로써 배울 수 있는 명백한 교훈은 우리가 우리 자신의 실수로부터 얼마나 배운 것이 없는가 하는 점이다. '어떠한 사악한 행위도 본 적도 들은 적도 없다'는 사람들의 대단한 능력은 히틀러와 네로 시대에서와 마찬가지로 이디 아민이 공포 정치를 펼치던 시기에도 썩 훌륭하게 발휘되었던 것이다. 이 세 사람은 대부분의 국민들에게 그들이 원하는 것을 주었고, 국민들은 그에 대한 반대급부로 자신들의 동료 시민들이 잔인하게 죽어가는 것을 눈감아주기로 했다.

권력은 사람들을 권력 중심부로 견인한다. 이 책에 등장하는 사람들 중 어느 누구도 자기 혼자 잔학한 행위를 저지르지는 않았다. 모든 사람들이 그들을 기꺼이 따랐고 유능한 공범자가 되었던 것이다. 엘리자베스 바토리만이 유일하게 자신을 적극적으로 지지하고 돕는 사디스트가 없었던 듯하고, 반면 캄보디아, 독일, 러시아, 우간다의 많은 국민은 폴포트, 히틀러, 스탈린, 아민 뒤에 숨어 움직이면서 대량학살을 저질렀다고 할 수 있다. 이반 뇌제가 친위군대인 오프리츠니키를 창설했을 때는 지원자가 넘쳤다고 한다. 아틸라의 피에 굶주린 군대는 문명 세계에서 온 사람들이 태반이었으며, 아민이 부와 생사여탈에 대한 무제한적 권력을 약속하자 수백 명에 달하는 우간다인들이 아민의 국가정보부에 들어갔다. 많은 사람은 공범 관계가 돈과 권력에 지대한 영향을 주는 경로임을 잘 알고 있었기 때문에 이들 사악한 지도자를 추종했던 것이다. 자신들이 추종하는 지도자들의 예측 불가능한 행위를 잘 조정했어야 함에도 불구하고 사람들은 본능에 따라서만 움직였던 것이다.

절대권력의 향유 기간에 대해서는, 많은 '사악한'사람들의 공포 정치가 다행히도 짧아졌다는 사실을 지적해야 할 것이다. 폴포트, 피의 메리, 칼리굴라는 단 4년 동안 최고권력을 누렸고, 아민은 8년 동안 권좌에 앉아 있었다. 하지만 절대권력의 향유 기간이 계속 단축되었던 것은 아니다. 스탈린은 30년 이상 권력을 유지했고, 죽었을 때는 '미국'의 묵인 아래 대규모 추도 행렬이 이어졌다. 스탈린이 수백만 명에 달하는 국민의 목숨을 앗아간 데 대해 직접적인 책임이 있었음에도 불구하고 그의 이미지는 사후 상당 기간 변하지 않았던 것이다. 사실상 이 책에 등장하는 대부분의 악인들은 그들의 잔인성에 대한 기록을 프로파간다로 간주하여 무시하는 추종자들을 여전히 거느리고 있다.

물론 어떤 사람들을 악의 화신으로 그리는 것은 나름대로 이점이 있다. 만약 당신의 적이 잘못 조명되어 그들을 저지하고자 하는 모든 수단이 용인된다면 당신 자신의 사악한 행위가 정당화될 수도 있다. 임팔러 블라드 대공이 헝가리 왕에게 잡혔을 때, 블라드 대공의 사악함이 진정한 신의 길을 가고자 하는 블라드 대공을 어떻게 타락시켰는지를 알리는 위조된 괴문서가 나돌았고, 그의 이름을 더럽히는 매우 선정적인 게르만족의 괴담이 널리 퍼졌다. 당시의 정치적 현실은 블라드 대공이 너무나 성공적이었고 통제 불가능했기 때문에 헝가리인들이 그를 좋아하지 않았다는 것이었다. 라스푸틴은 완벽한 희생양을 찾아 러시아 황제와 황후를 시해할 명분을 제공했다. 당시 사악한 세력으로 비쳐졌던 것은 바로 사람들을 휘어잡는 그의 힘이었다. 그는 음탕한 방법으로 황후를 타락시켰고 또 황제에게서 참모를 떼어놓음으로써 황제를 타락시켰다. 라스푸틴은 황실의 과도한 권력 남용을 공격함으로써 로마노프 왕조의 종말을 재촉했고, 그 결과 러시아 제정이 붕괴되었다. 칼리굴라, 네로, 아틸라와 같은 사람들에 관한 많은 이야기는 그들을 적그리스도로 묘사하고 있으며, 그들의 악행을 강조하기 위해 다양한 형식으로 악마와 결부시키고 있다. 카니발리즘(cannibalism)[1]은 이 책에서 다루고 있는 16명이 저지른 악랄한 행위들 중 하나가 되어 통속적인 신화에 정기적으로 등장하고 있다. 이들 중 상당수가 인육을 먹지 않았다는 것은 자명한 사실이지만, 그들이 얼마나 비상식적인 행위를 했는지를 조명하기 위해 인육을 먹었다는 잔인한 이미지가 단순하게 정기적으로 사용되고 있다.

사악함이 정당화된 적이 있는가? 사악함이 16명 중 두 명에게 유리하게 작용했다고 할 수 있다. 훈족의 아틸라 왕이 그토록 악명을 떨치지 않았다면 그렇게 거대한 제국을 이루어내지 못했을 것이다. 그의 악행이 그 이전에 전해졌기 때문에 수많은 도시가 제대로 저항하지도 않고 그에게 굴복했던 것이다. 또한 스탈린은 목재 쟁기를 들고서 30년간 절대권력으로 러시아를 통치했다. 스탈린이 인간의 존엄성과 복지가 모든 진보의 중심에 놓여 있다는 사실을 회피했을 수도 있다. 하지만 나는 세계에서 가장 강력한 제국의 절대권력을 추종하던 한 국가가 그토록 빨리 부드러운 지도자에게로 돌아설 수 있었는지 믿기 힘들다. 러시아가 귀족풍의 리더십을 숭앙하던 국가였다는 사실이 스탈린으로 하여금 인간적인 삶을 도외시한 채 끔찍한 개혁의 구현을 가능하게 만들었던 것이다. 상대적으로 선한 레닌조차도 새로운 국가를 건설할 때는 힘과 협박이 필요하다는 것을 인정했던 것이다.

---

1)_인간이 인육을 먹는 풍습

우리는 진정으로 악을 이해하지 못하고 있으며, 악을 상대적인 어휘가 아니라 절대적인 것으로 취급하곤 한다. 21세기의 악에 대한 개념은 이전 세기와는 매우 다르다. 알버트 홀에서 이슬람교도들이 사자에게 잡아먹히는 것을 보거나 웨스트민스터 성당 밖에서 이교도들이 화형당하는 장면을 당신은 상상이나 할 수 있겠는가? 그런 것은 우스꽝스런 상상으로 치부될 것이지만, 당대의 수많은 사람들은 그러한 무시무시한 의식에 능동적으로 참여했고 즐겼던 것이 사실이다.

많은 사례를 볼 때, 종교가 이 16명의 주인공들에게 자신들의 야만성을 드러낼 한 가지 이유나 자신들의 악행을 용서받을 수 있는 도구를 제공했던 것으로 보인다. 그들이 신이 자신의 편이라고 느꼈다면, 그들의 적은 그들뿐 아니라 그들의 신에게 대항하는 셈이었을 것이고, 따라서 그들이 저지르는 모든 행위는 정당한 것으로 여겨졌을 것이다. 이반 대제는 살육의 축제가 끝나면 몇 주일 동안 제단 앞에서 스스로를 정화하는 의식을 거행하곤 했다. 토르케마다는 수도사 복장을 한 채 '이교도'로 의심되는 자들을 고문하고 사형에 처하라고 명령했다. 엘리자베스 바토리와 임팔러 블라드는 둘 다 정기적으로 교회에 나가 기도를 했다. 프란시스코 피사로는 그리스도의 이름으로 잉카제국을 정복하고 파괴했고, 피의 메리는 가톨릭교회의 이름으로 수백 명의 신교도들을 불태워 죽였다. 신은 사랑과 용서를 표상하지만, 역사서들은 신의 이름으로 저질러진 잔혹함으로 가득 차 있다.

이 책에 등장하는 인물들 중 여자는 단 세 명뿐이다. 엘리자베스 바토리는 풍문에 의하면 자기 성에 사는 600명 이상의 소녀들을 죽였고, 일자 코흐는 부헨발트를 개인 소유의 놀이 공원으로 만들었다고 한다. 하지만 그녀들은 자신의 더러운 일을 저지르기 위해 수많은 사람들을 끌어들이는 군대나 정치 세력에 접근하지는 않았다. 반대로 메리 1세는 본래부터 여왕이었지만 통치기간은 짧았고, 그녀의 정책의 결과로 살해당한 사람들의 수는 부친인 헨리 8세의 통치하에 살해당한 사람들의 수와 비교할 때 미미했다. 아마도 그녀가 여자였다는 사실이 그녀의 악행을 더욱 두드러지게 만들었을 것이다. 이 시기 동안 마녀로 고발되어 장작더미 위에서 화형당한 수많은 여자들의 수를 세어보면 여자들이 얼마나 편리하게 희생양으로 탈바꿈될 수 있었는지를 알 수 있을 것이다.

인간의 악은 질투, 오만, 허영, 탐욕 등 이 책에 등장하는 사람들의 삶에서 극명하게 드러나는 가장 악한 행위에 뿌리를 두고 있다. 하지만 악은 어디에서 시작되는가? 나는 어린아이가 악하게 태어난다는 것은 상상할 수도 없는 것이라고 믿고 있지만, 이반 대제가 악동이었고, 칼리굴라의 유년기 경험이 선한 기질을 끌어내기보다는 오히려 그의 본성의 어두운 면을 부추겼다는 증거에 대해서는 의심의 여지가 없다고 생각한다.

우리는 사악함의 이유를 캐내고자 한다. 이 책에 등장하는 인물들 중 몇몇에게서는 유년기의 경험이나 배우자나 부모 중 어느 한쪽의 죽음의 결과로서 악해지기 전과 후를 명확하게 구분하여 서술하는 것이 쉽다. 존 왕은 배반과 속임수가 횡행하는 궁정에서 양육되었기 때문에 그가 습관적으로 불안해하고 약한 모습을 보인 것이 그닥 놀랍지 않다. 하지만 때로는 그처럼 동정적인 결론을 이끌어내는 것이 불가능한 경우도 있다. 게다가 악한 행위는 그러한 행위가 자행되는 환경이 매번 바뀌기 때문에 비교할 수 없는 것이다. 정당한 환경이 아니었다면 16명의 인물들 중 어느 누구도 자신들의 행위를 저지르는 데 필요한 권력을 갖지 못했을 것이다. 만약 미국인들이 캄보디아에 지원했던 자금을 모두 회수하지 않았더라면 폴포트는 현재의 지위에 오르지 못했을 것이다. 만약 러시아 황제와 황후가 현실과 다른 사람들의 욕구에서 조금만 덜 유리되었더라면, 라스푸틴은 그토록 강력한 지지기반을 얻지 못했을 것이다. 또한 일자 코흐가 다른 사람과 결혼하여 부헨발트 포로수용소에 발걸음도 하지 않았다면 그녀 역시 평범한 독일의 가정주부로 살면서 개인적인 삶의 고통을 헤치며 살았을 것이다.

그러면 악을 그토록 매력적으로 만드는 것은 무엇인가? 역사의 기록을 살펴보면, 악이란 주제만큼 인류의 지성을 혼란스럽게 만든 주제를 발견하기는 어렵다. 인간에 대한 인간의 비인간성의 역사를 강조하는 책이 인간의 선행을 상세히 묘사한 책보다도 더 잘 읽히고 있는 실정이다. 악은 통합을 방해하며, '규범'사회의 행복과 안녕을 파괴한다. 하지만 우리는 악에 물들어 있다. 우리는 실수로부터 배울 것이라는 희망을 간직하고 있지만 우리에게는 결코 불행이라는 것이 닥쳐오지 않을 것이라는 생각에 안도하면서도 다른 사람의 불행한 소식을 전해 듣고 싶어하는 고약한 욕망을 품고 있기도 하다.


_2002년 1월  미란다 트위스

Caligula

Nero

Attila the hun

King john

Torquemada

Prince
Vlad Dracula

Francisco Pizarro

'Bloody' Mary I

Ivan IV,
'The Terrible'

Elizabeth,
Countess bathory

Rasputin

Josef Stalin

Adolf Hitler

Ilse Koch

Pol Pot

Idi Amin

# CALIGULA

# 칼리굴라

더 나은 노예도 더 나쁜 주인도 없었다.
_로마 황제 티베리우스

## The Schizophrenic Emperor

C · GALIGVLA · CÆS · AVG · IIII · RO · IMP ·

가이우스 율리우스 카이사르, '칼리굴라'로 불리며, '키가 크고 호리호리하며, 움푹 들어간 눈에 머리숱이 적었다고 기록되어 있다. 야만성 뒤에 숨겨진 잔인함. 변덕스러움. 외고집 그리고 광기로 대변되는 짧은 황제 치세 동안 폭군과 대량 학살자로 기록되어 있다. (STAPLETON COLLECTION/CORBIS)

서기 37년 티베리우스 황제가 사망했을 때, 로마제국 전역은 안도와 환호로 들끓었다. 스스로 카프리섬에 유배되어 수년을 지내다 사망했지만, 티베리우스 황제는 로마 군대 내의 반대파들을 잔인하게 처형함으로써 모든 사람들에게 두려움과 혐오의 대상이 되었기 때문이다.

그의 젊은 후계자는 새로운 황금시대를 열겠다고 약속했다. 국민들은 가이우스 카이사르라는 이름과 그의 혈통에 현혹되었고, 원로원은 그에게 전대미문의 권력을 넘겨주었다. 이후 4년 동안 미치광이 황제는 절대권력을 사용하여 사디스트적 쾌락을 즐기며 테러와 강간과 살인을 저질렀다. 그의 성생활은 2,000년 동안이나 타락의 극치를 대표하게 되었다. 그는 고문을 하면서 주연을 베풀었고, 저녁식사를 할 때 서서히 고통스럽게 죽이라고 명령했다. 사욕을 채우기 위해 듣지도 보지도 못한 괴상한 계획을 추진할 때에는 남자들과 여자들, 그리고 제국은 그의 장난감에 지나지 않았다. 칼리굴라는 마침내 스스로 신이라고 선언했다.

가이우스 율리우스 카이사르는 서기 12년에 로마제국에서 가장 유력한 가문에서 태어났다. 그의 부친인 게르마니쿠스는 전쟁 영웅으로 제국의 북부 전선에서 위명을 떨쳤다. 그의 모친인 아그리피나는 아우구스투스 황제의 증손녀로 야심을 가진 솔직한 여자였다. 그의 부친은 종종 로마군의 전투에 어린 가이우스를 데리고 가기도 했고, 가이우스를 행운의 마스코트로 여겨 아이에게 훈장을 수여하기도 했다. 그는 몸에 꼭 맞는 제복을 입고 '칼리가에'라는 가죽 신발을 신었는데 그의 별명인 '칼리굴라'는 이 신발에서 유래된 것이고, 자라면서 그렇게 불리는 걸 무척 싫어했다고 한다.

그의 부친인 게르마니쿠스는 점점 더 엄격해지는 티베리우스와는 달리 재능이 있었고 또 그 이상으로 매력적인 남자였다. 게르마니쿠스는 게르만족과의 전투에서 몇 차례 승리를 거둠으로써 티베리우스 황제로부터 커다란 후원을 받았다. 하지만 게르마니쿠스의 빛나는 명성은 황제를 위협하기에 이르렀고, 서기 17년 5월, 게르마니쿠스는 전선에서 소환되었다. 그는 전쟁 포로들과 약탈한 재물들을 이끌고 로마에 화려하게 입성했다. 게르마니쿠스는 승리의 행렬을 이끌었고, 전차에 앉아 말에 탄 부친의 옆을 따르던 4살박이 칼리굴라는 대중의 찬사와 아첨을 한몸에 받았다. 하지만 그로부터 2년후 게르마니쿠스가 갑자기 사망했기 때문에 그의 가족은 그들에게 쏟아지는 영광을 즐길 틈이 없었다. 그의 고통스럽고 오래 끈 죽음은 독살의 혐의를 두기에 충분했고, 게르마니쿠스는 티베리우스 황제의 짓이라고 굳게 믿었다. 아그리피나 역시 그렇게 믿었고, 다수 대중이 슬퍼하는 것에 고무되어 티베리우스가 남편을 독살했다고 비난하면서 그녀의 남은 가족이 모두 몰살당한 것이 그 증거라고 주장했다. 표적은 그녀가 아니었지만, 아그리피나의 교만하고 솔직한 품성이 그녀의 몰락을 초래하게 되었다.

아그리피나와 그녀의 장성한 두 아들 네로와 드루수스는 체포되어 국가의 적으로 고발당했다. 네로는 스스로 목을 자르도록 강요되었고, 드루수스와 아그리피나는 방치되어 굶어죽었다. 어린 칼리굴라는 자기 주변의 사람들에게 가해진 살해, 유배, 짐승과 같은 굴욕을 모두 목격했다.

그러나 막내아들인 칼리굴라에게는 형 집행이 유예되었다. 칼리굴라는 할머니인 안토니아에게 보내졌다. 제국의 궁정 한가운데에서 오랫동안 살아온 안토니아는 다혈질적인 아그리피나와는 달리 교묘한 처세술에 능했다. 그러나 감수성이 예민한 십대 소년 칼리굴라는 자신의 두 누이동생들과 근친상간 관계를 갖기 시작했는데, 둘 중에서도 어린 드루실라가 먼저 그의 성적 희생양이 되었다. 서기 31년, 칼리굴라의 삶은 극적인 전기를 맞게 되었다. 19세가 된 칼리굴라는 카프리섬으로 와서 노환에 시달리는 티베리우스와 함께 지내라는 황제의 소환장을 받았다. 티베리우스는 서기 26년에 은퇴해서 카프리섬에서 살고 있었는데, 그동안 눈에 거슬리는 사람들을 모두 벼랑 아래로 던져 죽이는 등 섬에는 그의 잔인함과 방탕함으로 악명이 자자했다.

칼리굴라는 가족을 몰살시킨 혐의가 있는 티베리우스의 손님으로서 6년간을 함께 지냈지만 악의적인 행동은 내비치지 않았다. 칼리굴라는 생존 게임을 벌이면서 스스로 즐기는 방법들을 알게 되었다. 칼리굴라는 젊음을 무절제하게 탕진하고 성적 모험에 집착했다. 그보다 나이든 사람들이 칼리굴라가 황제에 대해 씻을 수 없는 원한을 품고 있는 만큼 행동은 조심스럽게 할 것이라고 생각했다면 그것은 단연코 오산이었다. 그가 젊은 날에 보여준 무절제함은 새로운 공직을 맡아 막대한 권력을 손에 쥐고 주지육림에 빠지기 시작할 때 표면적으로 드러났을 뿐인 미치광이와 같은 광기를 가려주었다. 그의 전기 작가인 수에토니우스는 다음과 같이 말한 바 있다. "칼리굴라는 자신의 야만적인 본성을 통제할 줄을 몰랐다. 실제로 그는 고문받는 죄수들의 고통과 괴로움을 구경하는 것을 좋아했다. 밤이면 가발을 쓰고 긴 망토를 걸치고 밖으로 나가 폭음을 하면서 성적 쾌락을 즐겼다."

그렇지만 칼리굴라는 카프리섬에서 강력한 정치적 관계를 형성하는 데 대부분의 시간을 보내기도 했다. 그는 황제 근위병의 우두머리인 마크로와 강력한 전략적 동맹 관계를 맺었다. 마크로는 폭력 정치의 대가였다. 그는 티베리우스 황제의 오른팔 격으로 티베리우스가 통치하는 동안 악명 높은 재판과 형집행을 감독한 인물이었다. 그는 칼리굴라와 마음이 통한다는 것을 알았다. 이 두 사람 사이의 동맹은 칼리굴라가 마크로의 아내인 에니아와 잠자리를 같이 할 수 있다는 비밀 협약을 맺음으로써 더욱 공고해졌다.

티베리우스는 오랜 손님으로 와 있는 칼리굴라의 인격에 대해 조금도 의심하지 않았다. 그는 유혈 참사를 예견했다. 35년에 칼리굴라는 티베리우스의 손자인 게멜루스와 공동 후계자로 명명되었다. 티베리우스는 아직 어린애인 게멜루스를 안으며 칼리굴라에게 이렇게 말했다. "네가 이 아이를 죽인다면 너도 죽임을 당하게 될 것이다."

하지만 황제의 손은 묶여 있었다. 게르마니쿠스의 아들인 칼리굴라는 대단히 유명해져 있었고, 마크로를 배후에 거느린 칼리굴라는 제국 군대의 지원을 받고 있었다. 티베리우스는 칼리굴라를 진급시킬 수밖에 없었다. 게르마니쿠스의 갑작스런 죽음은 티베리우스에 대한 반감을 결집시켰으며, 게르마니쿠스의 초인적인 재능은 전설적인 이야기가 되어 유일하게 살아남은 그의 아들인 칼리굴라에게 전해졌다.

티베리우스는 37년 3월 16일에 사망했지만 아무도 슬퍼하지 않았다. 마크로의 강요로 원로원은 황제가 제정신이 아니었다는 이유를 들어 황제의 유언을 따르지 않았다. 제국은 칼리굴라에게 넘겨졌고, 칼리굴라는 게멜루스가 어리다는 이유를 들어 양자로 삼았다. 게멜루스는 제국에 대해 아무런 지분도 갖지 못했으며, 1년도 지나지 않아 살해되었다.

게르마니쿠스의 아들이 로마제국 전체를 혼자 다스리게 되었고, 이에 대해 로마인들은 기쁨을 표시했다. 일설에 따르면, 칼리굴라가 제국을 통치하기 시작한 처음 3개월 동안 칼리굴라에 대한 제국의 경의를 표시한다는 이

19세기에 재현된 칼리굴라가 검투사를 사는 장면. 그는 사람과 사람, 사람과 맹수를 싸우게 하는 유혈 낭자한 구경거리를 제공함으로써 파산했다. 칼리굴라는 경비를 절약하기 위해 흥미가 약간 떨어지는 장면을 연출했을 경우, 그 책임자들의 사지를 절단하여 굶주린 맹수들이 우글대는 투기장에 던져 넣고 끔찍하게 죽는 장면을 지켜보며 즐겁게 박수를 치곤 했다.(CORBIS)

유로 16만이 넘는 사람들이 희생되었다고 한다. 로마시는 과도한 세금에 불만을 품은 상류층과 힘겨운 삶에 지친 하류층 모두에게 미움을 받았던 정권이 사라진 것에 대해 환호했다.

새로운 황제는 키가 크고 호리호리했으며, 움푹 들어간 눈에 머리숱이 적었다. 그래서 칼리굴라가 지나갈 때 높은 곳에서 아래를 내려다보는 것은 금지되었으며, 머리숱이 많은 사람들은 종종 머리칼을 잘리곤 했다. 칼리굴라는 가발을 쓰고 다녔지만, 그가 있는 자리에서 염소를 언급하면 죽을 죄가 되었다.

그러나 칼리굴라의 폭군적인 과대망상증은 아직 완전히 실체를 드러내 보이지 않았다. 그때까지도 원로원은 시민들과 마찬가지로 마법에 걸려 있었다. 젊은 황제는 로마에 도착한 지 몇 시간도 되지 않아 '모든 것에 대한 권력과 권위'를 부여받았다. 아우구스투스 대제가 가졌던 권력에는 미치지 못했지만 칼리굴라가 거머쥔 권력은 사실상 대단히 광범위한 것이었다.

칼리굴라가 통치하기 시작한 처음 6개월 동안 로마 시민들은 호화로운 '밀월기'를 즐겼다. 칼리굴라는 거두어들인 세금을 돌려주고 로마 수비대 병사들에게 현금으로 보너스를 주는 등 티베리우스가 모아놓은 재정의 대부분을 거덜내면서 로마인들의 칭송을 받았다. 그는 가장 신뢰하는 병사들, 즉 자신의 경호를 맡고 있던 기골이 장대한 게르만 용병들에게도 상당한 재물을 나누어주었다.

칼리굴라는 또한 그렇게 하다가는 파산할 것이고 제국의 재정을 파탄으로 몰아갈 거라고 경고하는 원로들을 무시하면서 막대한 경비를 들여 로마 원형극장에서 유혈이 낭자한 구경거리를 선보이기 시작했다.

제국 각지의 삼림과 사막에서 사자, 표범, 코끼리, 곰 등의 맹수들이 포획되어 로마로 보내졌고, 이러한 맹수들은 투기장에 던져진 '사냥감'을 도살함으로써 구경꾼들을 기쁘게 해주었다.

검투사들과 전차를 모는 전사들에게 주는 상금은 그들을 서로 죽일 때까지 싸우게 하기 위해 두세 배 많아졌다. 이러한 쇼는 목숨을 끊는 광기를 연출함으로써 구경꾼들로부터 큰 박수갈채를 받았고, 칼리굴라를 경배 받아 마땅한 황제로 만들어주었다.

게다가 로마의 엘리트층은 티베리우스의 반역자 재판이 끝난 것에 안도했으며, 칼리굴라는 마치 당당한 영웅의 풍모로 티베리우스의 재판 기록을 찢어버렸다. 칼리굴라 역시 원로원을 안심시키기 위해 자신의 어머니와 형제들의 죽음에 연루된 사람들을 처벌하지 않겠다고 선언했으며, 티베리우스 통치기에 투옥되거나 유배된 모든 로마인들에 대한 사면을 선언했다. 능란한 웅변가였던 칼리굴라는 원로원과의 협력을 강조함으로써 열광적인 환호를 받았다.

하지만 사람들은 여전히 칼리굴라의 가계를 기억하고 있었고, 죽은 양친에 대한 숭배심은 커져만 갔다. 게다가 그의 할머니와 세 명의 누이동생들은 모두 성처녀(칼리굴라가 그의 누이동생들과 근친상간의 관계를 가졌던 것을 생각하면 특히 아이러니한 일이다)로 추앙되었고, 그는 역사상 전례없이 그들의 얼굴을 새긴 화폐를 주조하게 했다. 이것은 칼리굴라의 본성을 드러내는 초기의 경고 신호였지만, 그에 열광한 로마인들은 알아차리지 못했다.

1년도 채 지나지 않아 칼리굴라는 티베리우스가 열심히 모아놓은 국가 재정을 25억 세스테르스[1]나 탕진해버렸다. 하지만 황금기는 그의 정신 건강에 치명적인 손상을 주었다. 권력과 아첨은 칼리굴라를 한계상황으로 몰아갔고, 여름이 끝나기 전에 칼리굴라는 정신적으로나 육체적으로 쇠약해졌다. 칼리굴라는 한 달 동안 삶과 죽음을 넘나들었다. 칼리굴라의 상태는 로마를 충격으로 몰아넣었고, 동정적인 로마인들은 궁전 앞에 모여들어 밤낮을 지새웠다. 궁전에서 800미터 반경 안에서는 전차나 손수레의 통행, 음악 소리나 거리에서 물건을 파는 소리가 금지되었고, 오직 칼리굴라의 회복을 비는 시민들의 기도 소리만이 허용되었다. 로마 상류층은 황제의 병환이 낳을 수만 있다면 스스로 검투사가 되어 싸우거나 자신들의 목숨을 내놓겠다고 했다.

마침내 칼리굴라는 완전히 의식을 회복했고 나날이 건강해져갔다. 그는 친구들과 가족들을 불러들여 이렇게 말했다. "내가 정말로 앓았던 것이 아니

---

[1]_우리 돈으로 약 900억 원에 해당한다.

다. 나는 완전한 신으로 다시 태어났다." 그 다음부터 칼리굴라의 통치 과정은 달라지게 되었다. 그는 자신이 아무런 벌도 받지 않고 나쁜 짓을 할 수 있다는 사실을 깨닫고는 점점 더 난폭해지고 변덕스러워졌다. 칼리굴라는 처음으로 암살의 공포에 사로잡혔으며 타고난 잔인성을 두려워하기 시작했다. 황제는 죽을 때까지 악몽과 불면증에 시달렸고, 종종 동이 틀 때까지 궁전을 배회하곤 했다.

병에서 회복한 칼리굴라는 자신을 위해 희생할 사람들을 찾았다. 검투사가 되어 싸우겠다고 약속했던 자에게는 그 맹세를 지키도록 강요했다. 칼리굴라는 그가 목숨을 걸고 싸우는 것을 지켜보았고, 싸움에서 이긴 후 살려달라고 애걸복걸해야만 목숨을 살려주었다. 또 다른 자는 자신의 노예들에게 넘겨졌고, 노예들은 꽃으로 단장한 그를 거리마다 뒤쫓아 다니며 약속을 지킬 것을 강요하고는 결국 성벽에서 아래로 내던져 버렸다. 칼리굴라는 또 자신의 회복을 기념하기 위해 경기를 계속할 것을 명령했다. 매일 매일이 공휴일로 지정됨에 따라 로마의 무역과 상업은 마비되었다. 하지만 계속된 피의 축제로 마침내 칼리굴라의 금고가 바닥내기에 이르렀다. 상금으로 줄 돈이 다 끊기고, 서커스가 비열하게 진행되고, 사자와 검투사들이 굶주림에 허덕이게 되자 칼리굴라는 구경꾼들로부터 야유를 받게 되었다.

실성한 칼리굴라는 신속하게 대응했다. 군중의 야유를 주동한 사람들은 칼리굴라의 경호원들에게 체포되어 투기장의 지하 감옥에 갇히게 되었다. 그들은 혀가 잘리고 피범벅이 된 채로 짐승들과 싸우도록 투기장에 내던져졌다. 로마인들은 아연실색했지만 칼리굴라는 자신을 야유해댄 모든 자들이 짐승에게 잡아먹힐 때까지 박수를 치며 즐거워했다. 선의의 정신은 끝났고, 칼리굴라는 다시 힘을 얻게 되자 친지들과 예전의 친구들을 치기 시작했다.

게멜루스는 칼리굴라를 살해하려는 음모에 가담하여 계획을 꾸몄다는 죄목으로 고발되었다. 18세의 게멜루스에게는 검이 한 자루 주어졌고 스스로 목숨을 끊으라고 강요받았다. 그런 다음 칼리굴라는 자신의 장인인 실라누스에게 칼끝을 겨누었다. 실라누스 역시 칼리굴라의 보트 여행에 동반하기를 거부한 직후 반역죄로 고발되었다. 실라누스는 면도칼로 목을 그어 자살하도록 강요받았다. 그리고 칼리굴라의 측근들조차 칼리굴라의 돌변한 태도와 충돌했다. 마크로는 계속 듣기 싫은 충고를 해댔기 때문에 칼리굴라의 측근들에게 점점 더 원한을 키웠다. 마크로는 칼리굴라의 정부이자 자신의 아내인 에니아의 간통을 방조했다는 죄목으로 둘 다 스스로 목숨을 끊으라고 강요받았다.

마크로가 죽자 칼리굴라의 행동에 제동을 거는 사람은 아무도 없었다. 로마의 권력층들은 젊은 황제를 자신들이 원하는 대로 좌지우지할 수 있을 거라고 믿었으나, 칼리굴라가 자신만의 계획을 차근차근 진행시켰다는 사실이 분명하게 드러났다. 게멜루스, 실라누스, 마크로가 죽은 후 마크로를 지지하던 자들에 대한 숙청이 단행되었다. 어떤 식으로든 불충의 기미를 보인 사람들은 즉시 사형에 처해졌다. 칼리굴라가 경기의 승부를 조작한다는 사실이 간파당하게 되면 짐승과의 싸움을 감독하는 자는 칼리굴라가 보는 앞에서 쇠사슬로 매를 맞았으며, 며칠을 계속 매질당한 끝에 죽기도 했다.

칼리굴라 치세에서 법은 고문의 도구로 전락하였다. 한 사람이 자신은 결백하다고 주장하면 칼리굴라는 형집행을 중단시키고는 혀를 뽑아버리라고 명령했다. 칼리굴라는 희생자의 가족들이 희생자가 죽는 모습을 지켜보도록 했고, 희생자의 아비가 건강이 좋지 않아 갈 수 없다고 하면 집으로 들것을 보내 데려오게 했다. 또 다른 아버지는 자기 아들이 죽는 것을 몇 시간 동안 지켜본 후 칼리굴라와 함께 저녁식사를 하도록 강요받기도 했다.

칼리굴라는 포도주에 진주를 녹여서 마셨으며 황금을 무더기로 쌓아놓고 굴리며 놀기를 즐겼다. 그의 방종하고 타락한 생활은 식품, 소송, 매음에 세금을 매겨 유지되었다. 그는 로마를 방문한 사람들에게 고리로 돈을 빌렸고, 그들에게 칼리굴라에게 전재산을 상속한다는 유언장을 작성하도록 강요한 다음 살해했다. 그는 또한 유언장에 그의 이름이 명시되지 않으면 배은망덕이라는 이유로 유언장이 아무런 효력이 없는 휴지조각일 뿐이라고 선언했다. 한번은 부자로 알려졌던 한 사람이 죽었고, 그가 무일푼인 것이 밝혀지자 칼리굴라는 '아아, 그는 헛되이 죽었도다'라고 탄식했다. 수에토니우스는 칼리굴라가 죄수들, 원로원 의원들, 그리고 자기 가족들과 잠자리를 같이한 방법을 다음과 같이 기록하고 있다. '그는 자신의 누이동생들과 정기적으로 관계를 가졌고, 많은 사람이 참석한 연회에서 누이동생들을 차례로 자기 아래에 눕게 하고 그 위에 자기 부인을 눕게 했다.'

칼리굴라의 '유머 감각'은 그가 자기 권력의 어두운 면에 얼마나 집착했는지를 보여준다. 그는 부인이나 정부의 목에 키스하면서 자신이 원하면 언제든지 목을 자를 수 있다고 말하곤 했다. 집정관 회의를 하는 동안 왜 그렇게 크게 웃느냐는 질문을 받자, 칼리굴라는 고개를 한 번 끄덕여 질문한 자를 그 자리에서 죽여버렸다. 또한 그는 자신이 총애하는 말 인시타투스가 집정관이 되어야 하며, 보석이 박힌 목걸이와 가구가 딸린 대리석 마구간을 받아야 하고, 자신을 섬기는 사원의 사제가 되어야 한다고 주장했다.

그는 무제한으로 권력을 휘둘러 그와 그의 측근들은 공개적으로 비웃음을 샀다. 하지만 38년 6월 그의 막내 누이동생인 드루실라가 죽자 충격을 받은 칼리굴라는 드루실라를 여신으로 봉하는 더욱더 기이한 행각을 벌였다. 황제가 죽으면 황제를 숭배하는 것은 일반적인 관례였지만, 드루실라는 칼리굴라를 제외하면 누구에게도 중요하지 않은 여자였던 것이다. 강요된 군중 추도 기간 동안 제국에서는 웃거나 씻거나 가족끼리 식사하는 것이 모두 금지되었다. 칼리굴라는 드루실라를 황금 조상으로 만들어 원로원 안에 설치하라고 명령했고, 양성체를 가진 특이한 성직자를 사제로 임명하여 그녀의 장례식을 주관하게 했다.

그로부터 며칠 후 칼리굴라는 세 번째 결혼식을 올렸다. 칼리굴라는 자신이 소유할 수 없는 여인들에게 참을 수 없는 매력을 느꼈다. 칼리굴라의 첫 번째 부인은 아이를 낳다가 죽었지만, 결혼식을 하던 중 납치되어 두 번째 부인이 된 리비아 오레스틸라는 일찍 헤어졌다. 이제 그는 다음 여자를 선택한 것이다.

로리아 파울리나는 매우 부유한 유부녀였다. 칼리굴라는 그녀의 남편을 협박하여 그녀를 포기하도록 했다. 그는 곧 그녀에게 싫증을 느끼고는 몇 주일 지나지 않아 그녀와 이혼했고, 그녀에게 여생을 독신으로 살라고 명령했다.

칼리굴라는 39년에 결혼한 네 번째 부인 케소냐에게서만 영혼의 안식을 찾았다. 그녀는 음탕했고 허영의 극치인 여자였는데, 칼리굴라는 그녀와 함께 있는 것을 너무나 즐거워하여 자기 친구들 앞에서 그녀를 벌거벗은 채로 걸어다니게 했다. 그녀는 그의 유일한 자식을 낳았고, 아이는 그의 죽은 누이동생의 이름을 따 드루실라라고 지어졌지만, 칼리굴라가 실제로 그 아이의 아버지인지는 확실하지 않다.

황제에 오른 지 2년도 지나지 않아 칼리굴라의 횡포는 원로원을 공포로 몰아넣었다. 평화롭고 안정적인 정권에 대한 희망이 사라지면서 황제의 통치에 대한 저항의 기운이 서서히 일기 시작했다. 그의 처남인 레피두스는 미래의 황제이자 제국 군대의 사령관인 네로의 어머니 아그리피나와 음모를 꾸몄다. 하지만 그들의 계획은 무산되었다. 여러 가지 음모가 횡행하고 있다는 소문이 원로원에 퍼졌다. 칼리굴라는 이에 냉혹하게 대응했다. 39년 초, 그는 원로원으로 당당하게 걸어 들어가 원로원 의원들에게 무시무시하고 야만적인 협박을 해댔다.

칼리굴라는 원로원 의원들을 위선자로 매도하면서 그들이 그의 어머니와 형제들의 죽음을 둘러싼 증거를 없앴다고 폭로했다. 그리고 그 자리에 있던 모든 사람들을 밀고자로 고발했다. 그는 그들이 티베리우스를 배반했던 것처럼 자신도 배반할 수 있다는 사실을 깨달았다. 그는 사람들을 즐겁게 하려한 것에서 아무것도 얻을 수 없다면 공포 정치를 하는 것이 낫겠다고 마음먹었다. 칼리굴라가 몹시 흥분해 있다는 사실을 알게 된 원로원 의원들은 겁을 먹고 티베리우스가 실시했던 반역 재판의 재개에 어쩔 수 없이 동의했다. 이후로 그들 모두는 고발과 즉결 처형의 위협에 시달리게 되었다.

칼리굴라가 원로원 의원들에게 준 모욕은 이후 그의 통치기간 내내 하나의 전형이 되었다. 한때 최고관직에 있던 어떤 사람들은 토가(toga)[2]를 입은 채 칼리굴라의 전차를 따라 수마일을 달려야 했다. 또 다른 사람들은 황제와의 식사에 초대되어 칼리굴라가 그의 손님들 중 한 사람의 부인을 옆방으로 데려가 섹스를 하는 동안 내내 기다려야 했다. 그는 돌아와서는 손님들에게 그녀의 훌륭한 섹스 기술에 대해 이야기하곤 했다.

원로원에서의 칼리굴라의 행위는 권력을 한손에 쥔 자의 모습으로 각인되었다. 하지만 해가 지나기 전에 칼리굴라는 이탈리아의 나머지 지역에 깊은

---

2)_고대 로마 시민이 입었던 긴 겉옷.

인상을 심어주기 위해 고안된 거대한 계획을 실행하게 된다.

소년 시절 칼리굴라는 예언자에게서 나폴리만㈜을 헤엄쳐서 건너면 황제가 될 수 있다는 말을 들은 적이 있었다. 그래서 그는 예언자의 말이 거짓임을 증명하기로 결정했다. 나폴리만 위쪽에 위치한 포추올리와 바이아에는 바다를 가로질러 5킬로미터나 떨어져 있었지만, 칼리굴라는 그 위로 임시 부교를 건설하게 했다. 칼리굴라는 이틀 동안 알렉산더 대왕이 입었던 것과 똑같은 갑옷과 보석이 박힌 황금 망토를 입고, 병사들과 죄수들을 뒤따르게 하고는 말을 타고 앞뒤로 왔다갔다했다. 고요한 바다를 내려다보며 칼리굴라는 넵튠(Neptune)[3]조차도 자신을 두려워하고 있다고 확신했다.

둘째 날, 칼리굴라는 자신의 업적을 과시하기 위해 다리 한가운데에 마련된 연단으로 기어올라갔다. 축하 의식은 밤까지 계속되었고, 흥청망청 술을 마시던 상당수 사람들이 물에 빠져 죽었다. 그때까지 국고는 거의 파산지경이었고, 칼리굴라는 황금에 눈이 멀어 가지고 있던 어음을 바람에 날려버렸다. 칼리굴라의 경호원들은 시민들을 거리로 내몰고는 그들의 지갑 속에 있는 모든 돈을 황제에게 바치라고 강요했다. 동전 한 푼이라도 지니고 있으면 즉시 죽음을 당했다. 그런 일이 있은 다음 칼리굴라는 황궁 내에 창녀촌을 만들 것이라고 공포했다. 저명한 원로원 의원들은 강요된 섹스 향연에 참석하라는 명령을 받았고, 입장료로 황금 1,000덩어리를 지불하고 그들의 부인들과 딸들을 동반하게 하여 그들에게 매춘부로 봉사하도록 강요했다.

권좌에 오른 후 3년 동안은 칼리굴라의 영향력이 로마에만 한정되었지만, 39년 후반이 되자 그는 영향력을 더욱 넓혀나갔다. 황제는 자신이 군인으로

---

[3] 바다의 신.

명성을 얻은 부친의 그늘을 벗어날 수 있다고 믿기 시작했다. 그는 게르만족과 맞대고 있는 로마제국의 영토를 브리튼으로까지 넓히기로 결심했다. 로마 황제가 반세기 만에 처음으로 이탈리아를 떠났다가 영예롭게 귀환할 것을 계획했던 것이다.

사실상 그의 계획은 우화나 다름없었다. 칼리굴라의 전쟁터 순시는 너무나 안락한 여행이 되었다. 많은 수행원을 거느린 탓에 그가 지나가는 도시는 모두 초토화되다시피 했고, 황제와 함께 하는 저녁식사 초대장이 지방의 고관들에게 팔렸다. 이들 중 일부는 죽임을 당했고 그들의 재산은 몰수되었다는 기록이 있다.

한 연대기 작가의 기록에 따르면, 한번은 칼리굴라가 주사위 놀이를 하는데 가진 돈이 하나도 없다는 것을 알고는 고올족의 인구 목록을 가져오게 했다. 그런 다음 가장 부유한 사람들을 죽이라고 명령했다. 그는 자기 옆에서 주사위 놀이를 하던 자들을 돌아보며 이렇게 말했다. "당신들이 동전 몇 푼을 갖기 위해 주사위 놀이를 하는 동안 난 1억 5,000만 데나리(denary)[4]를 벌었다네."

칼리굴라는 40년 초에 게르만 국경에 이르렀다. 적이 코앞에 있었지만 그는 게르만 영토 쪽으로 한 발짝도 움직이지 않았고, 로마 군대는 작은 전투에서 1,000명 정도의 포로를 사로잡았다. 칼리굴라는 그중 300명의 남자들을 선발하여 로마로 보내고, 나머지 사람들은 양쪽 끝에 대머리 남자를 세운 채 벼랑에 한 줄로 세우라고 명령했다. 그는 보무도 당당하게 로마로 승리의 귀환을 하기에 충분한 포로를 포획했다는 사실에 만족하여 로마 군대에

---

4)_고대 로마의 은화.

'대머리부터 대머리까지 모두 죽여버려'하고 명령했다. 칼리굴라가 로마에 입성한 다음 원로원은 칼리굴라가 '전투에 참가하여 커다란 위험을 맞기도 했다'는 보고서를 받았다.

칼리굴라는 게르만 지역에서 브리튼 지역으로 이동했는데, 이때 일어난 사건이 그의 통치기 동안 일어난 가장 우스운 일화로 회자되고 있다.

불로뉴 항구 외곽 지역에 주둔한 다음 그는 기력이 빠질 대로 빠져 불안해 하는 병사들을 해변에 정렬시켰다. 로마군 궁사들은 물가에 횡대로 도열해 있었다. 거대한 투석기들이 모래 언덕으로 끌어내어졌고, 기마부대 전원이 측면에서 대기하고 있었다. 모든 병사들의 눈은 수평선에 고정되어 멀리서 적군이 오는 것을 바라보고 있었다.

그때 칼리굴라는 위엄 있는 황제의 모습으로 몸을 일으켜 얕은 물 속으로 말을 몰았다. 칼리굴라는 검을 뽑은 다음 피를 얼어붙게 만드는 냉혹한 목소리로 바다의 신 넵튠에 대한 복수를 맹세했다. 칼리굴라가 검으로 파도 거품을 베자 보병대가 얕은 물 속으로 뛰어들어 창을 휘둘렀고, 그 뒤를 이어 기마병들이 파도를 타며 물 속을 들락날락했다.

칼리굴라는 '마음껏 약탈하라'고 소리쳤고, 모든 병사들이 바다에서 노략질을 시작했고, 투구에 조개를 가득 담아 칼리굴라의 영웅적인 승리의 전리품으로 로마로 가지고 왔다. 강력한 로마 군대는 실성한 황제 때문에 어릿광대로 전락해갔다.

칼리굴라의 정복 욕구는 좌절되었고, 마침내 그는 분노했다. 그는 적에 대해서보다 자신의 신하들과 병사들을 더 가혹하게 대했다. 칼리굴라는 피폐해진 게르만 포로들과 불로뉴의 무역선에서 포획한 얼마 안 되는 브리튼족과 무수히 많은 조개껍질을 가지고 로마로 귀환했다. 40년 5월, 칼리굴라가

칼리굴라 아치가 서 있는 폼페이광장. 쾌락을 추구하던 도시는 황제의 괴팍한 취향을 고스란히 반영했고, 신의 징벌을 받아 커다란 대가를 치렀다. 네로 황제의 통치기 동안 지진으로 엄청난 피해를 입은 폼페이는 16년 후인 79년 베수비오 화산 대폭발로 완전히 폐허가 되었다.(BETTMANN/CORBIS)

로마에 입성하자 그의 삼촌인 클라우디우스가 이끄는 원로원에서 보낸 사절단이 그를 맞았다. 그들은 축하하러 왔지만 칼리굴라는 그런 말을 들을 기분이 아니었다. 그는 검을 내던지며 '짐은 나의 길을 가고자 한다. 이 검도 마찬가지다'라고 말했다.

그는 충격을 받은 사절단에게 자신은 원로원이 아닌 자신을 원하는 로마 시민들에게로만 돌아가겠다고 공포했다. 칼리굴라는 희생양을 찾고 있었고, 원로원이 가장 알맞는 표적이었다. 그는 원로원 의원들의 충성심을 끝까지 시험하는 한편, 자신을 최고지도자뿐 아니라 신으로 섬기도록 요구했다. 하지만 칼리굴라를 제거하려는 음모는 빠르게 진행되고 있었다.

병이 호전되면서부터 칼리굴라는 정교하게 만든 의상을 입기를 좋아했다. 여자 옷을 즐겨 입은 그는 헤라클레스, 아폴로, 바커스, 카스토르와 폴룩스[5]와 같은 반신(半神)의 모습으로 나타나곤 했다. 하지만 광기가 심해지면서 칼리굴라는 헤르메스, 아폴로, 마르스와 같은 주요 신의 모습을 하곤 했다. 그는 종종 턱수염을 황금색으로 물들였고, 번개와 삼지창을 손에 들었으며, 때로는 비너스, 주노, 다이아나와 같은 여신의 복장을 하기도 했다.

40년 중반이 되자 칼리굴라가 스스로를 신격화하려는 욕망은 통제할 수 없을 지경에 이르렀다. 그는 태양신이 되어 달과 사랑을 나누었고, 스스로 신들의 형제라고 주장했다. 칼리굴라가 로마의 한복판에 자신을 위한 신전을 지으라고 명령했을 때도 무력한 원로원은 그저 지켜보고 있을 수밖에 없었다. 그의 삼촌인 클라우디우스를 비롯하여 부유한 귀족들은 신전을 건립하는 데 막대한 돈을 지출해야 했다. 그런 다음 칼리굴라는 황궁의 일부를 광장 쪽으로 확장하여 자신의 신전과 카스토르와 폴룩스를 위한 신전을 합쳐버렸다. 그는 로마의 신들을 조각해놓은 조상들의 얼굴들을 자신의 얼굴과 닮게 하려는 계획을 세우기도 했다.

그는 스스로 신이 되기 위해 열심히 준비하면서 40년의 여름을 보냈다. 그는 예루살렘의 신전이 그의 거대한 조각상이 안치된 제국의 성소로 탈바꿈되어야 한다고 강력하게 요구했다. 그는 그의 요구를 거부하는 것을 심각한 불충으로 간주했고, 그의 주장에 반대한 사람들을 모두 죽일 것을 명령했다. 지방 총독들이 기지와 외교적 노력을 기울여 대규모 폭동이 일어나지 않고 있을 뿐이었다. 신성모독은 격렬한 저항을 불러일으킨다는 사실을 알고 있

---

5)_제우스와 레다의 쌍둥이 아들, 뱃사람의 수호신

는 푸블리스 페트로니우스는 조각상의 완성을 지연시켰다. 그러한 것이 그의 목숨을 위협받을 수 있는 행위였지만, 그가 사형선고를 받았을 때는 칼리굴라가 이미 죽은 후였다.

팔라틴 경기의 마지막 날인 41년 1월 24일, 칼리굴라는 극장에서 돌아오던 중 칼에 찔려 죽었다. 암살자들 중에는 그의 가족과 그를 보호하는 임무를 맡고 있었던 근위병들이 끼어 있었다. 많은 사람들이 보는 앞에서 칼리굴라에게 여자처럼 유약하다며 조롱당했던 카시우스 카에레아가 일격을 가했던 것이다. 잔혹하고 광포한 살인이었다. 시체에는 칼에 찔린 상처가 30군데 이상 남아 있었다.

공모자들은 그런 다음 황제가 남긴 모든 흔적을 제거했다. 황후 케소냐는 추적 끝에 잡혀 칼에 찔려 죽었다. 한 병사는 그들의 2살 난 딸 드루실라를 들어올려 여러 차례 벽에 부딪혀 죽였다. 클라우디우스는 커튼 뒤에 숨어 떨고 있다가 발견되었는데, 그는 자신도 처형당할 거라고 확신했었다. 하지만 그는 근위대 막사로 안내되어 엄숙하게 황제로 추대되었다. 원로원은 다시 한번 환호성을 올렸다.

칼리굴라는 만 3년 11개월 동안 로마제국을 통치했다. 극악무도한 역사적 기록 중에서도 칼리굴라 황제의 통치기는 찬란하고 화려하게 기록되어 있다. 대량학살의 어두운 역사로 기록된 다른 전제군주의 행동과는 달리 칼리굴라의 전제정치는 극도의 일탈과 변화무쌍함으로 행해졌고, 야수성, 야만, 무절제한 성생활, 성도착 등 다양한 면을 보여주었다.

# NERO

로마 5대 황제

# 네로

나와 함께 죽는 예술가는 얼마나 행복한가!

_ 수에토니우스, 「케사르의 삶 (LIVES OF THE CAESARS)」 중에서

## Fifth Emperor of Rome

네로가 투기장에서 엄지손가락을 아래로 내려 결투에서 패배한 검투사를 죽이라는 신호를 보내고 있다. 자신의 어머니와 부인까지 살해할 정도로 수많은 범죄를 저지른 잔인하고도 무정했던 네로는 로마인들이 그에 대해 반기를 들자 자살함으로써 삶을 끝맺었다. (BETTMANN/CORBIS)

서기 54년, 네로가 황제가 되었을 때 로마는 전성기를 구가하고 있었다. 제국 군대는 라인강에서 사하라사막까지 뻗은 제국을 건설했다. 세계 인구의 5분의 1에 달하는 6,000만 명의 사람들이 로마제국의 독수리 휘장 아래에서 살았다. 하지만 네로의 14년 전제정치는 로마의 황금 시대를 끝장내버렸다. 네로는 자신의 어머니, 형제, 부인 그리고 자신의 앞길에 걸림돌이 되는 모든 사람들을 살해한 냉혹한 인물이었고, 여자의 옷을 즐겨 입었던 노출증 환자였다. 그의 잔인성, 폭력, 기괴하고 방탕한 행각은 로마제국을 정치적으로나 재정적으로나 파산 상태로 몰아갔다. 그는 기독교인들을 잔인하게 박해했으며, 그 결과 기독교인들로부터 악의 화신인 적그리스도로 기억되었다.

네로는 37년 12월 15일에 안티움에서 태어났고, 루시우스 도미투스 아헤노바르부스라고 이름지어졌다. 그의 아버지인 이그나티우스는 로마의 귀족 가문 출신으로 네로가 3살 때 죽었다. 그는 잔인한 성정을 가진 술고래였으며, 자신의 마차로 일부러 어린아이를 친 적도 있고, 또 자신을 성나게 했다며 로마 광장에서 한 기사의 눈을 뽑아버린 적도 있었다.

네로의 할머니는 미치광이였고, 그의 아버지와 숙부는 가망 없는 방탕아였고, 그의 숙모 중 한 명은 자신의 오빠인 황제와 근친상간의 관계를 갖기 위해 남편과 합의 이혼함으로써 가문의 명성에 먹칠을 하기도 했다. 하지만 네로가 황실의 삶의 실체와 자신이 원하는 것을 어떠한 희생을 치러서라도 얻는 법을 배운 것은 그의 어머니 아그리피나로부터였다.

고작 12살이 되었을 때 오빠인 칼리굴라에게 강간당하여 아들 네로를 낳은 아그리피나는 그후 2년 동안이나 유배를 당했고, 네로는 숙모인 도미타 레피다에게 보내져 끔찍하게 더러운 환경 속에서 관심도 받지 못한 채 자랐다. 하지만 41년 황제 자리에 오른 클라우디우스가 제일 먼저 취한 행동은 유배된 아그리피나를 불러들인 것이었다. 아그리피나는 로마로 돌아와 부자인 파시에누스 크리스푸스와 성대한 결혼식을 올렸는데, 그는 자신의 전재산을 그녀에게 남긴 채 몇 년 후 죽어버렸다. 이제 그녀는 자유의 몸이 되어 자신의 궁극적인 목적을 추구할 수 있게 되었다.

클라우디우스 황제는 메살리나와 결혼했는데, 그녀는 음탕했고 클라우디우스에게 충실하지 않았다. 메살리나는 제멋대로 삶을 살았고, 그 결과 아그리피나는 그녀를 제거하고 자신의 지위를 공고히 할 수 있었다. 그들은 49년에 결혼했는데, 아그리피나는 이미 그 이전부터 사실상의 황후로 행세했다. 현재까지 남아 있는 기록들을 보면 그녀가 황제의 어머니가 될 수 있었음을 확인할 수 있다. 하지만 아그리피나는 보다 세심한 주의를 기울였다. 네로가 11살에 불과했기 때문에 아그리피나에게는 당분간 클라우디우스가 죽는 것보다는 살아 있는 것이 더 효용가치가 있었다.

네로는 왕자로서 합당한 교육을 받았다. 세네카가 유배지에서 돌아와 집정관이 되었다. 세네카의 정치적 통찰력은 후일 클라우디우스를 제거하려는 아그리피나와 네로의 계획에 커다란 보탬이 되었다.

50년에 아그리피나는 클라우디우스를 꾀어 네로를 양자로 입양했는데, 클라우디우스에게는 브리타니쿠스라는 아들이 하나 있었다. 하지만 클라우디우스는 아그리피나가 소망했던 것보다 훨씬 일찍 자신의 아들보다 네로에게 황제계승권이 있음을 승인했다. 아그리피나는 그런 다음 브리타니쿠스의 가정교사를 제거하고 네로가 브리타니쿠스보다 더 우수한 교육을 받고 계속해서 사람들의 인기를 끌 수 있도록 여러 조치를 취했다.

네로가 16살이 되자 아그리피나는 황제의 딸이자 네로의 사촌인 옥타비아와 네로의 결혼을 추진했다. 아그리피나가 계획한 대로 황제 편에 서 있던 자들은 차례로 무너졌고, 아그리피나는 늙은 황제 클라우디우스를 암살할 기회를 노렸다. 그녀는 독살전문가 로쿠스타를 시켜 버섯 요리에 독을 넣게 했다. 하지만 독의 진행 속도는 느렸고, 초조해진 아그리피나는 의사인 크세노폰을 시켜 구토를 돕는다는 구실로 클라우디우스의 목구멍에 빨리 퍼지는 독을 바른 깃털을 넣게 했다. 클라우디우스 황제는 54년 10월 12일에 사망했다. 다음 날 근위대는 네로를 황제로 옹립했음을 선포했다.

네로는 17살에 역사상 가장 거대한 제국의 통치자가 되었다. 하지만 로마인들이 거리에 나와 축제를 벌이고 있는 동안 그들의 새 황제는 이미 불순한 폭력적 경향을 드러내고 있었다.

네로는 노예로 변장하고서 친구들과 함께 어울려 사창가와 여인숙을 전전했다. 그들은 상점에서 물건을 훔쳤고, 여행객을 구타했다. 깡패짓을 한 자가 황제라는 사실이 밝혀지게 되자 상류층 사람들에 대한 공격이 거세졌다. 그리고 무질서를 야기하는 행위가 용인되고 실제로 묵인되었기 때문에 네로를 사칭하는 폭력배들이 그와 비슷한 절도나 폭력 행각을 저질렀다. 로마는 밤이면 무법천지가 되었다.

범법을 저질렀음에도 불구하고 네로의 초기 통치는 열렬한 환영을 받았다. 어린 황제가 17살에 불과했기 때문에, 로마인들은 순진하게도 황제가 그렇게까지 타락하진 않았을 거라고 믿고 있었다. 네로는 클라우디우스 황제의 장례식에서 처음으로 공식적인 모습을 나타내 자신의 가정교사인 세네카가 써준 연설 원고를 대중 앞에서 읽었다. 그는 아우구스투스 대제가 했던 것처럼 사법권을 원로원에 돌려주겠다고 선언했다. 그는 제국의 경영과 황실의 경영을 동일시했던 클라우디우스의 전철을 밟지 않으려 했다. 결과는 대성공이었다. 왜냐하면 원로원은 그가 자기만의 쾌락을 추구하도록 내버려둘 것이었기 때문이었다. 로마 정부는 이전처럼 운영되었고, 로마는 오랜 세월 동안 선하고 인정 많은 통치를 향유하리라 기대했다. 하지만 로마제국의 역사를 보면 알 수 있듯이, 정치적으로 고요하고 온건하다는 것은 내부의 격변과 음모를 숨기고 있는 것과 다를 바 없었다.

자신의 지위를 공고히 하려고 필사적으로 매달렸던 아그리피나는 네로가 이복형인 브리타니쿠스를 신뢰하지 않도록 가르쳤다. 그녀는 네로에게 브리타니쿠스가 클라우디우스의 아들이며 또한 브리타니쿠스가 없어지면 더 유리해진다는 점을 계속해서 주지시켰다. 네로는 음모가 일어나지 않게 하는 방법을 찾을 필요가 있었다. 하지만 그러한 목적을 달성하기 위해서는 도움이 필요했다. 네로는 브리타니쿠스를 독살하기로 결정하고 로쿠스타에게서 독을 구해 브리타니쿠스의 식사에 독을 넣으라고 지시했다. 브리타니쿠스가 쓰러지자 네로는 로쿠스타에게 면책특권과 막대한 부동산을 포상했다. 심지어는 그녀에게 미소년을 보내주기도 했다.

브리타니쿠스를 제거한 후 네로와 그의 어머니는 아무런 제약도 받지 않고 통치를 해나갔다. 그들은 초법적 권력을 행사했으며, 로마 화폐에 나란히 모습을 나타냈고, 아그리피나는 자칭 어린 황제의 섭정이 되어 권력을 휘둘렀다. 그녀는 아들에 대해 절대적인 영향력을 행사하고자 했고, 그렇게 하기 위해 어떤 짓이라도 마다하지 않았다.

네로의 어머니는 네로의 손에 최고권력을 쥐어주었지만, 그렇게 함으로써 그녀는 네로에게 그가 이전에는 갖지 못했던 한 가지, 즉 그녀와 의논하지 않고 자신이 하고 싶은 것을 할 수 있는 권한마저 갖게 해주었다. 이러한 사실을 진작에 깨닫지 못한 것은 아그리피나의 치명적인 실수였다. 55년 초 네로가 그녀에게 싫증을 내기 시작했고, 네로가 가진 최고권력으로써 그녀를 제거하는 것이 절대적으로 보장되었다.

그러는 동안 오랜 어둠 속에서 살아온 네로의 아내 옥타비아도 위험에 빠지게 되었다. 네로가 한 로마 병사의 아내인 포페아에게 푹 빠져 있었기 때문이었다. 네로는 포페아의 남편을 제국의 외딴 곳으로 보내버린 후 방탕한 삶에 빠졌다. 하지만 아그리피나가 살아 있는 동안은 네로가 옥타비아와 헤어지지 않을 것임을 잘 알고 있던 포페아는 네로를 부추겨 언제나 지나치게 간섭하는 어머니 아그리피나를 제거하려고 시도했다.

네로는 아그리피나에 대한 헌신적인 태도에서 돌변해 그녀를 살해할 생각을 굳혔고, 아그리피나를 추방한 다음 살해하기 위해 함대 사령관과 기괴한 음모를 꾸미기 시작했다. 네로는 항해 도중 침몰하도록 설계된 배를 만들라고 명령했다. 배가 완성되자 네로는 아그리피나에게 비이이라는 휴양지에서 열리는 축제에 함께 가자고 청했다. 흥겨운 저녁 시간을 함께 보낸 후, 네로는 어머니에게 작별 키스를 했고 그녀를 배에 남겨두고 뭍으로 내려갔다. 배가 바다 한가운데에 이르자 감춰두었던 무거운 납덩어리가 무게를 이기지 못하고 배 바닥으로 떨어져 구멍을 냈고, 배는 가라앉기 시작했다. 아그리피나는 상처를 입긴 했지만 죽을힘을 다해 헤엄쳐 목숨을 건졌다.

아그리피나가 살아났다는 소식을 들은 네로는 그녀가 어떤 보복을 할지 몰라 전전긍긍했고, 곧 그녀의 별장으로 암살대를 파견했다. 암살자들이 그녀의 별장에 도착했을 때, 그녀는 벌거벗은 채 네로를 낳은 자궁을 드러내

보이며 찌르라고 을러댔다.

아그리피나의 시체를 가져왔을 때, 네로와 그녀의 죽음을 고소해한 네로의 추종자들은 간간이 술을 마시면서, 정부의 몸을 어루만지듯 다리와 엉덩이, 팔과 질(膣)의 미덕을 논하면서 아그리피나의 사체에 대해 점수를 매겼다고 한다.

하지만 네로는 자기 어머니를 완전히 죽이지 못했다. 네로는 어머니를 죽였다는 죄의식에 사로잡혀 있었고, 꿈속에서 아그리피나를 보곤 했다. 네로는 퓨리들(Furies)[1]이 자기를 따라다니고 있지만 떼어낼 수 없다고 푸념하며 악령을 불러내 쫓아낼 수 있는 페르시아 밀교(密教) 수행자들을 고용하기도 했다. 하지만 어머니를 죽였다는 죄의식도 네로의 살해 욕망을 막지는 못했다. 네로는 얼마 지나지 않아 자신이 어렸을 적에 숨겨주었던 숙모 도미티아마저 죽여버렸다. 바이아에 있는 그녀의 땅을 빼앗기 위해서였다. 네로는 값비싼 음식을 즐겼기 때문에 돈이 많이 들었다. 네로가 가장 즐겼던 것은 전차 경주와 호화로운 연극 관람과 검투사 경기였다. 로마 귀족 출신들은 로마의 천민들과 계속 늘어가는 외국인들과 동참하도록 강요되었다. 원형극장과 그 주변에서는 모든 종류의 악이 표출되었다. 네로는 5,000명의 박수부대를 동원해 이를 아우구스탄(Augustan)이라 명명하고 군중들의 맹목적인 갈채를 이끌어냈다. 이를 보며 네로는 더할 나위 없는 기쁨을 느꼈다.

네로가 노래를 부를 때는 아무리 긴급한 일이 있다 해도 아무도 극장을 떠날 수 없었다. 쇼를 보는 도중 아기를 낳은 여인도 있었다고 하며, 지겨운 노래를 듣고 박수를 치는 데 싫증난 많은 사람들이 출입문이 닫힌 후에는 몰래

---

1)_복수의 세 여신으로, 살인에 대한 복수자 '티시포네', 질투하는 자 '메가에라', 끝없이 분노하는 자 '알렉토'를 말한다.

담을 뛰어넘어 달아나거나 죽은 체하여 묘지로 실려가기도 했다고 한다.

로마 황제가 시를 짓는 데 관심을 보인 것은 위엄을 떨어뜨리는 동시에 충격적인 일이라고 생각되었다. 로마 황제가 대중 앞에서 시를 읊는 것은 생각할 수 없는 수치였고, 더욱이 극(劇)에 출연하는 것은 방탕과 난봉의 극치였다. 하지만 네로의 익살스런 행동이 귀족들에게 증오를 불러일으키긴 했지만, 일반 서민들도 귀족들과 동일하게 생각했는지는 확신할 수 없는 일이다.

60년에 아그리피나의 살해에서 촉발된 최초의 불만의 목소리들이 터져 나왔다. 하늘엔 혜성이 나타났고, 이는 왕조의 변화를 예고하는 불길한 전조로 받아들여졌다. 하지만 그때까지도 네로는 스스로를 전지전능한 존재라고 믿고 있었고, 자신이 더 우월하다는 사실을 나타내기 위해 한때 숭배했었던 시리아의 여신 아타르가티스 상(像)에 오줌을 누기도 했다.

아그리피나가 사라졌기 때문에 네로는 포페아를 황후로 맞아들이려고 했다. 그러나 몇 가지 문제가 있었다. 가장 큰 문제는 옥타비아가 로마 시민들에게 커다란 존경을 받고 있었고 게다가 근위대장인 부루스의 보호를 받고 있다는 점이었다. 다행히도 부루스는 다음 해에 죽었다. 부루스가 죽음으로써 포페아가 황후가 되는 것은 시간문제였지만, 네로의 가정교사인 세네카가 최대의 걸림돌이 되었다. 부루스와 세네카는 네로가 나쁜 행동을 할 때마다 제동을 걸곤 했기 때문이다. 네로는 세네카를 해임하고 그 자리에 자신의 자문위원들을 앉혔다. 로마의 정사는 새로운 인물 오포니우스 티겔리누스에 의해 좌지우지되었다. 그는 이미 피폐해질 대로 피폐해진 제국을 더 망가뜨린 인물로 기록되어 있다.

티겔리우스의 첫 번째 조치는 근위대를 완전히 장악하는 것이었고, 두 번째 조치는 네로의 신임을 얻는 것이었다. 그는 자신이 꼭 필요한 인물이라는 것을 네로에게 각인시키는 가장 좋은 방법은 네로가 진정으로 두려워하는 인물들을 찾아내는 것이라고 생각했다. 네로와 대화를 나누면서 그는 술라와 플라우투스가 바로 그런 인물이라는 사실을 간파해냈다. 그로부터 일주일도 지나지 않아 그는 네로에게 술라의 머리를 갖다 바쳤다. 술라의 머리를 보고 네로가 내뱉은 한 마디는 머리카락이 회색이라는 것뿐이었다. 플라우투스가 아시아에서 오고 있는 중이었기 때문에 플라우투스의 머리를 베어 오는 데는 좀더 시간이 걸렸다. 네로는 플라우투스의 머리를 보고는 코가 굉장히 크다는 말을 했을 뿐이다. 네로는 이런 사태에 대해 설명할 필요를 느끼고는 죽은 두 사람이 여전히 살아 있다고 가장한 채 그들의 야심이 제국의 안전을 불안하게 하고 있다는 글을 원로원에 보냈다. 그들의 죽음이 보고되자 네로는 소리를 죽여가며 박수를 쳤다.

네로는 아기를 낳지 못한다는 이유로 옥타비아와 이혼하고는 그녀를 남부 이탈리아의 캄파니아로 유배시킨 다음 교활한 포페아와 결혼했다. 하지만 그들은 둘 다 옥타비아의 대중적 인기를 과소평가했다. 황후의 지위에 오른 포페아의 인기는 추락하는 대신 로마 시민들의 옥타비아에 대한 인기는 날이 갈수록 높아졌다. 포페아는 네로에게 폭도들이 자신들을 죽이려고 할 것이라는 확신을 부추겼고, 옥타비아가 다시 결혼을 하게 되면 옥타비아의 남편이 된 자가 시민들의 우상이 되어 네로에게 대항하게 될 것이라는 점을 주입시켰다. 위협은 명백하게 느껴졌고, 옥타비아는 하루 빨리 살해되어야 했다. 옥타비아는 황량하고 불모의 섬인 판드타리아로 유배되었고, 곧 죽음을 당했다. 네로는 옥타비아가 함대 사령관과 부정한 짓을 저질렀기 때문에 부득이 처형했다는 이야기를 꾸며냈다(함대 사령관은 은밀하게 매수되었다). 옥타비아는 꽁꽁 묶인 상태에서 살해되었는데, 너무나 공포에 시달린 나머지 피가 굳어 거의 흐르지 않았다고 한다. 그녀는 아주 뜨거운 욕조에서 숨을 거두었다. 옥타비아의 잘린 머리가 로마에 도착했을 때 네로와 포페아는 흡족한 미소를 지었다. 원로원은 온갖 위선을 떨며 그날을 감사의 날로 제정했다.

하지만 신들은 네로의 극악한 행위를 결코 잊지 않았다. 옥타비아가 살해된 해에 청동으로 주조된 네로의 동상이 벼락을 맞아 한 귀퉁이가 떨어져 나갔다. 쾌락의 도시였던 폼페이는 지진으로 크게 파괴되었고, 베수비우스 화산이 폭발하기 시작했다. 네로와 포페아 사이에서 낳은 첫 아이 아우구스타가 죽었고, 대부분의 기록에 따르면 네로는 진정으로 슬픔에 잠겼다고 한다.

64년 7월 18일 저녁, 로마가 불타기 시작했다. 이것이 우연히 발생한 것인지 아니면 황제가 고의적으로 불을 지른 것인지는 확실하지 않다. 불은 시르쿠스 막시무스(Circus Maximus)[2]에서 시작되었고, 바람을 타고 곧 로마 전역으로 퍼졌다. 불이 빠르게 번졌고 도로가 좁았기 때문에 사람들이 대피하는 것도 불가능했다. 또 사람들에게 기름을 끼얹으며 무법자처럼 행동하는 자들이 있었기에 감히 불을 끄려고 하는 사람도 없었다. 네로는 안티움[3]에 있었고, 불이 황궁으로 옮겨 붙을 때쯤 돌아왔다. 당시의 상황을 기록한 두 가지 문헌에 따르면, 네로는 불타는 로마를 배경으로 해서 자신의 자작시 「트로이의 붕괴(The Fall of Troy)」를 읊었다고 하지만 지금까지 확인된 바는 없다. 그런 다음 네로의 총신(寵臣) 티겔리누스의 사저에서 두 번째 불이 일어났는데, 바로 이 대목이 네로가 로마를 모두 태워버린 다음 새롭고 더 영광스러운 도시를 재건하려 했다고 생각하도록 만들었다. 로마에서 일어난 엄청난 화재는

---

2) 대연기장 또는 대전차경기장이라고도 한다. 로마 건국 당시부터 경기가 실시되었다고 전해진다. 제정시대에는 길이 약 610미터, 너비 약 183미터의 직사각형을 이루었고, 화려한 스탠드는 무려 30만 명의 관중을 수용할 수 있었다고 한다. 3) 현재의 안티오. 긴 모래사장과 요트, 어선을 정박시킬 수 있는 작은 항구가 있는 해안 행락지다. 서쪽 해안에 로마 시대의 항구 유적과 네로 황제의 별장이 있다.

64년 7월, 대화재로 로마의 대부분이 파괴되고 수많은 시민들이 죽었을 때, 그로 인해 이득을 본 유일한 사람은 네로였다. 결과적으로 네로는 기독교도들에게 책임을 전가했고, 그들의 재산을 몰수한 다음 죽여버렸다. 아래 그림은 원형경기장에서 흉폭한 야수들이 굶주린 사람들을 공격하기 직전의 장면으로, 당시 로마인들의 타락의 절정을 보여준다.(BETTMANN/CORBIS)

수십만에 이르는 로마인들을 이재민으로 내몰았고, 로마의 경제를 위기로 몰고 가 화폐가치를 떨어뜨려야만 했다.

이 소동으로 이득을 본 사람은 네로 황제뿐이었다. 건물이 모두 사라지고 평평한 땅이 드러나자 황제는 새 황궁을 짓기 시작했다. 황제는 도시 여러 지역에 건축물을 축조하기 시작했고, 이런 행동은 시민들에게 황제가 로마를 통째로 집어삼키고 모든 것을 잃은 사람들의 고통을 밟고 과시하려 한다는 인상을 주었다. 네로는 로마 중심부에 있는 런던의 하이드파크 크기 만한 지역을 말끔히 철거시켰다. 그리고 바로 그곳에 보기 흉하게 쭉 뻗은 새로운 '황금 궁전'을 지었다. 이 이름은 궁전의 벽과 천장을 온통 황금으로 칠한 데서 유래된 것이다. 이 궁전에는 거대한 호수와 넓은 운동장이 딸려 있었는데, 여기엔 온갖 종류의 이국적인 동물들을 갖다 넣고 길렀다. 홀 천장에 박힌 상아들은 회전하면서 꽃을 뿌려댔고, 벽에 설치된 파이프에서는 향기를 뿜어냈다. 주연회장의 둥근 천장은 천체(天體)처럼 밤낮으로 계속 돌아갔다. 궁전이 완성되었을 때, 네로는 드디어 인간답게 살 수 있게 되었다거나 스스로 신이 되었다고 탄성을 지를 뿐 아무 말도 하지 못했다고 한다.

로마의 화재에 네로가 실제로 연루되었는지 아닌지는 앞으로도 결코 밝혀질 수 없겠지만, 중요한 것은 당시 많은 사람들이 네로가 불을 질렀다고 믿었다는 점이다. 어쨌든 그는 자기 어머니와 부인을 살해한 사람이었다. 그런 사람이 할 수 없는 일은 아무것도 없었다. 당시의 분위기에서 네로는 단 한 가지 선택만을 할 수 있었고, 그는 그렇게 했다. 네로는 희생양을 찾았다.

손쉬운 희생양은 기독교도들이었다. 네로는 애초에 불을 지른 자들이 바로 기독교도들이라는 소문을 퍼뜨림으로써 자신에게 향하는 비난의 화살을 피하려고 했다. 왜냐하면 기독교도들은 로마인들이 한 세기 동안 피를 뿌리며 이룩한 팍스 로마나(Pax Romana)[4]를 위협하는 것으로 비쳐졌기 때문이었다. 네로는 누구라도 기독교도들이 그런 범죄를 저지를 수 있다고 믿고 있고, 거기에 더하여 기독교도라면 그런 사실을 부인할 수 없을 것이기 때문에 기독교도들에게 참회를 강요할 적당한 방법이 있다는 사실을 알고 있었다. 그래서 만약 네로가 기독교도들이 방화를 시작했다고 공포한다면, 자신들이 기독교도임을 고백한 사람들은 누구나 방화를 했음을 고백한 것으로 간주되었다.

---

[4]_지중해 세계를 제패한 고대 로마 지배하에서의 평화의 시대 및 그 상태를 의미한다. 시대적으로 넓게는 아우구스투스의 천하평정 이후인 1세기에서 2세기까지, 좁게는 5현제의 시대를 가리킨다.

타키투스는 네로가 기독교도들에게 '짐승 거죽을 뒤집어씌우고 개를 풀어 공격하도록 했다'고 전하고 있다. 네로는 일부 기독교도들을 십자가에 매달아 처형했고, 다른 대부분의 기독교도들은 화형에 처했다. 저녁이면 기독교도들을 인간 램프로 삼아 궁전 뜰을 밝히게 했다.

기독교도들에 대한 네로의 공격은 로마제국에서 저질러진 최초의 기독교도 박해였다. 베드로와 바울 모두 네로 통치기에 고문을 받아 죽었다고 전해지고 있다. 성서의 「요한계시록」에서는 세상의 종말과 두 개의 뿔을 가진 짐승에 대해 경고하고 있다. 세례 요한이 심중에 두었던 인물이 네로가 아니었을까?

64년에 한때 네로의 가정교사이자 참모였던 세네카가 공직에서 물러났다. 네로가 그를 독살하려 했지만 실패했다는 소문도 있었다. 그러나 세네카가 결국 물러난 것은 다른 사람들에게 분명한 신호가 되었다. 전제군주를 제거할 때가 왔다는 신호는 아니었을까? 네로는 황제로 군림하던 10년 동안을 피로 물들였고, 재위 초기에 했던 많은 약속들을 오랫동안 잊고 있었다. 비록 제국 정부가 많은 일을 심한 간섭을 받지 않고 효율적으로 수행하긴 했지만, 로마제국의 내부 인사들은 네로의 죽 끓는 듯한 변덕과 위대한 자라는 망상에 현혹되었다.

로마의 대중들은 네로에 관한 어떤 이야기라도 믿을 태세가 되어 있었다. 물론 그런 이야기들이 과연 믿을 수 있을 만큼 악한 이야기인가 하는 자문을 하면서 말이다. 불만은 어떤 특정한 계급에 국한된 것은 아니었고, 그에 뒤따른 음모에는 기사, 원로원 의원들, 군인들 그리고 평범한 사람들이 모두 연루되어 있었다. 그들은 후계자는 염두에 두지도 않았다. 그들의 유일한 목표는 네로를 제거하는 것이었다.

65년 네로는 이런 음모를 접하게 되었다. 함대 사령관인 프로쿨루스가 음모자들이 자신을 포섭하려 했다고 밀고했던 것이다. 하지만 프로쿨루스에게 접근했던 여인은 음모자들을 발설하지 않았다. 그래서 네로는 어떤 행동도 취할 수 없었고, 단지 밀고자를 감금해둘 수밖에 없었다. 그러는 동안 음모자들은 네로를 죽일 수 있는 완벽한 기회를 노렸다. 그들은 일련의 경기가 로마에서 열리는 4월의 세레리아 축제[5]를 거사일로 정했다. 네로는 지독한 경기광(狂)이었기 때문에 경기가 열리는 날이면 황궁 밖에서 더 많은 시간을 보냈다. 네로를 암살하기로 한 바로 전날 저녁까지도 비밀이 지켜졌다. 하지만 음모자들 중 한 명인 스카에비누스는 자신의 모든 노예들을 해방시켜주기로 결정하고서 노예인 밀리쿠스에게 단검을 날카롭게 갈아놓고서 응급치료 장비를 자루에 넣어두라고 명령했다. 그의 명령을 수상쩍게 생각한 밀리쿠스는 날이 밝기가 무섭게 네로의 황궁으로 달려가, 황제에게 계획된 음모의 전말을 알렸다. 네로는 곧장 스카에비누스를 체포하여 압송하라고 명령을 내렸다. 그렇게 해서 음모는 발각되었다.

음모자들이 차례로 밝혀졌고, 그들의 친구들까지도 체포되었다. 네로는 발빠른 조치를 취했다. 로마에 긴급 사태와 군법이 선포되었다. 격노한 네로는 분별력을 잃었고, 원로원 의원들과 군인들과 참모들이 죽음을 당했다. 많은 사람들이 음모에 연루되지 않았다고 믿었던 세네카에게도 사형이 선고되었다.

네로는 곧 음모가 자신에게 썩 유용할 수 있다는 사실을 알게 되었다. 음모는 공범이든 아니든 간에 네로가 가장 증오하거나 싫어하는 사람들을 제

---

5) 곡물의 여신 '세레스'에게 감사하는 날이다. 현재 매년 10월 4일에 벌어지는 이 축제는 음악, 퍼레이드, 게임과 운동경기 등이 함께 행해지는 종합 예술의 한마당이다.

거할 수 있게 해주는 것이었다. 이렇게 희생당한 사람들 중에 한때 네로의 절친한 친구였던 베스티누스가 있다. 그는 네로 앞에서 네로의 악행을 말하는 실수를 저지른 적이 있었다. 네로는 베스티누스가 음모자의 명단에 오르기를 바랬지만 그렇지 않았기 때문에, 네로는 베스티누스를 제거하기 위해 절대군주라는 지위를 이용했다. 이는 어떤 법률적·도덕적 정당성도 없는 그야말로 비열한 권력의 남용이었다. 베스티누스는 심장이 도려내지는 죽임을 당했다.

간신히 위기를 모면한 네로는 도처에 적이 있음을 알게 되었다. 해가 갈수록 네로는 점점 더 많은 원로원 의원들과 귀족들과 군인들을 살해했다. 살육이 언제 그칠지는 아무도 몰랐다. 네로는 음모야말로 미래에 정적들을 제거할 수 있는 편리한 핑계거리를 제공하는 것임을 확신하게 되었다. 하지만 음모를 파헤치고 정적들을 처단한 다음 기뻐하는 과정에서 네로는 자신이 두려움에 떨고 있다는 새로운 감정을 인식하게 되었다. 과거에는 바로 그 자신이 다른 사람들을 죽이려고 음모를 꾸몄지만, 이제는 그가 바로 음모의 대상이 되었던 것이다. 그는 일부 로마 사람들이 곧 새로운 음모를 꾸밀 것을 알게 되었다.

로마의 귀족들과 부유층들 대다수가 자신에게 반기를 들고 있다는 사실을 알게 된 네로는 고민하기 시작했다. 광기에 사로잡힌 네로는 전차 경주를 하고 늦게 돌아온 그에게 잔소리를 해댔다는 이유로 사랑하는 아내 포페아를 발로 차버렸다. 임신 중이었던 그녀는 유산한 후 죽었다.

네로는 자신이 저지른 살인을 무척이나 후회했다고 한다. 양심의 가책을 느낀 네로는 포페아를 닮은 소년을 찾아내 스포루스라는 이름을 붙여주었다. 소년은 거세되었고, 여자 옷을 입고 죽은 황후와 비슷하게 보이도록 화장했고, 네로와 호사스럽고 성대한 결혼식을 올렸다.

네로의 성적 타락은 점점 극심해갔다. 그는 자기 몸의 모든 부분을 사용해 음란하고 난잡한 성행위를 벌였고, 새로운 성행위 방법을 고안해 이를 실현했다. 짐승의 가죽을 뒤집어쓰고 짐승의 어미에게 달려들었는가 하면, 나무로 만든 페니스를 달고 여자들의 은밀한 부분을 빨아대곤 했다.

포페아가 죽은 후, 네로는 무감각하고 무의식적인 살인을 저지르기 시작했다. 그는 자신에게 분명한 반감을 표현한, 존경받는 귀족들을 희생시켰다. 65년 말에는 남부 이탈리아에 커다란 폭풍우가 몰려왔고, 페스트가 로마 전역을 휩쓸었다. 이런 사건들은 파괴적인 행각을 벌인 네로와 관련이 있는 것처럼 보였고, 그때까지 죽지 않고 살아 있었던 사람들은 네로의 변덕스러운 보복을 참아내기에 지쳐 네로에 의해 죽은 사람들을 오히려 부러워했다.

황제는 새로 결혼을 하기로 결심했다. 그는 처음에는 클라우디우스의 딸인 안토니아를 결혼 상대로 선택했다. 하지만 그녀가 결혼하기를 거부하자 네로는 그녀를 죽여버렸다. 66년에 네로는 결국 오랫동안 총애해왔던 메살리나와 결혼했다. 네로는 새 신부와 함께 그리스로 여행을 떠나기로 결정했고, 그와 마찬가지로 피에 굶주려 있는 헬리우스의 경호를 받으며 로마를 떠났다. 하지만 네로가 지중해에서 향락에 빠져 있는 동안 로마에서는 불평불만들이 터져 나오기 시작했다. 로마 시민들은 속박에서 벗어나려 했고, 지방의 군인들도 군사적 행동을 준비하고 있었다. 로마의 하층민들은 네로가 경박한 여흥을 즐겼기 때문에 네로를 좋아하고 있었지만, 로마의 군인들은 네로의 방약무인함을 혐오하고 있었다. 제국의 모든 장군들은 황제가 변덕을 부려 격노하지 않도록 그들이 이끄는 군대의 충성심을 보일 필요가 있음을 문득 깨닫게 되었다.

네로는 로마에 돌아와 잠시 체류한 후 향락을 즐기기 위해 나폴리로 떠났다. 그리고 바로 그곳에서 율리우스 빈덱스의 지휘 아래 골족이 반란을 일으켰다는 소식을 듣게 되었다. 빈덱스는 평범한 루트 연주자에 불과한 사람이었지만 폭군 네로에 대해 제국 군대가 봉기하기를 요구하며 반란을 일으켰다. 빈덱스는 세르비우스 갈바[6]가 네로의 뒤를 이어야 한다고 주장했다.

네로는 즉시 갈바를 제국의 적으로 선포했고, 그의 전재산을 몰수했다. 그러자 갈바는 에스파냐에 있는 네로의 재산을 압류하는 것으로 응수했다. 아이러니하게도, 빈덱스는 반란을 선포한 직후 어떤 일이 일어나기도 전에 살해당했다. 하지만 69년에 일어난 사건들이 입증하듯이, 제국의 세력들 중에서는 황제의 자리를 노리는 자들이 적지 않았다.

로마의 반(反)네로 세력들은 갈바를 구세주로 여겼다. 갈바는 72세나 된 노인이었지만, 그들은 제국을 경영할 수 있을 정도의 소양과 능력을 갖춘 적절한 후계자, 즉 실질적인 황제를 길러내는 데 갈바가 충분한 시간을 줄 수 있으리라고 생각했던 것이다.

갈바를 추종하는 세력들은 지방 군대의 소규모 반란을 성공적인 쿠데타로 부풀려 보고했다. 네로는 갈바를 처치하려고 여러 조치를 취했지만, 우군(友軍)을 잃은 것은 갈바가 아니라 네로였다. 네로가 갈바를 치려고 군대를 파견했을 때에도, 네로의 군대는 네로의 적을 찾아다니기보다는 오히려 골 지방 부근을 배회하며 시간을 보낼 뿐 싸우려 하지 않았던 것이다. 네로가 신임했던 심복 티겔리누스조차도 네로를 버렸다. 네로는 정말로 홀로 남았다는 것

---

6)_로마 제6대 황제로 68년에서 69년까지 재위했다. 귀족 출신으로 최고행정관과 집정관을 지냈으며, 독일, 아프리카, 에스파냐 등지의 총독을 역임하였다. 네로의 악정에 반대하는 사람들의 추대를 받아 70세가 넘은 고령으로 황제에 즉위했으나 지나치게 엄격한 규율을 강요함으로써 친위대원들에게 살해되었다.

을 알게 되었다. 네로가 로마에 있는 모든 원로원 의원들을 독살하고, 로마 전체에 불을 지른 다음 이집트로 달아나려는 계획을 구상했다는 주장도 제기된 바 있었다.

네로에게는 더욱 커다란 타격이 준비되고 있었다. 로마 시민들은 전반적으로 네로의 통치기간 동안 즐겁게 지냈지만, 극심한 곡물 부족 현상이 일어나자 결국 평민들이 네로에게 등을 돌려대기 시작했다. 게다가 근위대장도 갈바를 지지하는 것으로 드러났다. 군대와 원로원 그리고 시민들은 이미 네로를 버렸던 것이다. 네로의 선택은 극히 제한되어 있었다. 네로가 취할 수 있는 실제적이고 유일한 계획은 몸을 숨길 수 있는 곳을 찾는 것이었다. 네로는 낡고 바랜 의복을 걸치고 한두 명의 시종만 데리고 한때 노예였다가 자유민이 된 자의 소유였던 파온 별장으로 달아났다. 네로를 따라간 사람들 중에는 거세된 스포루스와 비서 에파프로디투스가 있었다. 길을 따라 허둥지둥 가는 도중 자신을 알아본 병사에게서 인사를 받기도 했으나 네로는 아는 체도 하지 않고 별장으로 서둘러 갔다. 별장에는 마실 물도 거의 없었는데, 이는 네로가 황궁에서 항상 눈 속에 물을 채워두고 시원한 물을 마셨던 것과 대조되는 우스운 상황이었다.

로마에서는 네로가 달아났다는 소문이 빠르게 퍼졌고, 로마 시민들은 기쁨에 들떠 환호성을 질렀다. 재위 후반기의 네로는 변덕스럽고 광기 어린 복수 행각을 더 많이 저질렀고, 그만큼 시민들의 욕구를 충족시켰던 무절제한 향락은 과거보다 줄어들었다. 많은 사람들이 자유민이 되었다.

하지만 원로원은 네로를 완전히 제거하지 못한 것을 항상 찜찜해 했다. 그래서 네로를 찾기 위한 대규모 수색이 행해졌고, 네로가 은닉해 있는 파온 별장이 발각되는 것은 시간 문제였다. 황제의 근위병들이 숙덕거리는 소리가 가까이에서 들려오자, 네로는 무덤을 파라고 명령했고, 에파프로디투스의 도움을 받아 자신의 목을 칼로 찔렀다.

네로를 끝까지 따랐던 두 명의 유모가 가족 묘지에 묻히는 네로를 지켜보았을 뿐이고, 그 외에 네로의 죽음을 슬퍼한 사람은 오래 전에 그의 정부(情婦)였다가 자유민이 된 악테라는 여자뿐이었다. 악테가 네로의 죽음을 슬퍼하는 동안 로마는 기쁨에 들떠 새로운 군주의 도착을 기다리고 있었다.

로마 시민들이 네로를 역사상 악인이 아니라 경기와 서커스를 즐기게 해준 사람으로 기억하고 있었기 때문에 네로의 죽음을 애도했다는 것은 역사의 아니러니 중 하나이다. 네로가 죽은 후로도 오랫동안 그의 무덤엔 꽃과 그를 기리기 위한 흉상이 놓여져 있었다. 네로가 내렸던 칙령들은 그가 여전히 살아 있어서 곧 돌아와 자신의 적들에게 복수라도 할 것처럼 특별하게 존중되었다.

후일의 황제들은 네로에 대한 기억을 완전히 지우기 위해 노력했다. 그들은 네로를 새긴 조각상에 자신들의 얼굴을 조각했고, 네로가 세운 황금 궁전을 파괴했으며, 궁전이 있던 자리에는 출입을 금하는 방책을 세워놓기도 했다. 한때 네로의 궁전을 비추었던 커다란 호수를 없애고 그 자리에 거대한 투기장을 짓기도 했다. 이 투기장은 티투스의 원형경기장이라 불렸고, 한때 네로의 거대한 조각상이 서 있었기 때문에 지금은 콜로세움이라고 알려져 있다.

ATTILA THE HUN

동방의 폭풍

# 훈족
# 아틸라 왕

세계의 여러 종족들을 두려움에 떨게 하려고 태어난 남자다.
이 오만한 남자의 힘은 신체의 움직임 자체에서 나왔다.

_파니움의 프리스쿠스

The Storm from The East

'신의 징벌' 아틸라 왕이 유럽에서 살육을 자행했던 시기로부터 13세기나 지난 1810년에 조각된 것을
바탕으로 19세기에 제작된 훈족의 아틸라 왕 판화.(HULTON-DEUTSCH COLLECTION/CORBIS)

5세기경, 한 남자가 수백만 명의 사람들에게 공포와 파괴의 두려움을 심어주었다. 훈족의 아틸라는 피에 굶주린 수천 명의 야만인들을 이끌고 유럽 평원을 가로질러 왔다. 그리곤 자신의 앞길을 가로막는 모든 사람들을 고문하고 강간하고 죽여버렸다. 그는 독일, 러시아, 폴란드 그리고 유럽 남동부의 일부를 가로질러 뻗친 광대한 제국을 손에 넣었다. '신의 징벌'이라고 알려진 그는 황금과 권력을 손에 넣기 위해 야만적인 방식으로 파괴했고, 도시를 무너뜨렸고, 수천 명의 목숨을 앗아감으로써 강력한 로마제국을 두려움에 떨게 했다. 전설에 따르면, 훈족은 태아를 끓는 물에 넣어 곤죽을 만들어 먹었고, 여인들의 피를 빨아먹었고, 미개인들의 악령을 이어받았다고 한다.

　대량살육, 강간, 약탈은 수세기 동안 북유럽 대부분의 지역에서 없어서는 안될 삶의 필수조건이었다. 지중해에서는 그리스인들과 로마인들이 문명의 요람을 건설했지만, 북유럽에서는 야만적인 유민(流民)들의 무리가 침략과 살인을 자행해 문명의 정착이 요원했다. 그리스의 역사가 헤로도투스는 야만적인 스키타이인들이 적의 피부를 벗겨 옷을 만들어 입었고, 적의 머리 윗부분을 톱으로 썰어 그것을 술잔 삼아 죽은 자들의 피를 받아 마셨다고 기록한 바 있다. 사나운 고트족[1]은 스웨덴에서 시작해 남쪽을 휩쓸어버렸고, 410년에는 로마에서 6일 동안이나 머물며 강간과 살인을 저질렀다. 잔

---

1) 3세기에서 5세기 사이에 로마제국에 침입하여 이탈리아, 프랑스, 스페인에 왕국을 건설한 튜튼족의 한 파.

인한 반달족[2]은 그로부터 5년 후에 로마를 침략했고, 독일, 갈리아, 스페인, 북아프리카를 폭풍처럼 몰아친 후 죽음과 파괴를 남기고 떠나버렸다. 색슨족[3], 프랑크족[4], 바이킹족[5]들도 호전적이었고 무자비한 습격자들이었다. 하지만 유럽을 공포의 도가니로 몰아넣은 야만인들 중 훈족만큼 사람들의 가슴속에 커다란 두려움을 심어준 민족은 없었다. 그들은 바람처럼 말을 타고 나타났고, 늑대처럼 피를 갈구했다.

훈족은 중국 접경 지역에서 이동을 시작하여 4세기경 처음으로 유럽을 침략했다. 이보다 이른 기독교 시기에는, 북유럽의 여러 지역에서 많은 민족들이 이동하기 시작했다. 겨울이 길고 여름이 매우 짧아지는 등 기후가 예측할 수 없을 정도로 변화무쌍했기 때문이었다. 시베리아에서 한국까지 뻗쳐 있는 지역에서 고되고 평범한 삶을 살고 있었던 훈족은 겨울이 점점 길어지자 더 이상 견딜 수가 없었다.

훈족은 문자화된 기록을 남기지 않았기 때문에 그들의 일상생활에 대해 참조할 것은 거의 없다. 하지만 우리가 알고 있는 것은, 그들은 이동하기 쉽게 만든 유르트(yurt)[6]와 자기들이 소유한 모든 것을 갖고 원거리를 이주하는 데 매우 능했다는 것이다.

중국의 비옥한 황하를 약탈하던 시대가 지나자 장기간의 이주가 시작되었다. 모든 민족이 서쪽과 남쪽을 향해 수천 마일을 이동했다. 일부는 페르시아와 소아시아[7]를 침략했지만, 대부분은 러시아를 지나 원주민 부족들이 밀집해 살고 있던 유럽으로 향했다. 로마제국 쪽으로 여행하던 도중 훈족은 다

---

2)_5세기에 서유럽에 침입하여 로마를 약탈한 게르만의 한 종족. 로마 문화의 파괴자.　3)_독일 북부의 고대 민족.　4)_라인강 주변에 살았던 게르만족.　5)_북유럽의 해적. 8세기에서 10세기에 유럽의 북부와 서부 해안을 약탈한 북유럽인.　6)_천막집. 펠트를 재료로 하며 형태는 몽골의 게르와 같고 원뿔 모양의 지붕과 원기둥 모양의 벽으로 되어 있다.　7)_흑해와 지중해 사이의 지역.

양한 민족들과 만나 무수한 싸움을 벌였다. 그 중 어떤 민족들은 훈족의 지배를 받아야만 했다. 어떤 곳에서는 엄청난 피난민들이 발생했고, 또 어떤 곳에서는 훈족의 군대에 자진해서 들어가는 사람들도 있었다. 훈족의 대규모 이동은 마침내 볼가와 돈 사이에 위치한 다뉴브강 북부의 헝가리 평야에서 멈추었다. 훈족과 경계를 맞대게 된 로마제국은 처음 몇 년 동안 그들과 치열한 싸움을 벌였지만, 410년 이후로는 훈족의 왕 루가와 불편한 평화 관계를 유지하기로 결정했다.

초기 로마 공화정과는 달리 로마제국은 공격적이고 팽창 위주의 정책을 펴지 않았다. 유럽에서의 로마 국경은 2,000킬로미터가 넘었다. 그래서 대부분의 지역에서는 국경 수비가 제대로 이루어지지 않았다. 물론 다른 주요 세력들로부터 위협도 받지 않았다. 로마인들이 수세기 동안 두려워하거나 마지못해 존경한 군사력을 지닌 유일한 왕국은 사산 왕조가 세운 페르시아제국이었다. 하지만 이 모든 것은 아틸라가 출현함으로써 달라졌다.

406년에 태어난 아틸라는 어려서 부친을 여의었다. 훈족의 모든 남자들과 마찬가지로 아틸라도 걷기 전부터 말 타는 법을 배워야 했고, 5살이 되었을 때에는 활과 화살을 사용해서 싸우는 법을 배웠다. 악령을 물리치기 위해 막대기에 말머리를 꽂아 천막 주위에 늘어놓았던 매우 미신적인 사회에서 성장한 아틸라는 예언의 힘을 믿었고, 예언은 일생 동안 그와 함께 했고 그에게 커다란 힘이 되어주었다.

5세기 초. 로마제국은 아틸라의 숙부인 루가 왕과 평화 관계를 유지했다. 로마인들은 매년 황금 350파운드를 조공으로 바쳤고, 양측은 서로에게서 평화를 보장받기 위해 신분이 높은 자를 볼모로 교환했다. 그래서 로마의 젊은 귀족 액티우스는 훈족의 볼모가 되었고, 아틸라는 로마의 볼모가 되어 서로마제국의 라베나에서 살게 되었다. 그곳에서 아틸라는 라틴어를 말하고 읽고 쓰는 법을 배웠다. 그는 로마의 엄격한 조직에는 경탄했지만 퇴폐적인 경향을 곧 경멸하게 되었다. 실제로 아틸라는 로마가 퇴폐와 타락으로 자멸하기 전에 이미 로마의 마지막 황금기를 목격했던 것이다. 이 수학 기간 동안 아틸라는 로마의 가장 위험한 적으로 성장했다.

아틸라는 20대가 되자 자기 민족에게로 돌아갔다. 그는 훈족이 자행한 여러 번의 잔인한 살육전에 참가했고, '태양의 빛을 받아 빛나는 모든 것을 정복할 수 있다'고 믿었던 루가 왕의 총애를 받았다. 하지만 아틸라가 27세가 되었을 때 루가 왕은 죽었고, 아틸라의 형인 브레다가 왕위를 계승했다. 아틸라는 흉폭한 인물이라는 평을 들었지만, 처음에는 왕이 되지 못한 좌절감을 감추고 파괴적이고 훌륭한 군대의 지도자라는 명성을 쌓기 위해 노력했다.

그러는 동안 작고 우묵한 눈과 납작한 코에 수염이 별로 없는 까무잡잡한 피부를 가진 아틸라는 유명한 인물이 되었다. 그는 어깨가 넓었고, 작지만 다부진 체격을 갖고 있었다. 일찍부터 그는 권력의 냉혹함을 깨달았고, 부하들이 적을 가장 잔인하게 다루도록 허용했다. 그는 일부러 피에 굶주린 가학적인 군대를 조련했던 것이다.

문명화된 로마인들이 볼 때, 훈족은 야만인이었다. 훈족은 고기를 날것으로 먹고, 말 등에서 잠을 자고 생활하며, 씻지도 않고, 믿을 수 없는 족속으로 알려져 있었다. 훈족은 말타기에 능한 민족이었고, 번개가 치듯 빠른 기습 공격을 하는 것으로 유명했다. 마치 20세기의 전격전(Blitzkrieg)[8]이 중세에서 재현되는 듯했을 것이다. 이런 습격의 정수는 충격과 공포였다. 훈족의

---

8)_신속한 기동과 기습으로 일거에 적진을 돌파하는 기동 작전. 역사적으로는 독일군이 1939년의 폴란드 침공 시 처음 선보였다.

62    국가를 망친 통치자들

기습 공격은 먼저 먼지구름이 일어나고, 그 다음 무수한 화살이 하늘을 까맣게 뒤덮는 것으로 알 수 있었다. 그런 다음 죽음의 사자인 기마병들이 들이닥쳐 지옥의 아비규환을 연상케 하는 참살을 저질렀다. 훈족의 기마병들은 말을 타고서도 화살을 앞뒤로 좌우로 쏠 수 있었고, 150미터 밖에서도 화살로 사람을 죽일 수 있었다. 다른 제국의 군대는 기껏해야 몇 센티미터에 불과한 화살을 가지고 있었지만, 훈족은 30센티미터나 되는 화살을 개발했던 것이다.

훈족이 강대한 힘을 가졌던 비결은 거의 근대적인 하부구조를 갖고 있었기 때문이다. 훈족의 전령들은 수천 마일을 단숨에 말을 타고 달려갈 수 있었기 때문에 새로운 소식을 멀리 떨어진 곳까지 쉽게 전달할 수 있었고, 훈족이 있는 곳 어디라도 메시지를 전달할 수 있었다. 그들은 요소마다 말을 준비하고 있었기 때문에 그들보다 더 빠르게 메시지를 전달할 수 있는 민족은 없었다. 정복된 많은 민족들은 훈족의 노예가 되었다. 훈족의 귀족들이 전쟁에 참가할 때마다 같은 수의 노예들과 자유민들이 시종으로 귀족들을 수행했다.

그래서 루가 왕이 죽은 후(로마제국은 루가 왕이 죽자 훈족이 평화 조약을 깨고 로마를 침략하는 것은 아닐까 두려워했다), 훈족의 군사력에 겁을 집어먹은 콘스탄티노플의 밀사들이 435년 마르구스 조약에 서명하고 매년 바치던 조공을 황금 700파운드로 두 배나 올린 것이 놀라운 일은 아니었다. 로마제국의 밀사들은 또 훈족의 적과 어떤 동맹도 맺지 않겠다는 데 동의했고, 포로로 잡힌 훈족을 모두 석방했다.

훈족의 입장에서 이런 조약은 무조건적인 승리였고, 브레다와 아틸라는 발칸반도의 민족들에게 기울였던 시선을 돌려 알프스와 라인 지역에서 그들의 제국을 공고히 하는 작업에 착수하기 시작했다. 하지만 439년 많은 전선에서 로마제국과의 전쟁이 잇따라 일어났다. 브레다와 아틸라는 발칸인들에 대한 약탈을 다시 시작할 수 있음을 알게 되었고, 훈족이 비껴가지 않으리라는 사실을 알고 있었던 마르구스의 주교에게서 황금을 강탈한 후 약탈을 계속했다.

30대 후반이 되었을 때, 아틸라는 나이수스(Naissus)[9]를 공격해 많은 사람을 살해했다. 실제로 강둑에 너무나 많은 사람 뼈가 흩어져 있었고 죽음의 냄새가 진동해서 그 후 몇 년 동안 아무도 이 도시에 들어가지 않으려 했다고 한다. 아틸라는 부하들이 저지른 살육의 현장을 즐겼다. 그는 자신의 희생자들에게 더욱 커다란 공포감을 주기 위해 눈동자를 사납게 희번득이며 굴리는 습관이 있었다고도 한다.

하지만 빼어난 자질과 냉혹한 인간성을 가진 아틸라는 영원한 2인자에 만족하지 못했다. 그래서 445년 아틸라는 형이자 왕인 브레다를 잔인하게 살해하고 왕좌를 찬탈했다.

40대 초반에 왕이 된 아틸라는 공포 정치를 펼치려는 계획을 세웠다. 아틸라는 통치자로서 시조(始祖)가 되었고, 여러 면에서 개혁적인 인물이었다. 그는 훈족이 막강한 힘을 가지려면 자신이 누차 강조했듯이 자신들보다 훨씬 진보한 민족들에게서 배워야 한다는 것을 알고 있었다. 하지만 그는 훈족 사회 내에서 자신에게 위협이 되는 것을 용납하지 않았고, 주변 인물들이 교육을 못 받게 했고, 교육을 많이 받은 야심 있는 신하들을 거느리는 것은 위험하다고 생각했다. 그 결과 그의 주변에서 자문을 해주는 인물들은 주로 이방

---

9)_유고슬라비아 세르비아 공화국에 있는 지금의 니시. 철도의 분기점으로, 베오그라드로부터 이어져 소피아, 이스탄불 방면과 아테네 방면으로 갈라진다. 콘스탄티누스 대제의 출생지로 알려져 있다.

인들이었고, 그는 황금을 주고 그들의 지식을 샀다. 아틸라의 주변 인물들이 이방인들이었던 한 가지 이유로 브레다가 죽은 후 그가 더 이상 걸출한 훈족의 인물들을 신뢰하지 않았다는 설이 있다. 아틸라에게 자문을 해주던 인물들 중 하나인 오레스테스는 로마제국의 한 지방에서 군대 지휘관의 딸과 결혼한 자였다. 그는 부인과 함께 훈족의 왕실에 들어가 신하가 되었다. 아틸라가 총애하던 신하 콘스탄티우스는 이탈리아인이었다.

하지만 아틸라는 더 많은 황금이 필요했다. 훈 제국은 주로 전쟁과 약탈을 벌였고, 영토를 늘릴 때마다 아틸라는 새로운 신하들에게 줄 황금이 필요했다. 아틸라는 또 팽창해가는 훈 제국 내의 많은 부족들에 대해 확고한 권위를 세울 필요가 있었다. 이런 데 생각이 미친 아틸라는 협력이 중요하다는 것을 깨닫게 되었고, 그 결과 훈족의 여러 부족들뿐 아니라 서고트족[10], 게피드족, 반달족 등 다양한 야만인 집단을 결속시켰다. 이들은 연합하여 커다란 세력을 형성했고, 아틸라는 50만 명에 이르는 야만인 전사들을 휘하에 거느리게 되어 어떤 제국이라도 무너뜨릴 수 있는 충분한 전투력을 보유하게 되었다. 고대의 검 한 자루가 아틸라의 동족 중 한 사람에 의해 발견했을 때, 이 검은 군신(軍神)의 신성한 검이라 믿어졌다. 아틸라는 스스로 무적이며 훈족을 궁극적인 승리로 이끌 운명이라고 굳게 믿었다. 독수리의 먹이를 낚아채는 까마귀와 같이 훈족은 로마제국을 위협했다.

로마제국은 동로마제국과 서로마제국으로 분열된 상태였다. 아틸라는 우선 세계에서 가장 커다란 도시 콘스탄티노플[11]이 있는 동로마제국을 표적으로 삼았다. 그는 자신의 군대에게 흑해와 지중해 사이의 모든 땅을 정복하고

---

10) 민족대이동 시대에 활약한 게르만의 한 부족으로 고트족에서 분가한 민족.   11) 지금의 이스탄불.

파괴하는 동시에 두려움을 심어주고 저항의 싹을 자르라고 명령했다.

훈족은 교회와 수도원을 약탈했고, 수도사들과 수녀들을 살해했고, 성자들의 무덤을 파헤쳤다. 아틸라는 100개가 넘는 도시를 점령했고, 도시 주민들은 모조리 죽음을 당했다.

그러나 아틸라의 궁극적인 목적은 콘스탄티노플을 점령하는 것이었다. 그래서 아틸라가 벌인 전쟁은 그때까지 훈족의 군대가 도시를 우회하며 점령하고 파괴했던 것과는 달리 완전한 파괴를 자행했다. 한 예로 소피아[12]는 완전히 파괴되었는데, 후일 슬라브족이 폐허를 딛고 새로운 도시를 건설했다.

447년 3월, 아틸라의 군대는 콘스탄티노플에 접근하고 있었다. 수천 명의 시민들은 맹목적인 불안에 사로잡혀 피난을 떠났다. 하지만 아틸라는 콘스탄티노플 공략에 성공하지 못했다. 왜냐하면 그의 군대는 콘스탄티노플처럼 견고하고 방어 준비가 잘 된 도시를 함락하는 데 필요한 포위 공격 기술을 구사할 수 없었기 때문이었다. 그의 군대는 또 말라리아와 이질 등의 질병으로 혹독한 고통을 치렀다.

하지만 아틸라의 군대는 질병으로 진격을 멈추었을 뿐 와해되지는 않았고, 아틸라는 콘스탄티노플뿐 아니라 동로마제국의 안녕과 안보에 항구적인 위협으로 남아 있었다. 이런 사실을 잘 알고 있었던 아틸라는 계속해서 더 많은 것을 요구했다. 매년 바치는 조공은 이미 황금 6,000파운드에 달했고, 아틸라는 계속 사신을 보내 새로운 요구를 했다. 하지만 전쟁은 동로마제국의 재정을 심각하게 갉아먹었고, 아틸라의 요구를 들어주기 위해 많은 양의

---

12) 지금의 불가리아 수도. 29년 로마에게 점령된 후 트라야누스 황제 치하에서는 군사 근거지가 되었으며, 그 후 고트족과 훈족에게 파괴되었으나 6세기에 유스티니아누스 황제에 의해 재건되었다. 특히 이곳은 슬라브족의 공격을 대비하기 위한 성채로 큰 몫을 하였다.

귀중한 금속들을 녹였다.

아틸라는 이전보다도 더 무자비하게 모든 훈족 포로를 석방할 것을 요구했고, 이외에도 훈족에게 충성하다 동로마제국으로 넘어가 변절한 모든 사람들을 인도하라고 주장했다. 많은 사람들은 무시무시한 훈족에게 넘겨지는 것을 거부하고 제국 군인들의 손에 죽임을 당했다. 제국 군대는 자체 병력을 보호할 수 없었기 때문에 명성이 땅에 떨어졌다.

다뉴브강을 가로질러 전달된 황금은 아틸라를 더욱 강력하고 위협적인 인물로 만들어주었고, 로마인들에게 더 커다란 굴욕감을 안겨주었다. 아틸라는 그토록 많은 지역을 유린했고 많은 사람들에게 두려움을 심어주었기 때문에 동로마제국에서는 아무도 그에게 대적하려고 하지 않았다. 아틸라는 서로마제국을 공격할 계획을 세울 수 있었다. 하지만 아틸라의 이런 계획이 마침내 로마인들에게 알려지게 되자 아틸라를 살해하려는 음모가 싹트기 시작했다. 로마의 동맹국 중 하나인 독일 왕 에디카는 아틸라를 죽이면 황금 50파운드를 주겠다고 했지만, 아틸라는 음모를 눈치 채고 하수인들을 죽여버렸다.

아틸라는 비록 광대한 제국의 왕으로서 수백만 명의 사람들을 거느리고 있었지만 여전히 야만적인 방식을 고집했다. 외국의 고위인사들을 맞이할 때는 은쟁반에 가장 화려한 음식을 담고 황금 술잔에 포도주를 따르며 영접했지만, 그 자신은 나무로 만든 편평한 주발에 날고기 덩어리를 담아 먹었고, 나무 술잔에 포도주를 따라 마셨다. 그가 인육을 즐겼다는 소문이 근거가 없는 것은 아니다. 그는 자신의 아이들인 에르프와 에이틸을 먹었다고 전해지고 있다. 물론 그의 아내가 아이들을 꿀을 발라 구워 아틸라에게 주었다고 한다. 훈족의 일부다처제 풍습은 아틸라의 취향에 잘 맞았다. 그는 무수

자신의 군대를 이끌고 있는 아틸라. 그의 이름은 죽음과 파괴를 나타내는 말과 동의어로 남아 있다. 그의 만행에 관한 이야기들은 오늘날까지도 유럽 각국에서 전해지고 있다. (BETTMANN/CORBIS)

히 많은 부인을 두었고, 그들에게서 100여 명의 아이들을 낳았다고 전해지고 있다.

450년 동로마제국의 테오도시우스 황제가 죽고 마르치아노가 황위를 계승했다. 테오도시우스 황제의 죽음으로 서로마제국 황제 발렌티니안 3세는 가장 노련한 정치가 중 한 명을 잃었다. 로마제국은 과거와 같은 힘이 없었고, 수없이 침략당했고, 자기만족을 추구하는 세대들은 정치적 내분을 야기할 뿐이었다. 같은 해, 아틸라는 특이한 제안을 받았다.

호노리아는 발렌티니안 3세 황제의 여동생이었지만 제국의 골칫거리였고, 자신의 시종과 정을 통한 사실이 발각되어 콘스탄티노플에서 추방된 상태였다. 기도와 단식의 상태에서 벗어나기 위해 몸부림치던 호노리아는 히

아신스라는 내관을 통해 아틸라에게 그녀의 금반지를 몰래 전하며 결혼하자고 제안했다. 호노리아의 어머니가 이미 야만족의 왕과 결혼한 적이 있었기 때문에 호노리아는 훈족의 강력한 지도자와 로마 황제의 여동생이 결합하면 서로 이점을 취할 수 있다고 생각했던 것이다. 아틸라 역시 그런 결합이 이득이 있음을 알고 있었다. 그는 이미 많은 부인을 거느리고 있었지만, 호노리아의 제안은 그의 계획을 생각지도 못한 방식으로 성사시킬 수 있는 것이었다. 아틸라는 그녀의 결혼 제안을 받아들였다. 물론 서로마제국의 절반을 지참금으로 가져와야 한다는 허세를 부리면서 말이다.

발렌티니안 황제는 여동생의 행위를 비난하며 아틸라의 요구를 거절했다. 이에 아틸라는 전쟁을 선포했다. 아틸라는 사과를 요구하며 자신의 야만족 연합군의 주력 부대를 서유럽에 진군시켰다. 451년 훈족은 헝가리에 주둔지를 건설했고, 아틸라의 어마어마한 병력은 라인 지역을 넘어 독일과 프랑스로 향했다. 아틸라는 단지 정당한 권리를 가진 영토를 차지하고자 할 뿐이라고 주장했지만, 이것은 더 많은 부를 얻으려는 변명에 불과했다.

30만에서 70만 명에 이르는 아틸라의 군대는 200년 전 로마제국이 팽창 정책을 펼친 이래로 최대 규모였다. 아틸라의 군대는 엄청난 파괴를 계획했고, 실제로 그렇게 했다. 랭스[13], 스트라스부르[14], 트리어[15], 쾰른 등 유럽의 대도시들은 대부분 정복되었다.

독일을 지나면서 아틸라는 영원한 성녀 성 우르술라[16]를 만났다. 아틸라는 그녀에게 한눈에 반해 호노리아에 대한 감정을 거둬들이고 순결을 맹세

---

13) 프랑스 북동부 샹파뉴아르덴에 있는 도시. 496년에 프랑크 왕 클로비스가 여기서 세례를 받은 이래 대부분의 프랑스 왕이 랭스에서 대관식을 올렸다. 14) 프랑스 알자스 지방의 중심 도시. 기원전 15년 로마 시대에 아르겐토라툼이라 일컬어졌는데, 455년에 훈족의 침입으로 파괴되었다가 그 후 복구되었다. 15) 독일 라인란트팔츠의 중심 도시. 16) 영국의 전설적 순교자.

한 성녀에게 일방적인 구혼 공세를 펼쳤다. 하지만 그녀가 거절하자 아틸라는 그녀를 화살로 쏴 죽여버렸고, 그녀와 동행하던 1만 1,000여 명의 순교자들을 학살했다.

아틸라의 군대는 프랑스를 짓밟았고, 앞길을 막는 모든 것을 파괴했다. 그들은 부활절 직전에 메스[17]에 진입하여 도시에 불을 질렀고, 많은 사람들을 칼로 찔러 죽였고, 신성한 제단 앞에서 하나님의 사제들을 죽였다.

메스에서의 파괴 행위는 아틸라의 군대가 프랑스에 진군했을 때 일어나게 될 많은 일들의 서곡에 불과했다. 기독교 연대기 작가들에 의하면, 모든 도시들은 차례차례 인간이 저지른 죄악에 대한 징벌로 파괴되었다. 파괴와 죽음이 비껴간 곳에서는 독실한 신자들의 간청과 애원에 신이 응답한 것으로 여겨졌다. 하지만 아틸라의 군대가 우월한 군사 전략을 구사해 정복한 곳은 한 군데도 없다는 주장도 제기되고 있다.

아틸라는 미신에 깊이 빠진 사람이었고, 승려들과 예언가들 그리고 무당들의 말을 믿었다. 아틸라는 그들이 군사적 결정에 영향을 미치는 것을 용인해주었다. 아틸라는 파리에 접근해갈 때 이 도시를 공격하면 불행이 닥칠 것이라는 예감을 받았다. 다른 도시들을 공격하는 것도 썩 마음에 내키지는 않았다. 하지만 물살의 흐름을 돌리기에는 너무 늦었다.

451년 5월, 아틸라의 군대는 오를레앙에 당도했다. 이곳에서 아틸라는 거센 저항을 받았다. 오를레앙은 훈족과 함께 유년기를 보낸 유명한 로마군 사령관 액티우스가 굳게 지키고 있었다. 아틸라가 군대를 동원해 성문을 두들겼지만 도시는 끄떡하지 않았다. 이 도시는 서고트족 군대와 연합한 로마 보

---

17)_프랑스 로렌의 중심 도시. 갈리아 · 로마 시대부터 교통의 요지로 경제활동이 활발했다.

병 군단이 도착함으로써 무사할 수 있었다.

거센 저항으로 오를레앙을 점령하지 못한 것은 아틸라에게 새로운 불안을 안겨주었다. 발칸반도에서 그리고 독일과 프랑스에서 벌인 전쟁에서 아틸라는 자신에게 기꺼이 굴복했거나 파괴할 수 있었던 도시에 익숙해져 있었던 것이다. 그때까지는 견고한 성벽을 갖추고 있는 콘스탄티노플만이 정복하지 못했던 도시였다. 아틸라는 샬롱—쉬르—마른느[18] 가까이에 있는 평원으로 퇴각해 전투 태세를 갖추었다.

샬롱 전투 또는 카탈로니아 평원의 전투라 불리는 이 싸움은 잔인한 것으로 널리 알려졌다. 너무나 격렬한 백병전이 벌어졌기 때문에 피가 강물처럼 흘렀고, 싸우다 목이 마른 자들은 핏덩이가 엉긴 물을 마셔야 했다.

아틸라는 자신이 로마인들에 대해 잘 알고 있는 것처럼 훈족의 멘탈리티에 대해 잘 알고 있었던 액티우스라는 강력한 적을 맞이했던 것이다. 액티우스는 알프스를 넘어 지루하고 고된 여행 끝에 프랑스에 도착했고, 자신을 도와 싸울 많은 동맹군을 끌어 모았던 것이다.

날이 밝자 전투가 시작되었다. 아틸라는 자신의 군대와 마치 노예처럼 그의 명령에 일사분란하게 움직이는 각 부족의 지도자들에 둘러싸여 넓고 평평한 평원 위에 서 있었다. '그가 신호나 눈짓을 하면, 그들은 아무 말 없이 그에게 복종했다.' 그의 군대는 그런 다음 화살촉을 쇠로 만들어 가죽으로 만든 갑옷도 뚫을 수 있는 화살을 무수히 쏘아대기 시작했고, 기마 부대의 싸움이 이어졌다. 아틸라와 그의 연합군들은 적진 중앙을 무너뜨림으로써 전투 초기에 우세를 점했다. 하지만 서고트족은 그들의 방어선 뒤에서 아틸

---

18)_고대에는 갈리아의 카탈라우니족의 수도로, 두로카탈라우눔이라 불렸다.

라를 몰아붙이고 있었다. 결정적인 것은 아니었지만 승리는 갑자기 로마군과 동맹군들에게로 넘어가버렸다.

아틸라는 최악의 경우를 대비해야 한다고 판단했다. 최악의 경우란 죽음이 아니라 포로로 잡히는 것이었다. 아틸라는 자신의 장례를 치를 장작을 준비하라고 명령했다. 나무로 만든 말안장들과 다른 말 장식들을 쌓아올려 여차하면 즉시 불타오를 준비가 되었다. 하지만 로마군 사령관 액티우스에게도 모든 일이 순조롭게 돌아가지 않았다. 토리스문트가 지휘하는 서고트족 군대는 로마군을 도와 전투를 하려 하지 않았다. 액티우스는 서고트족의 도움이 없이는 크게 패배할 위험이 있다는 것을 알고 있었다.

아틸라는 액티우스가 거머쥔 전투상의 우세를 활용하지 않은 채 전투가 갑자기 중단된 데 놀랐다. 아틸라는 처음에 고트족의 갑작스런 퇴각이 자신을 치명적인 위험에 빠뜨리려 유인하는 책략이라고 믿었다. 그래서 그는 한동안 방어 태세를 취한 채 군대를 움직이지 않았다. 그런 다음 상대편에서 어떤 행동도 보이지 않자 그는 퇴각하기 시작했다. 액티우스와 마찬가지로 아틸라도 승리를 확신할 수 없었던 것이다.

샬롱 전투는 역사상 가장 중대한 15건의 전투 중 하나로 기록되었다. 로마군이 이기지 못했더라면 오늘날 유럽인들은 아틸라와 그의 몽골족 유민 후손들의 지배를 받고 있을 수도 있다.

아틸라의 군대는 유례없는 잔인한 짓을 자행했다. 그들은 퇴각하면서 포로뿐 아니라 인질들도 모두 죽여버렸다. 200명의 어린 하녀들은 격렬하고 무자비한 분노의 제물이 되었다. 그들의 몸뚱이는 사나운 말발굽에 밟혀 찢겨져 나갔고, 그들의 뼈는 구르는 마차 바퀴 아래서 으스러졌고, 사지는 그대로 길가에 내던져져 짐승의 먹이가 되었다.

프랑스에서 벌인 전투는 아틸라에게 실망을 안겨주었다. 그는 광대한 영토를 잃었고 전투에서 패배한 군대를 이끌고 퇴각했다. 헝가리로 돌아오자마자 그는 로마제국에 더 많은 황금을 바치라는 무리한 요구를 했다. 자신의 요구를 관철시킬 만한 무력도 갖추지 못한 채 말이다.

테오도시우스 황제의 뒤를 이은 마르시안은 힘과 정치력을 모두 보여주기 시작했다. 그는 제국을 벗어난 프랑스와 독일에서는 아틸라의 왕국을 공격하기를 꺼렸지만, 아틸라에게 더 많은 황금을 바칠 생각은 전혀 없었다.

샬롱 전투에서 입은 부상을 다 치료하기도 전에 아틸라는 자신의 군대에게 다시 싸우라는 명령을 내렸다. 험악한 알프스를 넘어 고난을 겪으며 헝가리로 돌아왔음에도 불구하고 훈족 군대는 여전히 싸움을 열망하고 있었다. 전쟁은 그들의 산업이었고, 아틸라의 명성은 샬롱 전투의 패배로 실추되지도 않았다.

아틸라는 황제의 여동생인 호노리아를 보내라고 다시 한번 요구했지만 거절당했다. 아틸라는 이번에는 로마로 직접 진격하기로 결심했다. 아틸라는 이탈리아를 침공하는 것은 호노리아의 지참금으로 서로마제국의 절반을 요구한 데 따른 당연한 결과라고 믿었다. 그는 또 세계를 정복하겠다는 자신의 야망을 달성하려면 로마를 정복해야 한다는 것을 알고 있었다.

452년 봄, 아틸라는 북부 이탈리아로 출병했고 또 한번 게피드족, 동고트족[19], 스키리안족, 알레멘족을 규합했다. 아르메니아에는 훈족 세력이 없었기 때문에 연합 군대에는 훈족보다는 게르만족이 더 많았다. 연합 군대는 트리에스테[20]를 향해 이동했지만, 매우 중요한 요새인 아퀼레이아에서 진군

---

19) 493년부터 555년까지 이탈리아를 지배했다.  20) 이탈리아 아드리아해 북부, 슬로베니아와의 국경 지대에 위치한 항구 도시로, 로마가 식민도시로 세운 것이 기원이다.

을 멈추었다. 아퀼레이아[21]를 차지하는 자가 북부 이탈리아의 대부분 지역을 다스릴 수 있을 듯 보였기 때문이었다. 아틸라는 이 도시를 포위하고 공격하기로 결정했지만, 석 달이 지나도 아퀼레이아는 항복하거나 포기하려는 기미를 보이지 않았다. 아틸라는 포위 공격을 단념했다. 그러나 전설에 따르면, 아틸라가 퇴각할 준비를 하려던 찰나 도시 성벽 위에 있는 어떤 탑에서 하얀 새 한 마리가 등에 새끼를 업고 도시를 떠나버렸다고 한다. 미신적 성향이 강한 아틸라는 이 장면을 보고 군대의 퇴각을 중지시켰다. 얼마 후 새가 떠난 탑이 있던 성벽 주위가 무너져 내렸고, 아틸라는 도시를 마음껏 약탈할 수 있었다.

아틸라는 도시를 철저하게 파괴했고, 아퀼레이아는 다시는 유력한 도시가 되지 못했다. 이 소식은 들불처럼 이탈리아에 퍼져갔고, 각 도시의 지배자들은 두려움을 감추지 못했다. 아틸라의 군대는 아퀼레이아를 쑥밭으로 만든 다음 파두아로 이동했다. 파두아는 농업과 산업이 번성하던 중요한 도시였고, 부자들이 많았다. 아틸라의 군대는 파두아를 완전히 쓸어버렸지만, 그들이 도착하기 전에 많은 사람들은 주로 기마병으로 이루어진 아틸라의 군대가 쫓아오지 못할 늪지대로 달아난 후였다. 아틸라의 군대는 다음 목적지를 베니스로 정했다.

아틸라의 군대는 이탈리아를 종단하여 진군하면서 커다란 만족감을 느꼈다. 그들은 적대적인 군대를 만나지 못했을 뿐 아니라 그들이 거침없이 들어오도록 도시의 문이 활짝 열려 있는 것을 점점 더 많이 보게 되었기 때문이다. 하지만 그들은 환영받았던 게 아니라 그들에게 저항하지 않는 것이 현명

---

21)_이탈리아 북부에 위치한 도시로, 5세기에 북방 민족으로부터 침략을 받아 약탈당했다. 고대 로마인들이 주목할 만한 자취를 많이 남겨 유적들이 풍부하며 고고학적 중심지가 되었다.

한 처사라는 것을 많은 사람들이 알고 있었을 뿐이었다. 그들은 구제국의 수도였던 밀라노까지 아무런 저항도 받지 않고 진군할 수 있었다.

발렌티니안 황제는 임시 거처인 라베나에서 로마로 달아났고, 아틸라의 군대에 저항할 효과적인 방책을 마련하기를 바랐다. 그러는 동안 아틸라는 밀라노를 점령했고, 잠시 동안 황궁에 머물렀다. 그곳에서 아틸라는 제멋대로 로마의 지배자임을 천명했다고 기록되어 있다. 아틸라는 역대 황제들이 옥좌에 앉아 있고 스키타이 왕들이 그들의 발치에 엎드려 있는 그림을 보곤 고쳐 그리라고 명령했다. 그림은 역대 황제들이 신하가 되어 아틸라의 옥좌 앞에서 황금을 바치는 것으로 바뀌었다.

밀라노를 떠난 아틸라는 군대를 이끌고 이탈리아로 점점 더 깊이 들어갔다. 잔인한 살육을 일삼는 기마대가 도착했다는 소식에 사람들은 겁을 먹고 달아났다. 하지만 그들은 숨을 곳이 없었다. 포강에 당도했을 때, 아틸라의 군대는 말라리아라는 뜻밖의 적을 만나 많은 병력을 잃어야 했다. 하지만 행운은 여전히 아틸라의 편이었다. 사람들은 그의 이름만 들어도 두려움에 떨었기 때문에 그는 난관을 또 한번 돌파할 수 있었다. 발렌티니안 황제는 정말로 소심한 인물이었다. 그는 제국을 모두 빼앗길까 두려워 휴전을 요청하는 사절단을 보냈다. 아틸라는 협상에 동의했다.

민치오강에서 아틸라는 교황 레오 1세와 로마 총독 트리게티우스와 부유하고 유명한 정치가 겐나디우스 아비에누스라는 두 명의 참모와 협상 테이블에 마주 앉았다. 그들의 임무는 아틸라를 설득해 로마를 공격하지 못하게 하는 것이었다. 아틸라는 천막에 누운 채 그들을 맞았다. 그는 그들을 두려워하지 않았다. 신하의 신세가 된 것은 그들이었지 그가 아니었던 것이다. 당대의 역사가 프리스쿠스는 '아틸라는 로마로 진격하는 것을 염두에 두고 있었다. 하지만 부하들이 반대하자 아틸라는 가장 최근에 로마를 정복했던 서고트족의 알라릭 왕이 그 후 오래 살지 못했다는 사실을 생각해냈다'고 기록하고 있다. 아틸라를 수행한 승려들은 만약 그가 계속 진군을 한다면 군대는 질병으로 쓰러질 것이고, 오염된 물과 폭염과 식량 부족에 시달리게 될 것이라고 예언했기 때문에 아틸라는 로마로 진격하지 않기로 결정했다. 그 대신 아틸라와 그의 야만적인 군대는 많은 금은보화를 남겨두고 헝가리 평원으로 향했다.

몇 달이 지나지 않아 아틸라는 평화 조약을 체결한 것을 후회했고, 전쟁을 하지 않은 것에 대해 분노를 터뜨렸다. 그는 마르시안에게 사자를 보내 테오도시우스 황제가 자신에게 약속했던 것을 구실로 삼아 로마제국의 변방을 초토화시키겠다고 위협했다. 아틸라는 자신이 역대 어느 누구보다도 더 잔인하다는 것을 보여주고 싶어했다. 하지만 그의 공포 통치가 곧 종말을 고했기 때문에 그런 위협은 실현되지 않았다.

453년 아틸라는 50세가 되었다. 그는 적지 않은 나이에도 불구하고 왕성한 성적 욕구를 보였다. 453년 3월 15일, 그는 젊고 아름다운 독일 귀족 출신의 일드리코와 결혼식을 올렸다. 전설에 따르면, 그녀는 아틸라가 자기 동족을 많이 죽인 데 대해 반드시 대가를 지불하게 만들겠다고 맹세했다고 한다. 아틸라는 결혼식이 끝난 후 대단한 향연을 즐기고 술에 취한 다음 침실로 들어갔다. 다음 날 아침 그는 죽은 채로 발견되었다. 동맥이 터져 있었고, 아틸라는 자신이 흘린 피 속에 널부러져 있었다고 한다.

아틸라가 죽자 새로운 지도자를 찾지 못한 훈족 제국은 붕괴되었다. 훈족은 거의 200년 동안 유럽을 유린했다. 그의 부하들은 머리카락을 자르고 얼굴에 상처를 내 깊은 흉터를 남김으로써 그들이 떠받들었던 영웅 아틸라의 죽음을 애도했다. 여인네의 눈물이 아니라 남자들의 피로 장례식을 치렀던 것이다.

그의 시신은 온전히 보전되었고, 그가 즐겨 탔던 말안장과 즐겨 입었던 의복들은 불태워졌다. 훈족 전체에서 선발된 기마병들이 그의 시신을 둘러싼 채 삼엄한 경비를 펼쳤고, 역사상 가장 잔인한 전사 중 하나였던 아틸라를 위한 만가(挽歌)가 불려졌다. 그의 시신은 밤중에 은밀하게 매장되었다. 그로부터 1년쯤 후 아틸라를 패퇴시켰던 두 명의 지도자 액티우스와 토리스문트도 죽었다.

유럽의 절반에 해당하는 지역에 흩어져 있던 훈족은 대부분 몽골의 초원으로 돌아갔다. 476년, 서로마제국도 로물루스의 퇴위와 함께 역사 속으로 사라졌다.

훈족의 아틸라 왕은 8년 동안 군림했지만, 5세기의 유럽인들에게 너무나 커다란 두려움을 심어주었기 때문에 지금까지도 그의 이름은 죽음과 파괴의 상징으로 인식되고 있다. 아틸라가 온건한 인물이었다는 이야기는 그가 죽은 직후부터 만들어지기 시작했다. 여러 나라에서는 아틸라에 대한 이야기가 다양하게 꾸며졌다. 어떤 이야기는 그의 잔혹함을 감추었고, 반면 어떤 이야기는 그의 잔혹함을 적나라하게 드러냈다.

# KING JOHN

잔인하고 냉혹한 군주

# 존 왕

그는 잔인하고 냉혹했고, 난폭하고 과격했고,
탐욕스럽고 방종했으며,
천재적이고 배타적이었으며, 명확하고 현명했으며,
똑똑하고 유능했고, 독창적이고 호기심이 강한 인간이었다.

_ 어스틴 래인 풀, 『둠스데이북에서 마그나카르타까지
(From Doomsday Book to Magna Carta)』중에서

A Callous, Cold-Hearted Monarch

존 왕이 자신의 강아지들과 함께 있는 그림. 1300년에서 1325년에 랭토프의 피터가 저술한 영국 이야기의 라틴어 판본에서 발췌. 이 그림은 존 왕의 잔인함과 비정함 그리고 탐욕스러움과 모순을 보여주고 있다. (HERITAGE-IMAGES/THE BRITISH LIBRARY)

존 왕은 많은 의문스러운 행동에 대해 책임이 있음에도 불구하고, 나쁜 왕
도 악인도 아니었고 단지 폭력이 규범이 되었던 시대에 권력을 거머쥔 평범
한 인간이었다고 말할 수도 있다. 1167년, 존은 카리스마적인 헨리 2세와 강
대한 아키텐느의 여왕 엘레노어의 다섯 번째 아들(실제로는 여덟 번째이자 막내였다)
로 태어났다. 헨리 2세와 엘레노어는 영국의 대부분 지역과 프랑스의 많은
지역을 함께 통치했다. 당시는 전사(戰士)의 시대였고, 헨리 2세는 강력하고
단호한 전형적인 지도자로 국민들의 사랑을 받은 왕이었다.

　　존은 헨리 2세가 왕이 된 지 13년째 되는 해에 태어났다. 존은 격정적인 행
동과 부단한 열정을 보인 인물이었다. 그는 고정적이고 상투적인 일상을 못
견뎌 했기 때문에 신하들을 영국 전역과 대륙의 광대한 영토로 막무가내로
끌고 다녔다. 헨리 2세는 자식들을 매우 사랑했지만 불행하게도 자식들에게
통치하는 법을 교육시키지 못했다. 헨리 2세는 자신의 혈육보다는 신하들을
더 신뢰했는데, 그것이 재난의 싹이 되었다.

　　헨리 2세는 왕위를 물려받은 직후, 봉신들이 얼마나 막강한 힘을 가지고
있는지를 깨닫게 되었다. 그가 왕위에 있으면서 추진했던 주요한 정책 중 하
나는 봉신들의 권력을 약화시키는 것이었다. 그는 왕실에 최고권위를 되찾
아왔고, 봉신들의 영향력을 점차 줄여나갔다. 그는 사사로운 분쟁을 강력하
게 진압했고, 자신을 무시하는 봉신들의 성을 모조리 몰수했다. 그는 무법천
지였던 당시 사회에 법률과 질서를 가져다주었다.

존은 반역의 분위기 속에서 성장했다. 오늘 맺은 약속은, 아버지와 아들 또는 지배자들간에 이루어진 것이라 할지라도 늘 유력한 편을 쫓았기 때문에 금방 깨지곤 했다. 헨리 2세는 강직한 기질을 가진 것으로 유명했고, 그것은 존이 치명적으로 물려받은 특성이었다.

존의 생애는 3살 때까지는 거의 알려진 것이 없다. 크리스마스 이브에 태어난 존은 유모의 손에서 키워졌고, 모르탱 백작이란 작위를 받은 후에야 부모에게로 돌아갔다. 백작은 중요한 작위였지만, 권력이나 땅보다는 권위를 주는 것이었기 때문에 존은 '무지(無地) 왕'이라는 별명을 얻게 되었다.

1172년, 존은 모리엔느 백작의 딸인 알리스와 약혼했다. 정략결혼을 성사시키기 위해 헨리 2세는 이미 자신의 첫째 아들 헨리에게 양도했던 영토를 존에게 주려고 마음먹었다. 그러자 헨리는 격분하여 동생들인 제프리와 리처드 그리고 프랑스 왕 필립과 손잡고 부친인 헨리 2세에게 전쟁을 선포했다. 또 불만을 품었던 귀족들과 스코틀랜드 왕도 그들과 손을 잡았다. 헨리 2세는 사방에서 공격을 받았다. 하지만 그들은 영국 왕의 강력한 군사력을 과소평가했다. 1174년 말, 헨리 2세는 자신의 아들들과 적들을 격퇴시켰다.

1183년 헨리 2세와 엘레노어 여왕의 맏아들이자 상속자인 헨리가 죽자 왕가의 재난이 시작되었다. 이젠 엘레노어가 가장 사랑하던 리처드가 왕위 상속자가 되었다. 리처드는 유럽의 모든 여자들의 선망의 대상이었다. 그는 붉은빛이 감도는 금발과 맑은 눈, 앙주 가문 남자들의 특징인 단단한 몸을 가진 잘생긴 청년이었다.

존은 이제 왕좌에 한 걸음 더 가까이 다가갔고, 그의 부친은 그에게 더 많은 땅과 보호막을 마련해주려고 노력했다. 헨리 2세는 리처드가 몹시 탐내고 있던 이미 분할된 아키텐느 공국을 존에게 주려고 했다. 로렌 지방을 소유하고 있던 리처드는 반란을 일으키는 귀족들을 진압하고 그 지역을 장악하기 위해 부단히 노력하고 있었다. 아키텐느를 잃는다면 커다란 타격이 될 것이 뻔했기 때문에 리처드는 아키텐느를 떼어주기를 단호히 거절했다. 헨리 2세는 갈등이 표면화되는 것을 피하기 위해 16세에 불과한 존이 나중에 '군대를 이끌고 리처드의 영토로 가서 그와 싸워 자신이 원하는 것을 얻을 수 있다'고 선언함으로써 사태를 수습했다. 이런 결정은 형제간의 우애를 키우는 것은 아니었다. 존과 그의 형 제프리는 군대를 소집했다. 하지만 헨리 2세는 자신의 아들들을 모두 왕실로 소환해 평화롭게 지내라고 으름장을 놓았다.

17세가 되자 존은 윈저 성에서 기사 작위를 받았고, 그의 부친은 그를 아일랜드로 보내 끊임없이 반란을 꾀하는 귀족들을 진압하고 아일랜드 교회를 개혁해서 교황의 통제 하에 두려 한 '로마 교황의 교서(Papal Bull)'를 시행하기로 결정했다.

1185년 4월, 존은 60척의 배와 300명의 기사 그리고 3,000명의 병사들과 기병들을 이끌고 영국을 떠났다. 그는 다음 날 워터포드에 상륙해 부친의 옛 지지자들로부터 환영을 받았다. 그런 다음 더블린으로 향했고, 헨리 2세의 지배에 복종하지 않았던 자들을 정복하기 시작했다. 그는 그들의 땅을 몰수해서 훨씬 더 순종적인 자들에게 주었고, 총독으로는 가능한 한 많은 돈을 모으는 데에만 관심을 쏟는 부적격한 자들을 계속 임명했다. 아일랜드는 혼동과 두려움에 빠져들었지만, 마침내 리머릭 왕이 군대를 동원해 존의 군대를 격퇴했다. 전투에서 엄청난 숫자의 병사들을 잃은데다, 존이 향락을 즐기는 데 돈을 다 써버리고 병사들에게 급료를 지불하지 않았기 때문에 존의 군대는 아일랜드 군대에 비해 이미 수적으로 열세를 보였던 것이다. 존은 책임감을 완전히 망각하고 원정 기간을 향락으로 보냈다. 그는 무정부 상태로 있는 땅을 버려 두고 떠났고, 부친인 헨리 2세가 공들여 쌓아왔던 모든 일을 수포로 돌아가게 만들었다.

존이 헨리 2세의 용서를 기다리는 동안 바로 위의 형 제프리가 파리에서 죽었다. 헨리는 존과 함께 제프리의 영토를 차지하러 온 프랑스의 필립 왕과 싸우러 갔다. 헨리는 피할 수 없는 싸움을 준비하기 위해 존과 함께 군대를 모집했다. 리처드와 존 그리고 헨리의 사생아 아들(역시 제프리라 불렸다)은 각각 군대의 사령관으로 임명되었다. 서유럽의 가장 강력한 통치자들 사이에 공개적인 전쟁이 벌어질 것을 두려워한 교황의 중재로 1187년 6월 2년간의 휴전 협정이 조인되었다.

그러나 평화는 지속되지 않았다. 필립 왕과 화해하려 노력한 헨리 2세는 필립 왕의 누이동생 알리스와 존의 약혼을, 그리고 존에게 아키텐느 공국의 양도를 제안했다. 유일한 문제는 지난 20년 동안 알리스가 리처드와 약혼을 했었기 때문에 아키텐느는 리처드의 소유로 되어 있었다는 점이었다. 부친의 처사에 분노한 리처드는 프랑스의 필립 왕과 동맹을 맺고 일부 반감을 품은 귀족들을 이끌고 부친의 영토로 쳐들어갔다. 헨리 2세는 르망에 있는 성에서 휴가를 보내고 있었다. 모든 사람이 그에 대항해 반란을 일으켰고, 국고는 텅 비어 있었다. 이 절망적인 시기에 그가 총애하던 존도 패배한 부친보다 승리한 형으로부터 더 많은 것을 얻기를 바랐기 때문에 필립 왕의 편에 가담했다. 배반에 치를 떨던 헨리 2세는 열병에 걸려 1189년 7월 6일 세상을 떠났다. 존은 부친의 장례식에 참석하지 않았다. 리처드는 이제 왕이 되었고, 존은 아무도 인정하지 않는 후계자가 되었다. 리처드는 존이 영국으로 돌아온 것을 환영해주었고, 그를 모르탱 백작으로 인정하는 한편 노팅엄 주(州)와 말보로 성을 주었다. 게다가 존은 도셋, 서머셋, 더비, 랭커스터, 콘월

등의 주와 더비셔 일부를 받았다. 존은 영국에서의 지위를 더욱 공고히 하기 위해 해드위사(Hadwisa)와 결혼했고, 해드위사는 영국 서부와 웨일스의 광대한 영토를 지참금으로 가지고 왔다.

1189년 8월 29일, 존과 해드위사는 말보로 성에서 결혼식을 올렸다. 그들은 육촌간이었기 때문에 부부가 되는 것이 허락되지 않았지만, 존은 교회의 반대를 무시하고 로마 교황청에 결혼을 허락해달라고 청원했다.

같은 해 9월, 리처드는 공식적으로 왕이 되었음을 선포했고, 자신이 제안한 십자군 원정을 위해 돈을 끌어 모으기 시작했다. 그는 가진 것 모두를 팔려고 내놓았고, 12월경에는 스코틀랜드와 웨일스와 안정된 평화를 유지할 수 있었다. 그는 자신이 없는 동안 영국을 다스릴 평의회를 소집했다. 리처드는 엘리의 주교 윌리엄 롱샹을 수석 사법관으로 임명했다. 교황과 왕을 모두 대리하는 지위를 갖게 되었지만 영어를 한마디도 하지 못했고 영국 국민들에 대한 경멸을 숨기려 하지도 않았던 롱샹은 교회와 국가에 대해 최고권력을 행사했다. 롱샹은 즉시 토지를 몰수해서 자신의 친척들과 봉신들에게 나누어주기 시작했다. 그의 행동은 사람들과 귀족들에게 원한을 샀다. 이런 사실을 잘 알고 있던 존은 이런 사태를 자신에게 유리하게 이용하려고 했다. 존은 정복된 지방의 옹호자인 체하기 시작했다.

존은 이제 강력한 지위를 갖게 되었다. 그는 자신이 절대적인 권위를 가진 영국 서부를 좌지우지했지만, 더 많은 영토를 원했고 봉신들로부터 노팅엄 성과 티크힐 성을 빼앗았다. 그러는 동안 십자군 원정에서 돌아온 프랑스의 필립 왕은 질투심이 폭발하여 리처드가 없는 동안 영국에 위해를 가하려는 계획을 세우기 시작했다. 그는 존에게 사신을 보내 자신이 영국과 노르망디 영토를 차지하도록 도와달라고 제안했다. 야심으로 가득 차 있었던 존은 기꺼이 동조했다. 하지만 출병하기 전날 밤, 존은 어머니 엘레노어에 의해 출병을 제지당했다.

갑자기 방향을 바꾼 존은 돈에 눈이 멀어 수석 사법관을 한 번 더 할 수 있게 도와주면 5,000파운드를 주겠다는 롱샹의 제안을 받아들였다. 존이 돈을 밝힌다는 사실을 알게 된 정부는 존이 롱샹을 지원하지 않는 대가로 더 많은 돈을 주었다. 존은 더 많은 돈을 챙길 수도 있었다. 하지만 그렇게 함으로써 존을 믿을 수 없는 자라고 여긴 영국 귀족들의 존경과 신망을 잃었다.

대규모 십자군 원정이 실패로 끝난 후 귀환길에 오른 리처드는 1193년 오스트리아의 레오폴드 공에게 사로잡혀 황제에게 넘겨졌다. 리처드는 국민들로부터 많은 인기를 얻고 있었지만, 존은 필립 왕과 반역적인 조약을 체결했다. 영토가 교환되었고, 필립 왕은 리처드의 영토를 가질 수 있도록 도와주겠다고 약속했다. 그런 다음 존은 외국인 용병 군대를 이끌고 영국으로 돌아왔다. 그는 두 개의 성을 점령했고 런던으로 진군했지만, 귀족들은 그의 요구를 거부했다. 분노한 존은 런던을 떠났다.

영국은 리처드를 석방시키기 위해 몸값으로 은화 7만 마르크를 지불해야 했고, 온 나라는 대부분의 사람들이 상상조차 할 수 없는 그토록 막대한 금액을 모으기 위해 단결했다. 리처드는 존에게 다음과 같은 경고성 메시지를 전달했다. '너 자신을 잘 돌봐야 할 것이다. 그렇지 않으면 네 안의 악마가 날뛸 것이다.' 리처드 왕이 돌아올 것이란 사실을 알고 안도감을 느낀 사법관들은 존에게 반기를 들었고, 존은 노르망디로 피신하여 필립 왕과 손을 잡았다. 하지만 리처드는 존을 심각한 위협으로 여기지는 않았던 듯하다. 리처드는 존이 이전에 가지고 있던 모든 땅에 대한 권리를 여전히 갖고 있음을 거듭 천명했다. 그러나 사악한 존에게는 이 정도로 충분하지 않았다. 그는 왕의 권력을 맛보았기 때문에 영국을 내전의 소용돌이 속으로 몰아간다 해도 쉽게 물러나려 하지 않았다. 그는 자신의 성을 지키고 있는 모든 파수꾼들에게 편지를 보내 리처드의 갑작스런 공격에 대비해 성을 튼튼히 지키라고 명령했다. 또 레오폴드 공에게 돈을 보내 리처드를 석방하지 말아달라고 부탁했다.

존의 행위에 격분한 주교들은 그와의 관계를 끊었고, 봉신들은 그의 성들을 포위하고 공세를 퍼부었다. 1194년 3월, 리처드는 영국으로 돌아오자마자 필립 왕과 결탁한 채 노르망디에 머물고 있는 존이 일으킨 문제들을 해결하기 위해 곧장 군대를 일으켰다. 리처드는 존을 배신자라 규정하며 40일 내에 용서를 구하지 않으면 그가 가진 모든 권리를 박탈하겠다고 으름장을 놓았다. 하지만 속임수에 능한 존은 곧 리처드의 재신임을 받게 되었고, 1년 후엔 모르탱과 글루체스터의 백작으로 복귀했다. 그는 리처드와 동맹 관계를 맺고 필립 왕과 적대시한다는 약정을 맺음으로써 많은 돈을 받았다. 그에 대한 보답으로 리처드는 존을 자신의 후계자로 지명했다. 얼마 지나지 않아 리처드는 독화살을 맞은 상처의 부작용으로 죽었고, 그와 함께 '서유럽 기사도의 자존심과 명예'도 종말을 고했다.

리처드는 존을 자신의 후계자로 지명했지만, 그때까지만 해도 영국에서는 장자 상속에 의한 세습 계승이 명문화되어 있지 않았기 때문에 존에게는 경쟁자가 있었다. 제프리의 아들이자 존의 조카인 아서는 12살이었는데, 브르타뉴, 앙주, 멘느, 투리안느의 귀족들은 그를 적법한 후계자로 여기고 있었다. 영국에서 가장 영향력이 큰 캔터베리 대주교와 윌리엄 마샬은 가능한 빨리 후계자를 선택해야 한다는 사실을 알고 있었다. 존은 여전히 브르타뉴에 머물고 있었고, 아이러니하게도 아서를 방문하고 있을 때 리처드가 죽었다는 소식을 듣고는 자신의 재산들을 보호하기 위해 부랴부랴 브르타뉴로 되돌아갔다. 존이 처음으로 취한 조치는 시농[1]에 있는 리처드의 재산을 보호하는 것이었고, 리처드 일가와 친목을 과시함으로써 봉신들의 충성을 받아냈다.

존은 약속을 지킬 것임을 맹세했고, 확연히 달라진 행동을 보여주었다. 그는 상당히 겸손했고 유순한 면모를 보였다. 미신에 깊이 빠져 있었던 존은 또 자신이 소중히 목에 걸고 있는 황금 박힌 돌을 그들에게 보여주며, 이 돌을 가진 후계자는 영원히 영국을 다스리게 될 거라는 계시를 받은 한 조상에게서 받은 것이라고 말했다.

필립은 아서를 지지한다고 밝혔지만, 변덕스럽고 기만적인 존을 다루는 것보다는 어린아이의 의지를 더 효과적으로 꺾을 수 있다는 것을 잘 알고 있었기 때문이었다. 필립은 아서를 자신의 아들 루이와 함께 파리로 보냈고, 아서가 소유하고 있던 모든 성의 총독을 자신이 손수 뽑은 자로 임명함으로써 아서의 재산을 모두 차지해버렸다.

그러는 동안 대륙에서의 존의 지위는 더욱 강화되었다. 존은 노르망디 공작이 되었고, 아키넨트는 엘로노어의 지배 하에 들어갔고, 르망의 점령은 멘느에 있는 아서의 지지자들에게 제동을 걸었다. 이제 존은 영국으로 돌아와 왕위를 요구할 수 있게 되었다.

놀랍게도 존은 대부분의 영국 귀족들로부터 지지를 받고 있다는 소문을 듣게 되었다. 하지만 그들은 존에게 충성을 서약하기 전에 존이 그들의 관습적인 권리를 존중한다는 서약을 문서로 남겨줄 것을 요구했다. 존의 대리인들은 그들이 충성을 맹세하고 평화를 유지하는 한 존이 그들의 법적 권리를 용인한다

---

1)_프랑스 서부 상트르에 있는 소도시. 12세기에는 영국 왕의 영토였으나 1205년에는 립 2세가 프랑스 왕령으로 만들었다.

는 서약문에 서명했다. 하지만 존도 귀족들도 이 약속을 지키지 않았다.

존은 1199년 5월 25일 영국에 도착했다. 이틀 후, 존은 웨스트민스터 대성당에서 자신이 대법관으로 임명한 허버트 월터의 주관 하에 왕좌에 올랐다. 한 달 후, 존 왕은 노르망디로 돌아갔다. 필립 왕과의 휴전기간은 끝나가고 있었고, 아서의 요구를 영원히 꺾어놓을 필요가 있었다. 하지만 필립과 존은 합의에 이르지 못했다. 이런 사실이 알려지자, 이전에 리처드를 지지했던 프랑스 귀족들은 존의 동의 없이는 필립과 평화를 유지하지 않겠다고 맹세하며 존을 지지하는 쪽으로 방향을 틀었다. 1200년이 되자 필립은 성급한 결혼으로 인해 교회와의 관계가 매우 악화되었고, 당연히 이전보다 적극적으로 존과 화해하기를 원했다. 1200년 6월 21일 르굴레(Le Goulet) 조약이 체결되었고, 존의 질녀 블랑슈와 필립의 아들 루이의 결혼식이 거행되었다.

그로부터 1년도 채 안 되어 존은 선조들이 소유했던 모든 영토에 대한 권리를 획득했고, 프랑스와의 지속적인 평화가 당연한 듯했다. 하지만 필립의 끝없는 야심, 신뢰할 수 없는 성정, 표리부동함, 그리고 프랑스 왕권을 강화하려는 지속적인 노력은 양국의 평화적 관계를 계속 유지할 수 없게 만들었다.

모든 일이 잘 되는 듯 보였지만, 존은 대륙의 신하들과 강력한 집단을 이루고 있는 영국 귀족들간의 충성 경쟁을 부채질함으로써 불만을 야기하기 시작했다. 그는 결혼한 지 10년이 된 해드위사와 이혼하기로 결정했지만 그녀가 가지고 온 지참금은 돌려주고 싶어하지 않았다. 그는 새 부인을 물색하기 시작했다. 존은 포르투갈 왕의 환심을 산 후, 1200년 8월 26일 당시 12살에 불과했던 앙굴렘[2]의 이사벨라와 충동적으로 결혼했다.

---

2)_프랑스 앙구무아 지방의 역사적 중심 도시.

존 왕은 최악의 선택을 한 셈이었다. 해드위사는 영국 귀족들에게 매우 인기가 있었고, 이사벨라의 선택은 많은 프랑스인들에게 반감을 샀다. 그녀는 푸아투 가문의 가장 유력한 인물과 이미 약혼한 바가 있었기 때문에, 푸아투 가문은 당연히 존을 불구대천의 원수로 여겼다. 이사벨라는 후일 존과의 사이에서 헨리, 리처드, 조안, 이사벨라, 엘레노어 등 다섯 명의 자식을 낳았다.

존과 그의 어린 신부는 1200년 10월 8일 영국에 도착했다. 그들은 웨스트민스터 대성당에서 왕관을 쓴 다음 여전히 더 많은 영토를 원하고 있는 스코틀랜드인들과 회담하기 위해 스코틀랜드로 여행을 떠났다. 그들은 북부 지방을 여행하면서 속셈이 뻔히 들여다보이는 구실을 붙여 사람들에게 무거운 세금을 부과했다. 그러는 동안 푸아투 일가는 존 왕과의 전투를 준비를 하고 있었다. 그들은 노르망디를 침공했고, 필립의 선동과 지원으로 존 왕의 성들을 포위 공격하여 결국은 모든 성을 함락시켰다. 격분한 존 왕은 모든 백작들과 봉신들에게 포츠머스[3]에서 싸우러 갈 준비를 하고 자신을 맞으라고 명령했다. 존 왕이 자신들을 필요로 하고 있음을 잘 알고 있었던 귀족들은 이 기회를 이용해 몇 가지 새로운 요구사항을 제시했고, 레스터[4]에 모여 자신들의 불만을 존 왕에게 전달했다. 그들은 자신들의 영지에서 절대권력을 유지했던 헨리 2세의 구체제로 돌아가기를 원했다. 존은 자신의 명령에 복종하지 않는다면 그들의 성을 모두 쓸어버리겠노라고 응답했다. 결국 그들은 저항을 포기하고 존 왕에게 복종했다.

1201년 5월 13일, 군대가 소집되었다. 너무 많은 병사들이 모여들어 존 왕은 일부를 돌려보냈지만, 그것도 그들에게서 돈을 받은 후에 돌려보냈다고 한다. 그런 다음 윌리엄 마샬과 로제 드 라시를 사령관으로 임명하고 300명

---

3)_영국 남부의 군항. 4)_영국 중부의 도시.

의 기사를 대동한 채 노르망디로 항해를 떠났다. 결과적으로 그들은 그럭저럭 프랑스인들을 굴복시켰고, 존 왕은 푸아투의 귀족들을 무기력하게 그들의 영지로 돌려보냈다.

두 달 후, 필립 왕이 국경을 보호하고 부타방 성을 측량한다는 명분을 내세워 노르망디를 공격하자 다시 전쟁이 벌어졌다. 필립 왕은 아서를 보내 그의 할머니 엘레노어가 머물고 있던 미르보 성을 포위 공격하게 했다. 존 왕은 어머니를 구출하기 위해 달려갔고, 아서는 200명의 프랑스 기사들과 푸아투의 모든 기사들과 함께 붙잡혔다. 아서를 제외한 모든 포로들은 일부는 노르망디의 감옥에, 일부는 영국 코페 성의 감옥에 나뉘어 수감되었는데, 영국으로 보내진 포로들은 모두 굶어 죽었다고 한다. 존 왕은 아서를 팔레즈에 연금한 후 충성 서약을 받으려 했지만, 고집이 센 아서는 결코 굴복하지 않았고 나중에 루앙으로 옮겨져 잔혹하게 죽임을 당했다. 아서의 죽음을 둘러싸고 존 왕의 명령이 있었다느니 존 왕이 직접 칼로 찔러 죽였다느니 하는 소문이 무성했다.

존 왕은 1년 이상 영국을 떠나 있었고, 되돌아올 기미를 보이지 않았다. 그는 자신의 어린 신부에게 완전히 빠져 있었고 그녀와 헤어진다는 것은 꿈도 꿀 수 없을 정도였다. 필립 왕이 존 왕의 노르망디 성을 점령하기 시작했지만 그는 꿈쩍도 하지 않았고, '내버려 둬. 그 자가 무슨 짓을 하든 난 하루 안에 되찾을 수 있어'라 말하며 잘난 체했다. 영국인 귀족들은 존 왕에게 환멸을 느끼고 영국에 있는 자신들의 영지로 돌아갔다. 존 왕의 곁에는 단 몇 명의 병사만 남았다.

마침내 존 왕은 그토록 많은 노르망디 귀족들이 자신을 버렸음을 깨닫고 다시 시작하기로 결심했다. 하지만 그에게는 사람도 돈도 없었다. 1203년 12

월 6일, 그는 영국으로 돌아와 자신을 버리고 떠난 귀족들을 비난하며 그들이 소유한 동산 중 7분의 1을 내놓으라고 요구했다. 헨리 2세가 운영했던 재정법원이 수완을 발휘해 그가 요구하는 돈을 모두 충당할 수 있었다.

필립 왕은 존 왕이 노르망디 지역을 버리고 떠났기 때문에 자신이 노르망디를 장악했다는 소문을 퍼뜨리며, 존 왕이 1년 내에 지배권을 회복하지 않으면 돌려주지 않겠노라고 했다. 즉각 응징하자는 의견이 분분했지만, 존 왕은 필립 왕과 싸우기 위해 군대를 일으키는 것에 절레절레 고개를 흔들었고, 필립 왕은 아무 저항도 받지 않고 노르망디, 투렌느, 앙주, 푸아투 지방을 장악했다. 존 왕은 엄청난 손실을 알리는 소식들을 아주 침착하게 들었고 여전히 왕비의 치마폭에 싸여 있었다.

1205년 4월, 존 왕은 권태감을 떨치고 일어났다. 그는 자신의 명령을 따르기를 거부하는 모든 자에게는 영원히 영지를 빼앗을 것이고, 그 후에는 영지를 다시 획득할 수 없으리라 선언하며 영국의 모든 기사들을 불러모았다. 봉신들이 그를 설득해 전쟁을 포기하게 하려 하자, 그는 필립 왕과 결탁했다며 봉신들을 감옥에 가두었다.

화가 머리끝까지 오른 존 왕은 혼자 힘으로 필립 왕을 굴복시키리라 다짐하고 소규모 기사단을 대동한 채 영국을 떠났다. 하지만 사흘 후 그는 영국으로 되돌아와 귀족들에게 무거운 벌금을 물리면서 보복을 가했다.

같은 해 7월, 캔터베리 대주교 허버트 월터가 죽었다. 존 왕은 그의 죽음에 환호하며, '이제 내가 처음으로 진정한 영국 왕이 되었도다'라고 선언했다. 그 후 사절단이 세 번 교황에게 파견되었다. 첫 번째 사절단을 보내면서 존 왕과 캔터베리 수도사들은 노리치[5]의 주교인 존 그레이를 대주교로 임명

---

5)_영국 노퍽 주의 주도.

할 것을 승인해달라고 요청했다. 허버트 월터 대주교의 사망 후 활발히 활동한 젊은 수도사들로 구성된 두 번째 사절단은 레지널드 그레이를 대주교로 임명해주기를 요청했고, 주교들로 구성된 세 번째 사절단은 대주교 결정 과정에 참여한 바 없다고 주장했다. 교황은 다음 해 12월 전에 결정을 내릴 것이라 선언하며 그때까지 소란을 피우지 말 것을 당부했다.

교황의 결정을 기다리는 동안, 존 왕은 군대를 이끌고 대륙으로 건너가 자신의 영토를 되찾기로 결심했다. 그는 열정으로 불타고 있었고, 필립 왕은 평판이 좋지 않았다. 일반 서민들만 막심한 피해를 입은 5개월간의 전쟁이 끝나고 마침내 필립 왕과 존 왕은 2년 동안의 평화 협정에 서명했다.

1206년 12월, 교황은 자신의 결정을 알렸다. 교황은 영국에서 선택한 두 사람 모두 자격이 없다고 선언하며 스테판 링튼을 대주교로 임명했다. 수도사들이 교황 이노켄티우스 3세[6]에게 존 왕의 허가 없이 대주교를 임명할 수는 없다며 반발하자, 교황은 동의하지 않는다면 파문하겠다며 위협했다. 존 왕의 분노가 폭발했다. 그는 랭튼을 선택한 자들에게 보복을 가하며 그들을 반역자로 몰아 감옥에 처넣었다. 그는 기사들에게 캔터베리 대성당으로 가서 수도사들과 수도원장을 영국에서 추방하라고 명령하며, 자신의 명령을 거부하면 모두 산 채로 불태워 죽이겠다고 협박했다. 67명의 수도사가 플랑드르[7]로 망명했고, 랭튼은 영국으로 들어오지 못하고 대륙에 머무를 수밖에 없었다.

존 왕은 교황의 선택을 받아들이기를 완강히 거부했고, 대주교의 영지에

---

6)_이탈리아의 부유한 백작 가문 출신으로 신학과 법학을 공부하고 35세 때 교황에 선출되었다. 1208년 브라운슈바이크의 오토 4세가 황제로 즉위하자, 사제 임명권을 둘러싸고 시칠리아 왕 프리드리히 2세를 독일 왕으로 옹립함으로써 오토 4세를 굴복시켰다. 1209년에는 프란체스코 수도회의 창설을 인가했다. 7)_벨기에, 네덜란드 남부, 프랑스 북부에 걸쳐 북해에 면한 중세의 나라.

서 나오는 모든 소득을 자신의 금고로 집어넣었다. 1208년, 교황은 존 왕이 마음을 바꾸지 않을 것임을 깨닫고는 영국 전체를 파문했다. 모든 종교적 의식이 중단되었고, 영성체도 없었고, 교회의 타종 소리도 들리지 않았고, 모든 설교는 묘지에서 행해져야만 했다.

존 왕의 대응은 신속하고 폭력적이었다. 그는 자신의 사법관들과 군대를 영국 전역에 파견해 모든 사제는 즉시 영국을 떠나라고 명령했다. 그는 성직자들의 전재산을 몰수했고, 교회의 소득을 국가에 귀속시켰다. 게다가 랭튼의 선출에 동의했던 모든 주교들을 투옥했고, 그들의 재산을 모두 빼앗았다. 그들에게는 정의가 아무런 소용이 없었다. 그들 대부분은 떠나기를 거부하고 존 왕의 계속된 보복에 맞섰다.

존 왕은 파문이 강력한 힘을 갖고 있긴 하지만 교황이 취할 수 있는 최종적인 수단은 아니라는 것을 알고 있었다. 그는 자신이 파문을 당하면 자신에게 충성을 맹세한 모든 귀족들이 등을 돌릴 것이란 것도 알고 있었다. 그는 모든 귀족들에게 볼모를 보내라고 요구했고, 그들은 자신의 아들, 조카, 그리고 가까운 친척들을 볼모로 보냈다.

1209년, 영국은 새로운 번영의 시대로 접어들고 있었다. 영국의 무역량은 증가했고, 대륙과 전쟁을 벌이지 않았고 십자군 원정도 떠나지 않게 된 귀족들은 재산을 불려가고 있었다. 파문은 실제로 영국과 존 왕에게 매우 많은 이득을 가져다 준 것으로 판명되었다. 왜냐하면 너무나 많은 돈이 세금이 붙지 않은 채 국고로 귀속되었기 때문이었다.

같은 해 가을, 교황은 존 왕이 자신이 바라는 대로 머리를 숙이고 들어오리란 기대는 무망함을 깨달았다. 그래서 교황은 최후의 수단으로 존 왕을 파문했다. 처음에는 이런 조치가 신앙심이 깊지 않은 존 왕에게는 아무런 효과가 없을 듯 보였다. 하지만 존 왕은 얼마 지나지 않아 점점 편집증 환자가 되었고, 잔인하고 탐욕스러운 인간으로 변모해갔다. 한 성직자가 파문당한 사람을 위해 기도할 수 없다고 하자 존 왕은 그를 체포하고 투옥했다. 그는 납으로 만들어진 무거운 쇠창살로 둘러싸인 상자에 가두어져 굶어 죽었다. 그런 다음 존은 유태인들에게 관심을 돌렸다. 1210년부터 존 왕은 유태인들이 가진 돈을 빼앗기 위해 사람들을 선동했고, 수백 명의 유태인들이 투옥되고 고문을 당했다.

존 왕은 자신의 몇몇 친한 친구 외에는 아무도 믿지 않게 되었다. 그의 주된 관심사는 권력을 강화하고, 봉신들을 감시하는 것이었다. 하지만 가혹한 억압과 볼모 잡기, 그리고 토지 몰수는 단기적으로만 효과가 있었을 뿐이었다.

1212년이 되자 존 왕을 암살하려는 음모가 도모되기 시작했다. 존 왕은 수년 동안 많은 봉신들의 부인과 딸들을 농락했고, 최소 12명 이상의 사생아를 낳았다. 이런 사생아들의 부모나 친척들은 유형에 처해졌고, 그들의 재산은 몰수되었다. 일부 귀족들은 교황이 존 왕에게 충성을 맹세한 자들을 파문한 적이 있었다는 사실을 알게 되자 필립 왕에게 서신을 보내 영국을 침공해달라고 요청하기도 했다.

존 왕의 행위는 날이 갈수록 엉뚱해졌다. 폰테프락트의 피터가 한 설교가 거슬리자, 존 왕은 그를 감옥에 처넣고는 존 왕이 1년 후에 왕좌에서 쫓겨날 것이란 그의 예언이 실현되기를 기다렸다. 그런 다음에는 또 다른 이상한 행동을 했다. 존 왕은 모로코의 이슬람 지도자에게 서신을 보내 필립 왕을 치는 데 도움을 주면 이슬람으로 개종하겠다고 제안했다. 이 제안이 거절된 것은 그리 놀라운 일이 아니었다.

1212년 가을, 영국은 4년 동안 파문을 당한 상태였지만 존 왕의 권력을 약화시키지는 못했다. 교황은 영국 왕을 교체해야겠다고 결정했고, 필립 왕에게 존 왕에 대해 성전을 시작할 것을 요청했다. 그동안 존 왕의 귀족에 대한 장악력은 약해졌고, 많은 귀족들은 왕실에 등을 돌렸다. 그는 필립 왕이 영국 침공을 계획하고 있다는 소식을 듣고는 영국을 방어할 준비를 갖추기 시작했다. 그는 모든 백작들, 봉신들, 기사들 그리고 자유민들은 도버[8]에 집결하라고 명령했다. 엄청난 병력의 군대가 바아햄 다운에 모여 필립 왕의 군대를 맞을 준비를 했다.

양국의 군대는 전투 대형을 갖추었고, 단 한 번의 전투로 존 왕은 항복했다. 교황의 사자 판둘프는 존 왕에게 그의 귀족들 중 일부가 배반했음을 알려주었다. 그래서 존 왕의 병력이 프랑스 왕 필립의 군대보다 우세했음에도 불구하고 존 왕은 포로로 잡혔던 것이다. 존 왕은 자신의 봉신들이 그를 버리고 달아나거나 자신을 잡아 필립 왕에게 넘길 것을 두려워해 필립 왕과 전쟁을 벌이려 하지 않았다.

1213년 5월 12일, 존 왕은 교황의 명령에 따를 것을 맹세했고, 랭튼을 대주교로 인정하는 데 동의했다. 그는 또 몰수한 수도원의 모든 돈과 토지를 돌려줄 것에도 동의했다. 파문은 철회되었다.

사기꾼의 기질이 농후했던 존 왕은 그런 다음 자신의 왕국을 교황에게 양도하면 필립 왕이 영국을 더 이상 침략할 수 없을 거라 확신하고서 교황에게 영국을 통째로 바쳤다. 필립 왕은 격노했다. 그는 영국을 침공하기 위한 6만 파운드의 군비를 지출했고, 그의 해군은 존 왕의 지지자인 플랑드르의 페랑

---

8)_영국 동남부의 항구 도시.

백작에게 전멸당했던 것이다. 이제는 존 왕이 막대한 금액을 들여 필립 왕에 대항해 구축했던 유럽 동맹들이 최고의 힘을 갖게 되었다. 존 왕과 그의 유럽 동맹 세력들이 동시에 협공을 가해왔다.

처음에는 존 왕이 승승장구했다. 하지만 푸아투의 귀족들에게 배반당한 이후에는 라로셸로 퇴각할 수밖에 없었다. 마침내 7월 27일, 동맹군은 마르크 강둑에서 필립 왕의 군대와 접전을 벌였다. 어느 쪽의 병력이 더 많았는지는 알려진 바 없지만, 동맹군은 패배했고 필립 왕은 파리까지 승리의 행군을 했다.

참혹한 패전 소식을 듣게 된 존 왕은 수년간의 노력과 막대한 군비 지출이 허사가 되었음을 깨달았다. 필립 왕을 패배시키려는 그의 꿈을 재건할 수단은 아무것도 남아 있지 않았다.

존 왕은 영국으로 돌아가 세금을 거두기 시작했다. 하지만 곧 강력한 저항에 직면했다. 봉신들은 존 왕의 명령을 따르려 하지 않았다. 그들은 왕의 군대에 가담해 싸우지 않는 대신 내는 병역면제세가 부당하다고 여겼다. 존 왕은 동맹 세력도 재산도 없는 패배한 왕으로 전락했고, 봉신들은 처음으로 그의 요구에 반대하여 연합 세력을 형성했다. 이제 존 왕은 자신이 직면한 문제가 무엇인지 완전히 알게 되었고, 주교와 성직자들에게 몰수한 토지를 모두 되돌려줄 것을 보장하면서 그들을 자기편으로 끌어들이려고 노력했다.

1215년 1월 6일, 봉신들은 존 왕이 이미 동의했던 1213년의 헌장으로 복귀할 것을 요구하는 청원서를 제출했다. 존 왕은 시간을 달라고 요구했다.

같은 해 4월, 2,000명의 기사들이 스탬포드에 모였다. 그들의 명단을 본 존 왕은 자신의 전제정권에 대한 저항이 얼마나 광범위하게 퍼져 있는지를 알게 되었다. 그들은 랭튼 대주교와 윌리엄 마샬에게 그들의 요구를 전달했지만, 존 왕은 생각해보기조차 거부했다. 존 왕의 이런 행동은 전쟁 선포와 같은 것이었고, 이로써 봉신들은 충성 서약을 철회했고, 존 왕에 대해 군사적으로 대응하겠다는 뜻을 명확히 했다.

존 왕은 푸아투의 반역적인 기사들을 소집했다. 영국은 무질서 상태로 빠져들었고, 행정 및 사법 체제는 마비되었다. 자기 자신과 성을 방어할 방도가 없다는 것을 깨달은 존 왕은 봉신들에게 항복하는 체했다.

1215년 6월 15일, 존 왕은 윈저 부근에 있는 러니미드 초원에서 봉신들을 만났고, 그곳에서 마그나카르타에 서명했다. 이는 왕으로 하여금 국가의 법을 따르게 강요한 전례없는 사건이었다. 하지만 많은 봉신들은 당연히 존 왕을 신뢰하지 않았다. 존 왕은 뒤집어엎을 궁리를 하고 있었던 것이다. 존 왕은 우선 교황을 자극해 봉신들과 적대시하도록 만들었고, 그런 다음에는 몇 안 되는 믿을 만한 측근을 보내 대륙의 군대를 자신이 있는 성으로 오게 해 방어하도록 했다.

교황은 마그나카르타를 무효화하는 데 동의했고 모든 봉신들을 파문했다. 그와 때를 맞추어 존 왕은 서둘러 도버로 달려가 자신의 용병들이 도착하기를 기다렸다. 사회의 쓰레기들로부터 선발한 용병들은 약탈과 유린을 서슴지 않았고 공포와 파괴를 자행했다. 냉혹한 전쟁을 벌이던 시기에도 그들은 극도로 폭력적인 경향을 띠었다.

하지만 런던을 장악한 봉신들은 굳건한 방비 태세를 갖추었다. 그들의 계획은 도로를 봉쇄함으로써 존 왕의 군대를 켄트에 고립시키는 것이었다. 로체스터 성의 수비대들은 가능한 오랫동안 저항했다. 그리고 그들이 항복했을 때, 존 왕은 그들 모두를 교수형에 처했다. 존 왕의 군대는 가는 곳마다 끔찍한 파괴를 저질렀다. 존 왕은 용병들에게 급료를 지불하는 대신 그들이

1215년 6월에 있었던 마그나카르타 서명 장면을 19세기에 재현한 것이다. 봉신들이 작성한 '대헌장'은 왕에게 법률을 따르도록 강요한 전대미문의 사건이었다. 이는 존 왕의 불만족스런 표정에서 볼 수 있다. 마지막 순간까지 기만적인 행위를 보였던 존 왕은 교황을 설득해 마그나카르타를 무효화하고 봉신들을 파문하게 했다. 봉신들은 이에 맞서 싸웠지만, 존 왕이 다음 해에 죽지 않았다면 영국은 아마도 프랑스에 정복되었을지도 모른다.(BETTMANN / CORBIS)

집과 교회 등을 약탈하도록 허락했던 것이다.

막다른 지경에 이르자, 봉신들은 두 명의 사자를 보내 필립 왕의 아들 루이에게 영국 왕위를 제안했다. 루이가 영국 왕이 되려 한다는 소식을 들은 교황은 그렇게 하지 말도록 권고했다. 하지만 루이는 교황을 완전히 무시하고 5월 21일 많은 병력을 이끌고 영국에 상륙했고, 존 왕은 달아날 수밖에 없었다. 루이는 켄트를 점령했고 봉신들의 환영을 받으며 런던에 입성했다. 그는 존 왕의 금고를 손에 넣은 후 코페 성으로 군대를 보내 존 왕을 체포하려 했다.

그렇지만 존 왕은 패배한 것이 아니었다. 같은 해 10월, 봉신들은 마침내 상황이 무망한 쪽으로 돌아가고 있음을 깨닫기 시작했다. 존 왕은 날이 갈수록 더 강해졌을 뿐 아니라 루이는 공존하기 불가능하다는 점이 더욱 자명해졌던 것이다. 루이는 봉신들의 토지를 몰수해 프랑스인들에게 주었고, 모든 영국인들을 경멸하고 있다는 점을 분명히 드러내 보였다.

그러는 동안, 워시만[9]의 반역 도당들이 존 왕의 전재산을 가로챔으로써 존 왕의 군대는 치명적인 타격을 받았다.

상황이 이렇게 되자 영국의 운명은 풍전등화와 같았다. 존 왕이 패배한다면 존 왕은 앙주 왕가의 제국을 잃을 것이고, 또 영국 왕실은 프랑스인들의 수중에 떨어질 것이 분명했다. 그러면 노르만족의 영국 정복이 또다시 실현되는 셈이었다.

하지만 운명의 장난이랄까, 존 왕은 복숭아와 사과술을 과음한 탓에 이질에 걸렸고, 1216년 10월 18일 밤에 죽어버렸다. 48세의 나이로 죽었지만 그를 애도하는 사람은 거의 없었다.

존 왕이 죽자, 윌리엄 마샬이 주도하는 섭정평의회는 존 왕의 아들을 헨리 3세로 선포하고 왕좌에 앉혔으며, 마그나카르타를 다시 공포하고 반란을 일으킨 자들의 불평을 대부분 해소했다. 존 왕에 대항했던 모든 봉신들은 그의 아들 헨리 3세에게 충성을 다짐했고, 봉신의 권리를 찾기 위한 내란에서 비롯되었던 싸움은 외세 침략에 대항하는 저항 전쟁으로 바뀌었다. 루이는 육지와 바다에서 패배했고, 1217년 9월 철군하는 데 동의했다.

헨리 2세와 그의 아들들의 이야기는 이런 식으로 이상하게 끝나버렸다. 그들의 행동을 돌아보면, 그들은 제국을 얻는 동시에 잃었다. 그리고 존 왕은 죽음으로써 영국 왕실을 구출했다.

---

9)_영국 북해에 있는 만.

TORQUEMADA

스페인 종교재판관

# 토르케마다

가톨릭 신앙의 전파에 커다란 공을 세운 그대에게
마음에서 우러나는 애정을 바치노라.

_교황 알렉산더 6세

The Spanish Inquisitor

도미니크회 수도사 복장을 한 초대 스페인 종교재판소장 토마스 데 토르케마다. '끔찍한 성직자'로 알려진
그는 스페인 종교재판소의 잔인함과 불법 행위와 공포를 대표한 인물이었다. 1498년 평화롭게 죽었지만,
그야말로 무고한 수천 명의 사람들을 고문하고 살해한 인물이었다.(HULTON ARCHIVE)

'죄인을 둘러싸고 있는 혐의를 증거로 비추어볼 때, 그가 진실을 말하도록 하기 위해 적절하다고 생각되는 시간에 고문을 받도록 선고하는 바이다. 만약 고문을 받는 과정에서 피를 과다하게 흘리거나 사지가 절단되어 죽음에 이르게 된다면, 그 책임은 종교재판관에게 있는 것이 아니라 진실을 말하지 않은 죄인에게 있다.'

스페인 종교재판소장 토마스 데 토르케마다는 무고한 수천 명의 스페인인들을 투옥하고, 고문하고, 죽음으로 몰고 간 인물이다. '끔찍한 성직자'로 알려진 그는 스페인 전 지역을 공포의 도가니로 몰아넣었고, 페르디난트 국왕이나 이자벨라 여왕에 버금가는 권력과 영향력을 행사했다. 그는 냉혹한 열정과 무자비한 광신주의에 빠져 종교재판소를 이끌었다. 엄격한 도미니크회 수도사 복장에 깡마르고 움푹 꺼진 눈을 가진 이 사디스트는 유태인들과 이교도들에게 증오를 퍼붓고, 30만 명에 이르는 스페인인들에게 폭력을 가하고 그들의 목숨을 빼앗았다.

종교의 차이는 무력에 의해 단죄되어야 한다는 생각은 거의 기독교만큼이나 오래된 것이다. 385년, 독실한 신앙을 가졌던 막시무스 황제도 이교도 프리실리안(Priscillian)[1]과 그의 추종자들을 고문하고 사형에 처했다. 이교도에

---

1) 4세기경의 스페인 주교로서 마술과 이교도라는 죄목으로 이데이서스 클라루스에 의해 고발되어 385년 막시무스 황제에게 참수형을 당했다.

대한 박해는 암흑 시대[2]에는 사라졌던 것처럼 보이지만, 중세에는 부활되어 더욱 정교해졌다. 가톨릭교회는 프랑스 남부에서 일어난 알비젠스[3] 종교 운동으로 위기를 맞은 적이 있었다. 당시 교황은 군대를 보내 이교도들을 전멸시켰지만, 그들은 제거된 것이 아니라 단지 지하로 숨어든 것이라는 사실을 머지 않아 알게 되었다. 그래서 이교도를 몰살할 특별한 사람들을 고용할 필요가 있음을 알게 되었고, 그 결과 교황청 종교재판소가 생겨나게 된 것이다. 이런 임무를 수행하기 위해, 이단에 대항할 목적으로 제정된 도미니크회의 규칙이 선택되었다. 도미니크회 수도사들은 '주님의 사냥개'로 알려진 수도사들이었다. 같은 시기에 이단을 다루는 법률 제정이 증가했고, 개종하지 않는 이교도를 다루는 데 화형이 용인되었다.

13세기 말, 교황청 종교재판소는 기록 및 관료 체제를 발달시켰고, 종교재판소의 조직들은 오랫동안 악명을 떨쳤다. 그런 까닭에 종교재판소란 명칭이 모든 사람들에게 두려움을 안겨주게 되었다. 완전한 독립적 권한을 가진 종교재판소는 내부에 감옥을 갖고 있었고, 활동상은 베일에 가려 있었다. 교황은 1252년 고문의 사용을 인허했다. 종교재판관은 희생자의 재산을 몰수할 수 있었고, 재산을 바치면 체포를 면할 수 있었다. 이교도로 고발되어 체포되면 어떤 변명도 허용되지 않았고, 고발자의 이름도 발설되지 않았다. 스페인 종교재판소는 이런 체제들을 완벽하게 가학적 성격을 띠도록 만들었다.

스페인 종교재판소가 세워지기 100년도 훨씬 전인 14세기 중엽, 카스티야 왕국[4]은 피비린내 나는 내전으로 분열되어 있었다. 유복한 유태인 공동체

---

2)_고대 로마가 몰락한 후 학문과 예술이 부흥하게 되는 15세기경까지의 중세 시대. 3)_로마가톨릭과 개신교에 의해 이단으로 몰려 끊임없는 핍박을 받았고, 많은 교도들이 죽임을 당한 침례교도의 일파. 4)_스페인 중부의 옛 왕국.

는 희생양이 되었고, 광신적인 기독교 전파자들의 부추김에 의해 유태인 학살이 자행되었다. 유태인 학살이란 폭력적인 행위는 수백 또는 수천 명의 유태인들이 살해된 1392년에 절정에 달했다. 이 시기 동안 유태인들은 기독교로 개종하라는 강요를 받았다. 많은 유태인들이 이를 받아들였고, 이런 사람들은 '콘베르소(converso)'라 불렸다. 하지만 많은 사람들은 개종한 콘베르소들이 여전히 자신들의 신앙을 비밀리에 실천하고 있다고 생각했다. 콘베르소들은 의심과 불신을 받았고, 대부분의 사람들은 '유태인들은 기독교인들과 이웃이 될 수 없다'고 굳게 믿었다. 이런 편견에도 불구하고 많은 유태인들은 왕실의 행정과 관료 조직, 교회에서 높은 지위에 올랐다. 부르고스[5]의 랍비는 가톨릭으로 개종한 후 부르고스의 주교, 로마 교황의 특사, 왕자의 스승을 차례로 지낸 후 1390년에 죽었다. 일부 주요 도시에서 유태인들은 행정 및 상업 계층을 지배했다. 페르디난트 왕의 재무장관은 콘베르소였다. 왕실의 공식 연대기 작가에 따르면, 이자벨라 여왕의 비서 세 명도 콘베르소였다고 한다. 토르케마다의 숙부 중 한 명도 콘베르소였다. 유태인들은 스페인에서도 가장 많은 교육을 받은 사람들에 속했고, 두각을 나타내며 성공과 부를 거머쥐자 많은 사람들의 질시와 반감을 샀다. 그들의 부는 종교재판소의 적대감을 더욱 격화시켰다.

15세기에 접어들면서, 광신적인 성직자들과 정치적으로 실패한 자들은 콘베르소 문제를 처리할 수 있는 종교재판 체제의 도입을 선동하기 시작했다. 콘베르소에 대해 소송을 제기하려 한 최초의 성직자는 평판이 좋지 않았던 아발로 데 루나였다. 그는 유태계 주교 두 명의 반대에도 불구하고 고위 성

---

[5] 884년 아스투리아스 왕국의 동쪽 전초 기지로 건설되어, 1035년 카스티야 왕국의 수도가 되었다. 그 후 상업중심지로서 번영하였으나 1560년 마드리드로 수도를 옮기자 쇠퇴했다.

직자들을 교육하는 종교재판관으로서의 권위를 니콜라스 교황으로부터 부여받았다. 하지만 루나는 자신의 권력을 행사할 기회를 갖지 못한 채 1453년 해고되었다. 그런 다음 헨리 4세 통치기간 동안 보다 위협적인 형태의 선동이 촉발되었다. 15세기의 가장 명망 높은 반(反)유대파 학자였던 알론소 데 스피나의 영향을 받고 있었던 프란체스코 수도회는 날로 심각해지고 있는 '유태인 문제'를 처리하기 위한 법정을 구성하라고 명령했다. 하지만 콘베르소들에게는 지지자가 많았고, 프레이 알론소 데 오로페사 장군은 설교하면서 콘베르소를 옹호했다. 프란체스코회 수도사들은 비통한 기분을 느꼈지만 한동안은 침묵을 지켰다. 이런 선동을 부활시킨 것은 귀족들이었다. 1464년, 메디나 델 깜뽀 협약은 콘베르소들의 행동을 조사하여 유대교 신앙을 회복한 자들을 단죄할 기구를 설립하도록 왕에게 요구했다.

1465년, 이자벨라 여왕은 내전 중에 왕위에 올랐다. 그녀를 둘러싸고 있었던 성직자들과 귀족들은 정치적 또는 영적인 이유로 콘베르소들에 대해 어떤 조치를 취할 필요가 있음을 계속 주문했다. 그들의 우두머리는 도미니크회 수도사 토마스 데 토르케마다였다. 1420년에 태어난 토르케마다는 당시 최고권력을 쥐고 있었다. 그는 여왕이 공주였을 때 여왕의 고해 신부였고, 자신이 유대 혈통을 갖고 있음에도 불구하고, 혹은 어쩌면 그랬기 때문에 유태인들을 증오했다. 여왕에 대한 토르케마다의 영향력은 상상 이상이었고, 그들은 이교도는 근절되어야 한다는 한 가지 점에 있어서는 의견이 일치했다. 토르케마다에게 있어 진정한 이교도는 유태인이나 이슬람교도가 아니라 가톨릭 신앙을 진실하게 받아들이지 않는다고 생각한 콘베르소들이었다.

역사 기록에 따르면, 토르케마다는 이자벨라가 왕위에 오르게 되면 몸과 마음을 바쳐 이교도 근절과 유태인 박해에 헌신하겠다는 맹세를 하게 했다고 한다. 이자벨라가 그런 맹세를 하던 때에는 그녀가 왕위에 오를 가능성은 없는 듯했다. 하지만 이자벨라는 왕위에 올랐고, 그와 함께 토르케마다도 권력을 거머쥐었다.

1477년, 내전은 끝이 났고, 이자벨라는 1년 동안 세빌랴에 머무르면서 교회 개혁을 논의하기 위해 교회협의회를 소집했다. 콘베르소들이 왕실에서 매우 커다란 권력을 쥐고 있는 것을 보게 되자 토르케마다와 열렬한 반유태주의자인 알론소 데 호제다는 콘베르소들을 단죄하려고 시도했다. 하지만 이자벨라 여왕은 망설였다. 그녀를 보좌하던 많은 사람들이 유태인들이었기 때문이었다. 그러나 1478년 3월 18일 밤 모든 것이 바뀌었다. 젊은 유태인 처녀와 사랑에 빠진 한 젊은이가 그녀의 집으로 몰래 들어갔다가 유월절 축하 의식을 치르던 콘베르소들 중 한 사람에게 발각되었던 것이다. 공교롭게도 그날 밤은 성주간(聖週間)[6]에 해당되는 날이었다. 이교도들이 기독교를 모독하기 위해 함께 모였다는 소식이 들불처럼 세빌랴에 퍼져나갔다. 호제다와 토르케마다는 급히 궁정으로 달려가 이 소식을 여왕에게 알렸고, 여왕은 마침내 조치를 취하기로 결정했다. 교황 식스투스 4세는 교황 교서를 하달하라는 요구를 받게 되었고, 마침내 카스티야 왕국의 이교도를 뿌리뽑기 위해 두 명의 종교재판관을 임명할 권리를 스페인에 부여하는 교황 교서가 내려졌다. 스페인 종교재판소가 탄생했고, 마침내 1480년 9월 7일 세빌랴 법정이 열렸다. 둘 다 도미니크 수도회 수도사였던 미구엘 데 모릴로와 후안 데 산 마르틴이 종교재판관으로 임명되었다. 세빌랴의 콘베르소들 중 주도적인 인물들이 음모를 꾸몄다고 하는 주장이 곧 폭로되었고, 1481년 2월 6일 최초

---

6) '고난 주간'이라고도 하며 부활절 전의 일주일간을 말한다.

의 이교도 화형식이 거행되었다. 여섯 명의 남녀가 산 채로 불태워져 죽었다. 화형장은 성벽 바깥에 만들어졌고, 네 귀퉁이에는 네 명의 중요한 예언자들의 거대한 석고상이 세워져 있었다.

종교재판소가 설치되었다는 소식을 들은 많은 콘베르소들은 세빌랴를 탈출해 주변의 시골로 숨어들었다. 하지만 종교재판소는 도망간 자들에게 돌아오라고 명령했고, 많은 사람들이 그 명령을 따랐다. 법정에 대한 두려움이 그만큼 컸던 것이다. 카디즈 후작의 경우 8,000명이 넘는 사람들을 세빌랴로 돌려보냈고, 종교재판소의 지하 감옥은 곧 가득 차서 그 이후 투옥되는 사람들은 성벽 바깥에 있는 커다란 트리아나 성으로 이송되어야 했다. 페스트가 도시를 휩쓸었지만 이교도 화형식은 계속되었다. 죽은 자들에게는 관용도 베풀어지지 않았다. 그들의 뼈는 파내어져 다시 태워졌다. 11월 4일까지 280명 정도가 화형당했고, 98명이 종신형을 선고받았다.

그로부터 넉 달 후인 1482년 2월, 교황은 종교재판관으로 일곱 명의 도미니크회 수도사들을 추가로 임명했다. 그들 중 한 명이 바로 세고비아 수도원장이었고 역사상 스페인 종교재판소를 대표하는 인물로 많은 사람들을 두려움에 떨게 했던 토마스 데 토르케마다였다. 그는 이전에 왕권을 좌지우지하는 실질적인 권력자가 된 데 만족하고 있었지만, 기독교에 대해 광신적 열정을 보였기 때문에 모든 사람들의 눈에 그야말로 종교재판관이라는 지위에 가장 잘 어울리는 사람으로 비쳐졌다. 그는 왕권을 보위하는 한편 이교도인 콘베르소들을 추적해 잡아내기 시작했다. 토르케마다가 종교재판관으로 임명된 지 3년 만에 세빌랴를 제외한 다른 네 지역에 종교재판소 법정이 설치되었고, 1492년에는 여덟 개의 주요 도시에서 법정이 열렸다. 그러나 바로 그런 점에 대한 불만이 스페인 주교들로부터 쏟아지기 시작했다. 교황은 그

이교도로 고발된 한 남자가 종교재판소에서 고문을 받는 장면. 발가벗겨진 채 가죽끈으로 커다란 바퀴에 묶여 있고, 그 아래에서는 커다란 소리를 내는 팬으로 불을 피워 올리고 있다. 뒤 으로는 두 명의 수도사들이 희생자의 고백을 받아 적을 종이를 들고 서 있다. 하지만 토르케마다도 잘 알고 있었듯이, 극심한 고문을 당하면 누구든 없는 죄를 만들어서라도 자백하게 되어 있다. 더 이상 고통당하지 않기 위해서 말이다. (HULTON ARCHIVE)

런 불만에 대해 그토록 많은 '진실하고 신앙심 깊은 기독교인들이 적과 경쟁자들과 노예들의 증언에 의해 어떤 적법한 증거도 없이 세속의 감옥에 갇히고 고문당하고 사형이 선고되며, 재산과 토지를 빼앗기고, 세속인들의 손에 넘겨져 죽임을 당한다'며 분노를 표현하는 교서를 내리기도 했다.

교황은 종교재판소의 임무는 콘베르소들을 처리하는 데에만 있는 것이 아님을 지적하며 종교재판소의 모든 권한을 박탈했다. 하지만 스페인 종교재판관들의 지위를 계속 유지하거나 박탈하는 결정을 내리는 것은 교황의 권한이 아니었다. 교황의 교서는 왕권에 대한 심각한 도전으로 간주되었고, 페르디난트 왕과 이자벨라 여왕은 격분했다.

왕이 반발하고 나서자 교황은 완전히 꼬리를 내렸다. 1483년 10월 17일, 종교재판소가 최고의 권위를 갖는 '최고 및 일반 종교재판소 평의회(Consejo de la Suprema y General Inquisicion)'를 설립하는 새로운 교황 교서가 하달되었다. 이 평의회를 주재하기 위해 종교재판소장이라는 새로운 지위 '라 수프리마(La Suprema)'가 만들어졌다. 초대 종교재판소장으로는 토르케마다가 임명되었다. 가톨릭 국가인 스페인 전역의 모든 종교재판소 법정들은 토르케마다를 수장으로 하는 하나의 중앙집권적 행정 체제를 갖추게 되었다. 종교재판소는 토르케마다의 지휘 아래 빠르게 형태를 갖추었고, 국가 전역으로 활동 영역을 넓혀나갔다. 무죄 석방 평결이 내려진 적이 드물었고, 종교재판소가 설립된 후 300년 동안 종교재판소를 통해 죽어간 사람들의 75퍼센트가 처음 20년 동안 발생한 이유는 토르케마다의 개인적 열정이 너무나 강했기 때문이었다.

순수한 혈통에 지나치게 집착한 나머지 토르케마다는 순수한 혈통을 문서상으로 증명하도록 하는 방법을 고안해냈다. 유태인의 피가 조금이라도 섞인 자는 관공서에 취직이 금지되거나 이교도로 고발되었다. 카스티야 왕국에서 벌인 토르케마다의 활동은 명망과 학식이 높은 고위 성직자를 유태인의 후손이라는 이유만으로 고발했을 때 절정에 달했다. 고발된 내용 중 하나는 불운한 세고비아 주교가 유태인의 의식을 거행하며 매장되었다는 증거를 없애기 위해 무덤에서 파낸 조상의 뼛조각 몇 개를 갖고 있었다는 것이었다. 세고비아 주교는 시범적으로 로마로 보내져 바티칸의 안젤로 성의 감옥에 투옥되어 죽었다. 토르케마다의 고발은 단지 분풀이에 불과한 것이었다.

종교재판소 법정은 설립된 지 단 2년 동안 시우다드라는 도시에서만 52명의 이교도를 화형에 처했고, 220명의 도망자에게 사형을 선고했으며, 183명에게 대중 앞에서 고해성사를 할 것을 명령했다. 1485년에는 법정이 톨레도[7]로 옮겨갔고, 그곳에서는 750명의 사람들이 이교도로 몰려 화형에 처해졌다. 이교도로 고발된 사람들은 머리를 빡빡 깎인 채 불 꺼진 초를 들고 주변의 시골에서 몰려든 소리치는 군중들에 둘러싸여 도시를 가로질러 성당까지 맨발로 걸어가야만 했다. 이들은 재산의 5분의 1을 벌금으로 물어야 했고, 관공서 출입이 금지되었고, 거친 천으로 만든 옷만을 입도록 허용되었다. 게다가 그들은 연속해서 여섯 번이나 금요일이면 교수형용 밧줄로 자기 자신을 채찍질하면서 줄지어 행진하도록 강요되었다. 두 번째 이교도 화형식에서는 900명, 세 번째 이교도 화형식에서는 750명이 죽음을 당했다. 그해가 끝나기 전에 죽음을 당한 사람들은 모두 5,000명에 달했다. 때로는 하루에 다섯 차례나 어마어마한 수의 사람들이 화형을 당했고, 희생자들 중에는 수도사들과 고위 성직자들도 일부 끼어 있었다.

토르케마다는 유태인임을 식별하는 방법을 상세히 설명해놓은 지침들을 작은 책자로 발간하기도 했다. 사람들은 콘베르소들이 기도하기 전에 손을 씻고, 안식일에 아마포를 갈고, 유태인 상점에서 물건을 구입하니 눈여겨보라는 교육을 받기도 했다. 완전한 고해를 하면 무조건 죄를 사해준다는 약속과 함께 광범위한 고발이 선동되었고, 이로 인해 수천 명의 사람들이 무시무시한 법정에 서게 되었다. 종교재판관은 이교도들을 다루는 방식이 담겨 있

---

7) 기원전 2세기에 로마의 식민도시가 되었고, 8세기부터 11세기에는 고트의 중심지로서 발전하였다. 이어 이슬람 세력의 침입 이후에는 톨레도 왕국의 수도로서 상공업 중심지가 되었는데, 그 뒤 카스티야 왕국의 문화·정치의 중심지로서 더욱 발전하였다.

는 두 권의 책자를 가지고 있었다. 그 중 하나는 1324년에 제작된 『이교도의 타락상을 단죄하는 종교재판소의 관례(The Practice of the Office of the Inquisition of Heretical Depravity)』였고, 또 하나는 니콜라스 에리메리치가 저술한 『종교재판관 훈령집(Inquisitors Directory)』이었다. 두 권의 책 모두 유태인들을 기독교 사회의 중대한 위험 요소로, 콘베르소들을 무엇보다 가장 위험한 인물들로 규정했다. 토르케마다의 살인귀 행렬이 보이면, 도시의 문은 활짝 열렸고, 도시의 모든 자원은 토르케마다가 마음대로 쓸 수 있었고, 행정관들은 그에게 충성을 맹세했다. 종교재판소는 정기적으로 마을이나 촌락으로 내려가 지방의 교회와 당국에 자신들의 권위를 과시하곤 했다. 어느 날 종교재판이 있을 거라고 알려지면, 모든 사람은 특별 미사에 참석해 공개적으로 천명되는 종교재판소의 '포고'를 들어야만 했다. 지정된 날, 설교가 끝나면 종교재판관이 십자가를 들어올렸다. 미사에 참석한 사람들은 오른손을 들어 성호를 긋고 종교재판소와 종교재판소의 관리들을 지지한다는 맹세를 반복해야 했다.

포고문에는 이슬람교와 유대교를 비롯해 다양한 이교도들의 명단이 적혀 있었고, 기독교 교리를 위반한 것으로 간주되는 모든 죄인들은 앞으로 불려 나갔다. 종교재판관의 재량에 따라 다를 수 있지만 보통 30일에서 40일 정도의 규정된 은혜의 기간 동안 스스로의 죄를 고해한다면, 드물긴 하지만 교회로 되돌아올 수 있도록 허가되거나 고해성사를 하는 것만으로 끝날 수 있었다. 그들은 불려나오지 않은 모든 죄지은 자들과 인연을 끊을 것을 강요받기도 했다. 실제로, 이런 요구는 고해성사보다 더 심각한 처벌을 받지 않고 용서를 받을 수 있는 중요한 선결 조건이었다. 종교재판소가 볼 때, '자기 친구를 배신하는 개종자가 화형당하는 자보다 더 쓸모가 있었다.'

다른 곳과 마찬가지로 스페인에서도 사람들은 해묵은 원한을 갚기 위해,

이웃과 친척들에게 사사로운 복수를 하기 위해, 사업상의 경쟁자들을 제거하기 위해 종교재판소를 이용하곤 했다. 누구든 다른 사람을 고발할 수 있었고, 고발당한 사람은 자신의 무죄를 증명해야 했다. 사람들은 어느 순간이라도 자신들을 적대시할 수 있는 이웃들과 동업자들을 점점 더 두려워하기 시작했다. 그들은 또 종교재판소가 선동한대로 자신들의 나쁜 점을 기억했다가 한꺼번에 털어놓는다거나 자신들을 불신과 두려움의 대상으로 몰고 갈 수도 있었다.

사소한 고발이 오히려 일반적인 것이 되었다. 카스티야 왕국에서는 1480년대에 1,500명이 넘는 사람들이 대부분의 경우 고소인이 누구인지도 알 수 없는 거짓된 증거로 인해 화형을 당했다. 조사를 받을 때 목격자들은 익명으로 보호되었고, 목격자들의 증언은 그들의 신원을 속이는 내용들로 편집되었다.

종교재판소는 박해를 받은 바로 그 사람들로부터 열정과 자극을 끌어냈고, 인간 본성의 가장 약하고 가장 타산적인 측면을 노골적으로 이용하여 권력을 유지했다. 이론상 각 고발 건은 종교재판관과 최소 한 명 이상으로 구성된 지방 신학자들의 비밀 회의에서 조사하도록 되어 있었다. 하지만 실제로 많은 사람들은 그들에 대한 고발이 사정(査定)을 받기도 전에 체포되었다. 종교재판소 감옥들은 자신들에 대한 고발 내용을 들으려 기다리며 수감된 사람들로 들끓었다. 심지어 이유도 알지 못한 채 몇 년 동안 감옥에 수감된 사람들도 있었다. 그들이 감옥에 수감되어 있는 동안 그들의 가족은 모든 재산을 몰수당했다. 당시는 누군가가 체포되면 가옥에서 주전자나 프라이팬에 이르기까지 모든 재산이 즉시 몰수되었다. 감옥에 있는 동안 고발당한 자의 재산은 그의 수감 기간 동안의 비용을 지불하기 위해 팔릴 수도 있었다. 그래서 마침내 석방된 후 파산하거나 가난뱅이가 된 사람도 있었다. 기록에 따르면, 감옥에 수감된 사람들의 아이들은 대부분 굶어죽었다고 한다.

가장 관대한 처벌인 고해성사도 가혹한 처벌이 될 수 있었다. 가장 경미한 벌칙은 '수양'이었다. 스스로 이교도임을 고백한 자는 일요일마다 알몸으로 매를 갖고 교회에 가야 했다. 미사를 보던 중 일정한 시간이 되면 사제는 신성한 사역 중에 일어나는 적절한 간주곡이라는 명분으로 모든 사람이 보는 앞에서 희생자를 힘껏 매질하곤 했다. 처벌은 거기서 끝나지 않았다. 매달 첫 번째 일요일이 되면, 회개한 자들은 다른 이교도들을 만난 집집마다 찾아다니면서 또다시 매질을 당하곤 했다. 축제일이 되면, 이들은 줄지어 행진하며 또다시 매질을 당해야 했다. 이런 시련은 다음에 종교재판관이 방문할 때 면제되지 않는다면 평생 동안 지속되었다.

또 다른 형태의 참회로는 순례가 있었다. 이들은 몇 년이고 걸어서 순례를 해야 했다. 순례를 하는 동안 그의 가족은 굶어 죽는 경우가 많았다. 순례자들은 신성한 성지나 예루살렘과 같이 먼 곳으로 순례를 떠났다.

이교도라고 자백한 자들은 살아가는 동안 가슴과 등에 커다란 노란색 십자가를 수놓은 옷을 입어야 했다. 그런 다음에는 계속해서 사회적 멸시와 조롱과 폭력의 대상이 되었다.

최종적인 참회의 형태는 벌금을 내는 것이었다. 이런 벌금은 종교재판관들이 거액의 돈을 갈취해 착복했기 때문에 곧 추문의 근원이 되곤 했다. 종교재판소는 이런 희생자들로부터 갈취한 돈과 재화로 부를 축적했기 때문에 뇌물을 주고받는 일과 타락상이 사회에 만연했다. 1499년, 코르도바의 종교재판관이 사기와 횡령으로 유죄 판결을 받은 일도 있었다. 그의 후계자 역시 당연하다는 듯 그의 선례를 따랐다. 빈곤 서약을 한 토르케마다 역시 엄청난 부를 축적했다.

　고해자들은 죽은 후에도 용서받지 못했다. 고해자가 충분하게 속죄했다고 판결이 내려지지 않은 경우에는 무덤을 파헤쳐 **뼈**를 꺼내 불태웠고, 그의 가족은 그의 참회와 부채를 짊어질 수도 있었다. 만약 이교도로 고발된 자가 달아난다면, 그를 닮은 인형을 만들어 불태웠다. 하지만 이교도로 고발된 자가 달아나지 않고 고발된 내용이 타당하다고 추정되면, 그는 체포되어 종교재판관에게 넘겨졌다. 종교재판관은 결코 잘못을 저지르지 않는다고 여겨졌기 때문에, 자백을 받아내거나 왜곡하기 위해 가능한 모든 수단이 사용되었다. 한 종교재판관은 '서두를 필요는 없다. 투옥되어 고통을 받고 모든 것을 빼앗기면 마음을 바꾸게 되어 있다'고 말했다고 한다. 종교재판관들은 교황으로부터 죽이지만 않는다면 고문을 가해도 좋다는 허락을 받았기 때문에, 이런 위선적인 행위를 돕기 위해 새로운 고문 방법들이 개발되었다. (팔다리를 잡아당기는) 고문대와 (엄지손가락을 죄는) 고문도구와 단지 어쩌다 피를 흘리게 만드는 장치들이 선호되었다. 살갗이 찢어져 벌어지면 벌겋게 달군 쇳덩이로 상처를 지지기 위해 족집게를 항상 달구어 놓아야 했다.

　목구멍으로 강제로 물을 들이붓는 토카(toca)라 불린 물고문과 움직일수록 점점 더 죄어지도록 단단한 밧줄로 고문대에 비끌어 매는 포트로(potro)라는 고문이 사용되었다. 천장에 달린 도르래에 손목을 뒤로 묶어 발끝이 바닥에 닿을락말락하게 매달아놓는 가루차(garrucha)라는 고문도 있었다. 도르래를 서서히 들어올리면 극심한 고통을 줄 수 있었고, 그런 다음에는 갑자기 떨어뜨려 사지를 탈구시켰다. 이런 식으로 고문을 받다 죽는 것은 전혀 이상한 일이 아니었다. 하지만 고문을 받다 죽는 것은 아주 우연히 일어난 일로만 여겨졌고, 게다가 고문의 결과라고는 인정되지 않았다.

종교재판소는 극심한 고통을 겪는다면 누구든 어떤 말이라도 하게 될 것이기 때문에 고문을 받은 후 자백하는 것은 신빙성이 떨어진다고 판단했다. 그래서 '감금되지 않은'상태에서 자백했다는 기록을 남기기 위해 희생자들은 감옥에 수감된 지 이틀 이내에 자백하도록 강요되었다. 종교재판소 감옥에 일단 투옥되면 고문을 받는 것을 의미했다. 하지만 이런 것도 매 회기마다 '미결'이라는 단서를 붙여 기록함으로써 교묘하게 감추어졌다.

사형선고를 내릴 때도 성직자들의 기만적인 술책이 엿보였다. 종교재판관들은 직접 사형을 집행한다면 반(反)기독교도로 보일 수도 있었기 때문에 사형을 집행할 수 없었다. 대신 그들은 사형을 집행하는 일을 대신해줄 세속적인 권력에 이교도들을 넘겨주도록 법률을 제정했다. 사형은 최대한 많은 구경꾼을 끌어 모을 수 있는 공휴일에 집행되었다. 사형선고를 받은 자들은 군중들에게 잘 보일 수 있도록 높이 쌓아올려진 화장용 마른 장작 꼭대기에 묶였다. 이들이 불에 타 죽으면 신체를 토막내고 뼈를 부숴 다시 불에 태워졌다.

페르디난트 왕과 이자벨라 여왕이 결혼하기 전 스페인은 분열되어 있었다. 하지만 이들이 결혼함으로써 아라곤[8]과 카스티야가 합쳐졌다. 그 후 페르디난트 국왕은 아라곤에 종교재판소를 설치하기를 원했다. 하지만 그러기 위해서는 13세기에 설치되어 존속하고 있었던 기존의 재판소들을 폐쇄해달라고 교황에게 청원해야 했다. 1478년 이자벨라의 카스티야 왕위 계승을 허락하는 교서를 내리는 데 달가워하지 않았던 교황은 처음부터 아라곤에 종교재판소를 설치할 권한을 주는 것에 반대했다. 하지만 카스티야 종교재판

---

8)_스페인 북동부의 왕국.

소장인 토르케마다는 많은 속임수를 쓴 끝에 아라곤, 카탈로니아 그리고 발렌시아에 종교재판관들을 임명할 권리를 얻어냈다. 카스티야와 아라곤의 완전한 법률적·헌법적 분리를 무시한 토르케마다의 종교재판관 임명은 죽음의 폭풍우를 몰고 왔다. 이로 인해 콘베르소들 이외에도 수백 명의 사람들이 죽음을 당했다.

고해자들이 성실한 기독교인으로 인정받기 위해 투쟁을 벌이자 곳곳에서 페르디난트 왕의 종교재판소에 대한 과격한 반발이 일어났다. 카스티야와 안달루시아에서는 이미 이교도 화형식이 거행된 적이 있었고, 종교재판관들이 말할 수 없는 잔인한 행위를 저질렀다는 이야기들이 끊임없이 유포되고 있었다. 아라곤과 카탈로니아의 콘베르소들은 토르케마다가 임명한 종교재판관들이 도착하게 되면 그들이 어떤 운명에 처할지를 잘 알고 있었다. 이들은 이미 1484년 4월 14일에 경험한 바가 있었던 것이다. 하지만 잘 조직된 부유하고 유력한 아라곤의 콘베르소들은 굴복하지 않고 저항하기로 결정했다. 그들은 아라곤의 수도인 사라고사에서 가장 강력하게 저항했다.

당시 사라고사의 종교재판관은 페드로 아르부에스였다. 목숨이 위험하다는 사실을 알게 된 페드로는 옷 속에 사슬로 만든 갑옷을 입고 달아났다. 하지만 왕실 지배인과 왕국의 최고재무관을 포함한 네 명의 유명한 콘베르소들은 암살자들을 고용했고, 아르부에스는 1485년 9월 15일 밤에 성당의 제단에서 무릎을 꿇고 기도를 올리던 중 칼에 찔려 죽었다. 암살자가 누구인지 밝혀지자 사라고사의 전반적인 분위기는 완전히 바뀌었고, 이런 분위기는 아라곤에까지 파급되었다.

아르부에스는 죽으면서까지 소임을 다한 성자이자 기적을 행하는 인물로 선포되었고, 성난 군중들은 거리를 몰려다니며 콘베르소들을 찾아내려고 했다. 음모를 꾀한 사람들 중 한 명은 왕궁의 문 앞에서 양손이 잘린 다음 시장으로 끌려 다닌 후 목이 잘렸고, 그런 다음에는 사지가 절단되었다. 조각난 그의 몸뚱이들은 도시의 거리 곳곳에 내걸렸다. 또 다른 사람은 자기 방에서 깨진 유리 램프를 삼키고 자살했다. 그의 시신 역시 마찬가지로 목이 잘리고 토막내어져 거리에 내걸렸다.

수백 명의 사람들이 체포되어 고대 무어인의 요새였던 알하페리아 지하감옥에 갇혔다. 그곳은 가장 기본적인 시설조차 없는 곳이었고, 한 방에 40명씩이나 수감되었다. 200명이 넘는 사람들이 화형을 당했고, 아라곤에서는 엄청난 수의 콘베르소들이 종교재판소 감옥에 수감되었다. 이 사건에 대한 보복 살인은 이후 수백 년 동안 종교재판소에 반대하는 모든 사람들을 완전히 제거하려는 대량학살 행위였음이 밝혀졌다.

1488년, 종교재판소는 바르셀로나에도 설치되었고, 다음 해에는 마요르카 섬에도 학살과 고문의 손길이 뻗쳤다. 프랑스를 비롯한 외국으로 달아나는 사람들이 늘어나기 시작했다. 하지만 많은 사람들은 달아날 방법이 없었고, 교황 이노센트 8세는 외국으로 달아난 자들을 돌려보내라고 명령했다. 수백 명의 사람들이 되돌아왔지만, 그들을 기다리는 것은 토르케마다의 악랄한 고문뿐이었다.

종교재판소가 설립되던 순간부터 스페인 종교재판소는 유태인들의 재산에 눈독을 들이고 있었다. 하지만 처음에는 유태인들의 재산을 빼앗지는 못했다. 종교재판소는 이교도들, 다시 말해 정통적인 기독교 신앙에서 벗어난 기독교인들을 처리하도록 명령을 받았던 것이지, 다른 종교에 대해서는 아무런 권한도 행사할 수 없었다. 그래서 종교재판소 설립 초기에는 대부분의 사람들이 종교재판소의 통제를 받지 않았지만, 그런 상황도 그리 오래 지속

종교재판소에 의해 이교도와 마녀로 고발된 유태인들이 고문을 당하고 화형식을 당하는 장면을 묘사한 당시의 그림. 1492년 토르케마다는 유태인들을 고문하고 죽임으로써 스페인에서 유대교를 소멸시키려는 정책을 추진했고, 살아남은 자들을 추방하도록 왕과 여왕에게 압력을 가했다.
(BETTMANN/CORBIS)

되지는 않았다.

1480년대 말, 토르케마다는 유태인들의 관습이 가톨릭교회의 순수성에 대한 가장 커다란 위협이 되고 있다고 생각했고, 그래서 종교재판소는 반(反)유태인 선전을 시작하게 되었던 것이다. 시간이 흐를수록 얼토당토않은 고발이 행해졌고, 그 횟수는 늘어만 갔다. 그리고 마침내 사람들은 그런 고발을 당연한 것으로 받아들이게 되었다. 종교재판소는 한편으론 사람들을 선동하면서 또 한편으론 필요한 조치를 허락해달라고 왕에게 청원했다. 하지만 페르디난트 왕과 이자벨라 여왕은 초기에는 그런 청원을 받아들이지 않았다. 그들로서는 무어인들이 차지한 마지막 이슬람 거점인 그라나다를 되찾기 위해 싸우려면 유태인들의 돈이 필요했던 것이다. 스페인 전역이 가톨릭화 될 때까지는 유태인들을 추방할 수가 없었던 것이다. 하지만 1492년 무어인들로부터 그라나다를 되찾은 다음에는 스페인 종교재판소의 종교적 열정은 무소불위의 권력을 휘두르게 되었다. 승리의 감격에 도취한 가톨릭 광신도들의 눈에는 부유한 유태인들에게 관용을 베풀 아무런 이유가 없어 보였다. 종교재판소는 이전에는 유태인들에게 손을 댈 수가 없었다. 그들은 교회를 벗어나서는 이단자라 할 수 있었지만 교회 내에서는 이단자가 아니었기 때문이다. 그래서 성직자들이 주관하는 법정은 그들에 대해 아무런 사법적 영향력을 행사하지 못했다. 약간은 우스꽝스런 상황이었다. 생명의 위협을 받고 억지로 세례를 받은 콘베르소들은 유대교 신앙을 은밀하게 실천했다는 이유로 산 채로 불태워졌던 반면, 개종하지 않은 유태인들은 처벌할 수가 없었다. 게다가 종교재판소는 콘베르소들은 부유한 유태인들이 있음으로써 타락했다는 이유를 들었다. 토르케마다는 그들을 제거하기 위한 구실을 찾기만 하면 되었던 것이다.

그라나다 함락 2주일 전인 1491년 11월 14일, 다섯 명의 유태인들과 여섯 명의 콘베르소들이 아빌라[9]로 보내져 화형을 당했다. 가톨릭교도인 한 어린아이를 십자가에 못박고 심장을 꺼냈다는 죄목으로 고발된 그들은 종교재판소를 무력화하고 모든 기독교도를 '미쳐 죽게 할'목적으로 마법적인 의식을 치렀다고 알려졌던 것이다. 종교재판소는 스페인의 모든 도시에 이 소문이 퍼져 반유태인 분노가 절정에 달하리라고 확신했다. 토르케마다는 페르디난트 왕과 이자벨라 여왕에게 이 이야기를 유태인들과 콘베르소들이 공모했다

---

9)_ 마드리드 북서쪽에 위치한 작은 도시.

는 증거로 내놓았다.

페르디난트 왕과 이자벨라 여왕은 자신들이 결혼할 수 있도록 많은 도움을 주었던 유태인 신하 아브라함 시뇨르의 간청을 받고 유태인 추방을 주저했다. 아브라함은 유태인들이 스페인에 머물러 사는 대가로 막대한 양의 황금을 바치겠다고 제안했다. 이 이야기를 들은 토르케마다는 왕과 여왕의 침실로 득달같이 달려가 그들 앞에 30개나 되는 은덩어리를 내던지며 유다가 바로 이만큼의 재물을 받고 예수를 팔아넘겼고, 이제 그들도 또다시 예수를 팔아넘기려 한다고 말했다.

1492년 3월 30일, 페르디난트 왕과 이자벨라 여왕은 되찾은 그라나다의 알함브라 궁전 회의실에서 유사 이전부터 조상들이 스페인에서 살아왔던 20만 명에 달하는 충성스러운 스페인 유태인들을 추방한다는 칙령에 서명했다. 그로부터 넉 달 후, 마지막까지 남았던 유태인들도 떠나버렸고, 토르케마다가 일생 동안 꿈꾸었던 원대한 계획은 실현되었다. 콘베르소들은 이제 정말로 외톨이가 되었다. 종교재판소의 임무는 아주 단순해졌다. 개종하지 않은 유태인들과 개종한 유태인들을 명확하게 구분하는 것이었다. 개종하지 않은 유태인들은 추방되었고, 개종한 유태인들은 그저 단순히 국교를 신봉하도록 만들면 되었다.

6년 후, 토마스 데 토르케마다는 아빌라에 있는 자신의 수도원에서 유덕(有德)의 향기를 맡으며 평화롭게 죽었다. 그는 500년 후 전유럽에서 히틀러가 행했던 것처럼 수천 명의 목숨을 앗아갔고, 스페인에서 유대교를 뿌리뽑았다. 그는 박식한 디에고 디에즈에게 종교재판소장의 지위를 넘겨주었다. 1504년 이자벨라 여왕이 죽자 종교재판소는 국가의 후원을 받지 못하게 되었지만, 이후 300년 동안은 계속 명맥을 유지했다. 종교재판소의 마지막 희생자였던 루사파 출신의 한 학교 선생이 1824년 산 채로 화형을 당했다. 종교재판소는 오늘날에도 '신앙교리성성'이라는 이름으로 존속하고 있다. 그리고 여전히 이단적인 가톨릭교도들을 침묵시키고 파문할 권한을 가지고 있다.

PRINCE VLAD DRACULA

'임팔러'

# 블라드 드라큘라 대공

드라큘라의 특징은 15세기 루마니아의 왈라키아 대공 블라드 5세로부터 연유되었다. 그는 자기 나라를 침략한 터키인들에게 천천히 쇠꼬챙이를 찔러 넣은 다음 식사할 때 그들의 피를 음료수로 마시는 잔인한 습관을 가지고 있었다고 해서 '임팔러'라는 별명을 갖게 되었다. '드라큘라'라는 이름은 블라드 드라큘(악마)이라 알려진 그의 아버지와 부카레스트 북쪽의 카르파티아산맥에 있는 드라큘라 성(城)에서 유래되었다.

_ 피터 쿠싱, 「뱀파이어 이야기(Vampire Stories)」(1992) 서문 중에서

'The Impaler'

왈라키아 대공 블라드 테페스 드라큘라가 25세였을 때 그려진 초상화. 난폭한 군사 지도자였던 그는 새로운 고문과 살인 수법을 고안해낸 전문가였다. 그는 자신이 고안해낸 수법으로 '임팔러 블라드'라는 별명을 얻었다. 다른 잔인한 사람들처럼 그 역시 자신의 양심을 구원하는 수단으로 겉으로는 매우 종교적이고 타인을 포용하는 태도를 보였다.(HULTON ARCHIVE)

지금은 루마니아가 된, 왈라키아라는 고대 왕국에서 혁신적인 고문과 살인 수법을 고안해낸 것으로 유명한 한 인물이 출현했다. 왈라키아 대공 블라드 테페스 드라큘라는 일생 동안 세 번이나 왈라키아 왕위를 차지하고 상실하기를 반복했다. 7년 동안 유혈 통치를 일삼았던 이 왕국의 지배자는 국민들과 외국인들에게 모두 두려움을 심어준 인물이었다. 그는 절대적인 왕권을 신봉했기 때문에 살인을 일삼았고, 그 결과 10만 명이 넘는 사람들을 죽였다. 만약 드라큘라가 허구의 인물이 아닌 살과 피로 이루어진 인간으로서 지구상을 활보한 적이 있다면, 그 이름을 들어 마땅한 사람은 바로 블라드 테페스였을 것이다. 하지만 드라큘라 백작의 전설은 임팔러 블라드로 알려져 있는 왈라키아 대공의 폭력적인 삶의 주조를 이루는 공포와 고문과 순수한 피와 비교할 때 동화에 불과하다.

　라두 네그루 또는 루돌프 더 블랙이라 불리는 한 트란실바니아인이 1290년 왈라키아를 건설했다. 1330년까지는 헝가리가 왈라키아를 다스렸고, 당시까지만 해도 왈라키아는 독립된 나라였다. 이 나라의 최초의 지배자는 임팔러 블라드의 조상인 바사라브 1세[1]였다. 블라드의 조부인 미르세아 대공은 1386년부터 1418년까지 왈라키아를 다스렸고, 그가 다스리던 동안 왈라키아는 오스만터키 제국에 조공을 바쳐야만 했다. 그의 가문은 왈라키아를

---

1)_1310~1352. 헝가리 왕국으로부터 독립하여 왈라키아에 봉건국가를 세우고, 불가리아인의 지원을 받아 비잔틴—헝가리와 항쟁하였다.

계속 지배했지만, 왈라키아는 터키의 예속국에 불과했다.

왈라키아는 사회의 불안과 불안정으로 인해 붕괴되었다. 외부에서는 오스만터키 제국의 위협을 받았고, 내부에서는 보야르[2]라는 특권 귀족들이 타락했기 때문이었다.

블라드의 부친 드라쿨은 헝가리와 독일에서 교육을 받았고, 1410년 신성로마제국 황제가 된 헝가리 왕 지기스문트를 수행하기도 했다. 지기스문트 왕은 '용의 기사단(Order of the Dragon)'이라는 비밀 결사단체를 조직했고, 드라쿨은 지기스문트 왕과 의형제를 맺고 기사단에 합류했다. 이 기사단은 이교도로부터 기독교 교회를 보호하고 발칸반도 전역에서 준동했던 터키인들에 대항해 십자군을 조직하기 위한 비밀 군대이자 종교 단체였다. 지기스문트는 드라쿨을 트란실바니아의 군사령관으로 임명했고, 드라쿨은 이 지위를 1435년까지 4년 동안 유지했다. 블라드는 1431년 군사 요새 시기소아라에서 태어났다. 그는 블라드 드라쿨과 몰다비아의 크네아이나 왕녀와의 사이에서 낳은 둘째 아들이었다. 그에게는 미르세아라는 형과 라두라는 잘생긴 남동생이 있었다.

블라드는 어린 시절부터 이미 사람을 죽이는 것을 좋아했다. 그는 시간이 날 때마다 왕도(王都) 티르고비스트로 가서 부친의 궁정에서 죄수들이 사형당하는 것을 구경했고, 5살이 되었을 때는 전쟁을 준비했다. 그는 안장도 없이 말을 타고 다녔고, 명궁이었기 때문에 용의 기사단에 가담해서 '드라쿨의 아들'이라는 뜻을 가진 '드라쿨라'라는 이름을 얻었다.

하지만 한동안 군사령관으로 복무했던 블라드의 부친은 영원히 2인자로

---

2)_10세기에서 17세기까지 러시아 봉건 귀족의 최상층을 일컫는 말.

남아 있지 않겠다고 결심했다. 그는 트란실바니아에 머무는 동안 당시 군주였던 알렉산드루 1세라 불리는 다네스티 공에게서 왈라키아 왕위를 탈취하기 위해 조력자들을 끌어 모았다. 1437년, 블라드 드라쿨은 알렉산드루를 죽이고 블라드 2세 대공이 되었다.

교활한 정치가이기도 했던 드라쿨은 새로 술탄이 된 야심 있는 메흐메드 2세에게로 권력이 쏠리고 있음을 감지했다. 터키인들은 당시 세르비아인들과 불가리아인들을 모두 정복한 상태였고, 그리스에 최후의 일격을 가하려 하고 있었다. 드라쿨은 술탄과 동맹을 맺었다.

그의 배신 행위에도 불구하고, 왈라키아인들은 터키인들보다는 자기 동족들 중 한 사람에게 지배당하는 것을 더 원했다. 드라쿨은 특히 사람들을 유괴해 노예로 만드는 것과 같은 터키인들의 지나친 행동을 막으려고 노력했고, 이는 술탄의 의심을 샀다. 술탄은 계책을 써 드라쿨을 위험한 지경으로 몰아넣었다. 하지만 다행히도 덫에 걸리지 않은 드라쿨은 블라드와 라두를 데리고 다뉴브강을 헤엄쳐 건넜다. 드라쿨은 쇠사슬로 묶인 채 술탄에게 압송되었다. 드라쿨은 목숨을 부지하는 한편 왕위를 되찾기 위해 메흐메드 2세에게 충성을 맹세하고 블라드와 라두를 인질로 남겨두고 떠났다.

블라드는 1448년까지 터키에 볼모로 남아 있었다. 라두는 계속 술탄 곁에 머물면서 메흐메드 2세의 지지자가 되었는데, 성품이 유약해 교도관의 교활하고 세련된 세뇌 공작에 쉽게 넘어갔기 때문이었다.

이 위험한 시기 동안 블라드는 본성과는 전혀 반대로 행동했다. 터키의 감옥에 갇히는 순간부터 블라드는 인간에 대한 존중을 포기했다. 그는 생명이 하찮은 것이라 생각했다. 만약 그의 부친이 술탄에게 불충한 것이 드러난다면 그의 목숨은 위태로워질 것이었다. 그는 도덕성은 국가의 문제에 있어서는 필요치 않다고 생각했다. 그에게 정치의 부도덕성을 가르치기 위해 마키아벨리와 같은 인물이 있을 필요는 없었다.

터키인들은 블라드에게 터키어뿐 아니라 하렘[3]의 쾌락에 친숙해지는 법을 가르쳐주었다. 그러다 보니 자연히 감금되었던 기간이 그리 고생스럽지는 않았다. 그는 또 기만적이고, 교활하고, 반항적이고, 잔인하다는 명성을 얻었고, 자신을 경호하는 자들에게 두려움을 심어주었다. 그는 창으로 찌르는 데에 쾌감을 느끼게 되었고, 심리전에서 우위를 차지하기 위해 그런 방법을 사용하기도 했다. 그는 또 화약을 사용해 전쟁 시 대포를 사용하기도 했고, 전투에서 화약을 사용한 최초의 지도자들 중 한 명으로 평가되기도 한다.

그는 두 가지 개성적인 특징을 가지고 있었다. 그는 의심이 많은 사람이어서 터키인이건 다른 사람이건 결코 신뢰하지 않았다. 또 그는 복수하는 데 쾌감을 느꼈다. 블라드는 자신을 적대시하는 자들을 용서하지 않았고, 또 잊지도 않았다.

1447년 12월, 드라쿨은 자신이 꾸민 음모에 희생되어 죽음을 당했다. 그를 암살한 자는 존 후냐디로, 드라쿨이 터키와 동맹을 맺은 데 앙심을 품었던 헝가리인들의 지도자였다. 드라쿨의 큰아들인 미르세아는 벌겋게 달구어진 쇠말뚝에 찔려 장님이 된 채 티르고비스트의 정적들에 의해 생매장되었다. 드라쿨은 고대에 세워진 수도원 근처에 있는 발테니 늪지에서 암살되었다. 부친과 형님의 죽음은 놀라운 것은 아니었지만 블라드에게 깊은 충격을 주었다. 그는 복수를 맹세했다.

드라쿨과 미르세아가 죽었고, 블라드와 라두는 터키에 볼모로 잡혀 있었

---

3)_이슬람 세계에서 가까운 친척 이외의 일반 남자들의 출입이 금지된 장소로, 보통 궁궐 내의 후궁이나 가정의 내실을 가리킨다.

기 때문에 후냐디는 블라디슬라브 2세가 되어 다네스티 일족에 이름을 올리면서 왈라키아의 왕위에 올랐다. 하지만 터키인들은 헝가리의 꼭두각시가 왈라키아를 다스리도록 내버려두지 않았다. 그래서 1448년 블라드를 석방했다. 하지만 터키인들은 블라드가 결국은 후냐디에게 잡혀 죽을 거라고 믿었다. 파샤 무스타파 하산으로부터 터키 기마 부대와 함대를 한 척 지원받은 블라드는 왈라키아 왕위를 되찾기 위한 첫걸음을 내딛었다. 당시 그의 나이 17세였다.

그의 무모한 공격은 두 달 동안이나 계속되었지만, 패배한 블라드는 또 한 번 망명길을 떠나야 했고, 후냐디는 블라디슬라브 2세라는 직함을 계속 유지했다. 부친을 암살한 자들을 두려워하는 동시에 자신이 볼모로 잡혀 있었던 터키로 돌아가고 싶지 않았던 블라드는 사촌이자 친구인 스테펜 대공이 왕위를 계승하기로 되어 있는 루마니아 북쪽 끝에 위치한 몰다비아로 달아났다.

블라드는 1451년 10월까지 몰다비아에 머물렀고, 그 다음에는 트란실바니아로 돌아와 후냐디에게 자비를 베풀어달라고 청했다. 그는 기회를 노리고 있었고, 마침 최선의 시기인 듯했다. 블라디슬라브 2세는 마음을 바꾸어 터키의 조공국이 되었음을 선포했던 것이다. 후냐디는 왕위에 오른 것을 후회하며 후계자를 물색하기 시작했다. 블라드는 왈라키아 왕위를 공식적으로 요청할 수 있는 인물이었고, 후냐디는 헝가리의 합스부르크 왕실에 자신이 블라드의 후견인이 되었음을 밝혔다. 블라드는 후냐디와 터키가 벌인 많은 전투에 참가해서 어느 누구보다도 터키의 전략을 분쇄하는 데 혁혁한 전공을 세웠다.

1456년, 하늘에 핼리 혜성이 나타나 '동쪽과 서쪽으로 나뉘어 뻗쳐 있는,

황금색의 파도치는 듯한 불꽃 모양을 한 채 하늘의 절반'을 가렸다. 15세기에는, 미신에 경도된 사람들은 혜성을 천재지변, 페스트 또는 침략 위험을 경고하는 표시로 여겼다. 그리고 어쨌든 그들의 판단은 옳았다. 같은 해, 블라드는 블라디슬라브 2세를 죽이고 왕좌를 되찾았다. 블라드 2세 드라큘라 대공은 악명 높은 피의 통치를 시작했다.

25세가 된 블라드 2세는 황금이 장식된 값비싼 흑담비 코트를 입고 진주가 주렁주렁 달린 화려한 붉은 주단 모자를 쓴 전형적인 대공의 모습으로 변모했다. 그의 얼굴은 흙빛이었고, 눈은 커다랗고 초록색이었고 늘 쏘아보는 듯했으며, 눈가에는 깊고 어두운 그림자가 드리워져 있었다. 그의 무성하고 검은 눈썹은 눈동자를 더욱 위협적으로 보이게 만들었다. 블라드는 끝을 치켜 올려 멋을 낸 콧수염을 뽐내고 다녔다. 그는 키는 크지 않았지만 매우 단단하고 다부진 몸매를 갖고 있었고, 코는 매부리코에 콧구멍은 위로 들려 있었다. 그의 외모는 냉정했고, 매우 강렬한 인상을 주었다.

블라드가 시급히 해결해야 할 문제는 왈라키아에서 자신의 지위를 공고히 하는 것이었다. 그는 외국의 침략으로부터 국가를 방어해야 한다는 사실을 절실히 깨달았다. 게다가 그는 자신들의 이익만 보호하려 하는 꼭두각시 지도자들을 지원하는 보야르들의 정치 권력을 분쇄하기를 원했다. 블라드는 보야르들의 존재야말로 강력한 민족국가를 발전시키는 데에 걸림돌이 된다고 단정했다. 블라드는 또 호시탐탐 왕위를 노리는 경쟁자들로부터 지속적인 위협을 받고 있었다. 그래서 권력을 틀어쥔 블라드는 단단한 흙벽과 시계탑과 지하 동굴을 건설함으로써 성채의 안전을 도모했고, 외부로부터의 공격을 예방하기 위한 계획이 완료된 후에는 신하들의 충성을 보장받으려 했다.

블라드는 어릴 때 터키인들이 가르쳐 주었던 창으로 찌르는 수법을 도입했다. 그의 손에서 실행되는 창으로 찌르기는 흡사 예술이라 할 만했다. 블라드와 마찬가지로 멋있게 창으로 찌르기를 하려면 많은 지식과 특별한 기술이 필요했다. 블라드는 희생자의 양다리를 말에 묶고, 길이 2미터, 너비 15센티미터 정도 되는 뾰족한 막대기로 몸통을 수직으로 관통해 서서히 들어올렸다. 막대기 끝에는 대체로 기름이 발라져 있었고, 막대기가 너무 뾰족하지 않도록 하거나 희생자가 너무 빨리 죽지 않도록 세심한 주의를 기울였다. 막대기는 보통 엉덩이에서 시작해 입을 관통해 나왔다. 하지만 때로는 희생자의 가슴이나 배를 뚫고 나오는 적도 있었다. 때로는 사람들을 거꾸로 매달기도 했고, 아기들은 자기 어머니를 죽인 막대기에 꿰어 죽이기도 했다. 그런 다음에는 막대기를 위로 쳐들어 땅에 세워두었다. 막대기가 길수록 희생자들은 더 커다란 고통을 느꼈다. 한 귀족은 시체로 즐비한 궁정 안뜰에서 블라드와 식사를 할 때 코를 찡그렸다고 해서 막대기에 꿰인 채 주위에 널린 악취 나는 시체들 위에서 특히 긴 막대기로 꿰어져 죽었다. 이 막대기들은 가끔씩 정교하게 조각되고 색칠까지 되었고, 블라드는 외국인들은 어서 달아나라는 경고로 도시 외곽에 막대기에 꿰인 시체들을 세워놓기까지 했다. 희생자들이 죽기까지는 때로 며칠씩 걸리기도 했고, 지독한 죽음의 냄새가 항상 도시 전체에 진동했다.

1460년, 성 바르톨로뮤 축일[4]에 블라드는 어떤 숲을 통과해 경쟁자를 지원한다는 의심이 가는 사람들이 살고 있는 암라스라는 마을로 갔다. 그곳에서 그는 남자든 여자든 가리지 않고 모든 왈라키아인들을 찾아내어 검과 칼로 난자해 죽여버렸다. 소문에 따르면 3만 명 가까운 사람들이 목숨을 잃었

---

4)_8월 24일. 성 바르톨로뮤는 그리스도의 12사도 중의 한 사람이다.

1923년에 찍은 사진으로, 블라드 대공이 태어난 으스스한 외관을 보이고 있는 14세기에 건축된 브랜 성(城). 블라드라는 인물과 이 성이 어떻게 브램 스토커의 소설 『드라큘라(Dracula)』에 영감을 주었는지는 쉽게 짐작할 만하다. 이 소설은 1897년 처음 출간된 이후 흡혈귀가 등장하는 모든 산업에 지대한 영향을 끼쳤다.
(E. O. HOPP/CORBIS)

다고 한다. 마을의 신부와 중요한 인물들은 왕도(王都)로 끌려가 막대기에 꿰여 죽었다. 그는 그런 다음 마을을 모두 불태워버렸다.

블라드는 또 트란실바니아 남부의 작센 상인들이 무역을 통해 쥐고 있던 경제권을 빼앗기로 했다. 그들은 관세를 내지 않았을 뿐 아니라 왕좌를 노리는 자들을 후원하고 있었다. 그래서 브라소프 지역의 상인들이 블라드가 부과한 세금을 내지 않자 블라드는 곧바로 급습했다. 그는 마을 인근을 모두 불태웠고, 사로잡힌 수많은 사람들을 팀파 힐에서 막대기에 꿰어 죽여버렸다. 브라소프 주민들은 블라드가 막대기에 꿰어 죽인 시체들이 주변 언덕에서 햇빛을 받으며 썩어가고, 카르파니아 독수리들이 그 시체들을 쪼아먹거나 난도질하는 것을 목격할 수 있었다. 이 장면은 1499년경 뉘른베르크에서 매우 섬뜩한 목판화로 인쇄되어 지금까지 전해지고 있다. 블라드가 식사를 할 때 그의 심복들은 식탁 바로 옆에서 다른 희생자들의 사지를 잘라냈다. 이와 비슷한 목판화를 유럽 각지에서 볼 수 있다. 실제로 최근에 발명된 인쇄기로 찍은 초기의 세속적인 이야기책들 중에는 임팔러 블라드의 행적에 관한 내용들이 많이 묘사되어 있다. 이들 중 대부분은 독자에게 어느 정도의 도덕을 심어주는 공포 이야기들이다. 비록 상당한 왜곡이 있긴 하지만 이런 이야기들의 역사적 · 지리적 · 지형학적 세부사항들이 놀라울 정도로 정확하기 때문에 학자들은 이런 이야기들 중 많은 것들을 정확한 것으로 인정하고 있다.

왈라키아의 수도인 티르고비스트는 권력의 중심지였을 뿐 아니라 사교적 · 문화적 삶의 국가적 중심지였다. 왕궁은 으리으리했고, 보야르들의 비잔틴 양식 가옥들로 둘러싸여 있었다. 상류층들은 콘스탄티노플 제국 궁정의 에티켓을 흉내내려 했다. 티르고비스트에서는 의심이 난무했고, 거의 무정부적인 상태였으며, 정치적 암살과 대공들의 교체가 자주 일어났다. 자신이 선호하는 고문 도구를 완벽하게 갖춘 블라드는 티르고비스트의 귀족들을 겨냥해 복수를 시작했다. 그는 부친과 형님인 미르세아의 죽음에 이 귀족들이 연루되어 있다고 확신했다. 1457년 봄, 그는 부활절 연회를 베푼다는 명분을 내세워 부유한 토지상속인들과 그들의 가족들, 그리고 다섯 명의 주교와 그들보다 더 중요한 국내외의 대수도원장들을 왕궁으로 초청했다.

블라드는 보야르들의 교활하고 부정직한 말들을 듣고 있다가 그들에게 얼마나 많은 지배자들을 겪어냈는가 물었다. 그들 중 가장 젊은 사람들조차 최소 일곱 명의 지배자를 겪었다고 했다. 대공이란 직함과 그 직함이 암시하는 역할이 가볍게 여겨졌음이 분명했다. 블라드는 격분하여 소리를 지르기 시작했고, 왈라키아의 왕위가 불안한 것은 그들의 불충과 음모에 기인한 것이라고 비난했다. 그런 다음 그는 자기만의 특유한 눈빛을 번득이며 명령을 내렸다. 얼마 지나지 않아 그의 충성스런 부하들이 연회장을 둘러쌌다. 500명에 이르는 보야르들과 그들의 부인과 시종들은 왕궁 근처에서 막대기에 꿰어졌고, 그들의 시체는 새가 다 파먹을 때까지 내버려졌다. 살아남은 보야르들은 이 사건이 주는 교훈을 결코 잊지 않았다. 블라드는 그들에게 완전한 복종이 아니면 그들의 사유지로 은퇴할 것을 요구했다. 그의 명령을 따르지 않는 자는 화를 입을 뿐이었다.

블라드 대공은 희생자들의 재산을 빼앗아 자신을 따르는 자들에게 나눠주었다. 그는 오직 자기에게만 충성을 바치는 새로운 귀족 계층을 만들어냈다.

블라드는 점차 자신의 모든 신하들이 공공복지를 위해 일하고 기여한다고 생각하게 되었다. 그는 부랑자들과 거지들과 불구자들이 매우 많아졌음을 알게 되었다. 그는 왈라키아의 모든 가난한 자들과 병든 자들을 티르고비스트로 오게 해서 성대한 연회를 열라는 명령을 내렸고, 그와 동시에 자신의 왕국에서는 어느 누구도 굶주려서는 안된다고 주장했다. 가난한 자들과 불구자들은 왈라키아에 도착하자마자 성대한 연회가 마련된 커다란 홀로 안내되었다.

대공의 손님들은 밤새 먹고 마셨고, 드디어 블라드가 모습을 드러냈다. 대공은 그들에게 '너희들이 원하는 것이 무엇이냐? 너희들은 이 세상에서 아무런 걱정 없이 부족함 없이 살고 싶으냐?'라고 물었다. 그들이 물론 그렇다고 대답하자, 블라드는 홀을 모두 판자로 막고 불을 붙이라고 명령했다. 아무도 불길 속에서 빠져나가지 못했다. 블라드는 '그들이 더 이상 다른 사람들에게 짐이 되지 않게 하기'위한 당연한 조치였다고 주장하며 자신의 행동을 정당화했다.

블라드는 엄격한 도덕률을 내세웠다. 도둑, 거짓말쟁이, 남색가, 그리고 어린아이들조차도 막대기에 꿰어 죽임을 당했다. 그는 손님을 속인 장사치들과 간음한 여자들을 죽였다. 이렇게 블라드가 격노할 것을 두려워한 나머지 범죄는 거의 일어나지 않았다. 블라드는 절대권력의 표시로 광장에 황금 물잔을 갖다놓게 했다. 황금 물잔으로 누구나 물을 마실 수 있었지만, 몰래 가져가는 것은 허용되지 않았다. 물잔은 그의 통치 시기 내내 광장에 그대로 놓여 있었다.

블라드는 또 범죄에 대해 처벌을 내렸다. 술탄이 보낸 터키 사신들이 그의 면전에서 터번을 벗기를 거부하자, 블라드는 이를 무례한 행동으로 여기곤 그들의 머리에 모자를 못으로 박아 보복했다.

블라드는 아첨에 대해서도 난폭하게 대응했다. 헝가리의 마티아스 왕이 블라드에게 사신을 보낸 적이 있었다. 사신이 가져온 소식은 알려지지 않았지만, 아무튼 블라드는 매우 분노했다고 한다. 블라드는 함께 저녁식사를 하자며 사신을 초청했다. 식사를 하기 전에, 그는 사신에게 식사에 초대한 이유를 아느냐고 물었다. 대공 뒤에 두 명의 병사가 서 있는 것을 보았고 블라드의 악명을 익히 알고 있던 사신은 자신이 곧 죽임을 당할지도 모른다고 생각했다. 재빨리 머리를 굴린 사신은 '알지 못합니다. 하지만 저로서는 대공께서 현명하고 위대한 지도자라는 사실은 알고 있습니다. 또 대공께서 어떤 명령을 내리시든, 저를 죽이라는 명령을 내린다 할지라도 그렇게 행해질 거라는 것도 알고 있습니다'라고 대답했다. 블라드는 병사들에게 물러가라 손짓했고, 훌륭한 대답으로 목숨을 구했노라고 사신에게 말했다.

하지만 블라드는 이중인격을 가진 인물이었다. 그는 두려움을 정책의 도구로 사용한 고문자이자 종교재판관이었고, 반면 양심의 가책을 덜기 위해 신앙생활을 열심히 했던 독실한 신자였다. 그는 자신의 주위에 있는 로마가톨릭이나 그리스정교의 사제들과 대수도원장들, 주교들과 고해 신부들을 경계했다. 그는 티스마나와 같은 성스런 수도원 지역에서 명상을 하기도 했다. 그는 교회에 가서 성찬을 받고, 죽은 후 기독교인으로 매장되고, 영원히 신자로 인정받기를 원했다.

블라드는 죽기 전에 수도원을 건립하여 많은 기부를 하고 적절한 의식을 거행하는 등 선행을 한다면 그간 지은 죄를 용서받을 수 있으리라 생각했다. 그의 가문은 40개가 넘는 수도원을 지었고, 블라드는 그 중에서 다섯 개 이상을 지었다. 블라드는 자신이 훌륭하고 경건한 삶을 살아온 중세의 성직자라도 되는 양, 사후(死後)의 영혼불멸성에 지대한 관심을 쏟았다. 그는 자기 손으로 직접 죽인 사람들에 대해 특별한 양심의 가책을 느꼈기 때문에 그들을 기독교식으로 매장해주었다.

블라드의 로맨틱한 삶에 대해서는 실제로 알려진 바가 거의 없다. 그의 첫 번째 부인 혹은 정부(情婦)는 트란실바니아의 평범한 여자였다. 여자 쪽에서 볼 때는 부인이 되는 것과 정부가 되는 것은 중요한 것이 아니었다. 왜냐하면 모든 남자가 왕위에 오를 수 있었기 때문이었다. 그는 1448년 그녀를 만나 사랑에 빠졌다. 결혼은 분명히 불행했다. 블라드를 사랑하는 것은 위험한 일이었다. 블라드의 한 정부가 다른 남자와 간통한 사실이 발각되었을 때, 그녀는 막대기에 꿰어졌고 그녀의 성기는 도려내어졌다. 그의 마지막 부인은 터키인들에게 사로잡히는 것이 두려워 포에나리 성벽에서 뛰어내려 죽었다.

발칸반도의 국가들은 분열되어 있었고, 단결하지 못했다. 그래서 터키는 손쉽게 군사적 모험을 감행할 수 있었고, 블라드가 왈라키아 왕위에 오르기 3년 전인 1453년에 콘스탄티노플을 함락시키고 동로마제국을 멸망시켰다.

콘스탄티노플이 함락되자, 교황 피우스 2세[5]는 1458년 기독교 국가들에게 십자군을 조직하여 터키와 맞서 싸우라고 요청했다. 블라드는 교황의 요청에 즉시 응한 유일한 왕이었다. 그의 용기 있는 행동은 많은 사람들에게 칭송받았다. 그의 잔인한 책략이 반발을 사기는 했지만, 사람들은 기독교를 위해 기꺼이 싸우겠다는 그의 의지를 높이 평가했다.

블라드는 왕위에 오른 후 첫 3년 동안만 터키에 조공을 바쳤다. 그 후에는 조공을 바치지 않았고, 술탄을 배알하지도 않았다. 터키는 어린이들을 조공으로 바치라고 요구했다. 자국 군대에 필요한 500명의 소년들을 보내라는 것이었다. 터키 군대는 이전에도 간혹 왈라키아에 나타나 휩쓸고 다니면서 잘생기고 젊은 남자들을 잡아갔다. 블라드는 군대를 동원해 터키의 침략에 저항했고, 잡힌 터키인들은 모두 막대기에 꿰어 죽임을 당했다.

---

5)_1458년부터 1464년까지 재위하였다. 이탈리아 코르시냐노 출신으로 피렌체에서 인문주의 교양을 쌓았고, 바젤공의회에 참석하여 활약상을 인정받음으로써 1456년에 추기경, 1458년에 교황이 되었다.

이런 식으로 벌어진 양측의 폭력은 터키와 왈라키아의 관계를 더욱 악화시켰을 뿐이다. 습격과 약탈과 강탈은 지우르지우[6]에서 흑해에 이르는 지역에서 광범위하게 자행되었다. 술탄은 다뉴브강의 루마니아 지역에 있는 여러 개의 성과 마을을 수중에 넣었다. 더군다나 블라드의 동생으로 1447년 이후 콘스탄티노플에 남아 있었던 라두가 터키인들의 사주를 받아 왈라키아 왕위를 요구함으로써 문제는 더욱 복잡해졌다.

메흐메드 2세 술탄은 이삭 파샤를 보내 블라드를 초청했지만, 자신의 부친이 그의 계략에 속은 것을 잘 기억하고 있는 블라드는 이를 거부했다. 그는 자신이 왈라키아를 떠난다면 그가 없는 틈을 타 호시탐탐 기회만 노리고 있던 적들이 권력을 장악할 거라는 점도 잘 알고 있었다. 협상이 이루어질 기미가 보이지 않자 터키는 블라드를 기습할 계획을 세웠다. 블라드가 결코 콘스탄티노플로 오지 않을 거라는 점을 알게 된 터키인들은 산 채로든 죽은 채로든 블라드를 잡으라는 명령을 내렸다. 하지만 블라드는 터키인들보다 영리했다. 그는 터키 사신을 체포해 터키인들이 지우르지우의 성문을 열도록 계략을 꾸몄다. 그리고 성 안에 들어가자 도시를 불바다로 만들어버렸다. 그런 다음 블라드는 전쟁을 선포하지도 않은 채 적대 행위를 시작했다.

전쟁은 흑해 연안에서 끝났다. 터키의 강력한 침략 군대는 거대한 바지선을 타고 보스포로스 해협을 건너 전면에서 왈라키아를 침공했다. 측면 방어선이 무너져 내리자 블라드는 공격을 포기할 수밖에 없었다.

그러는 동안, 중부유럽과 서유럽에서는 제노바에서 파리까지 교회의 종소리가 울려댔다. 블라드가 막대한 기부금을 쾌척함으로써 새로운 십자군

---

6)_루마니아 남부에 있는 도시.

이 조직되었고, 위대한 후냐디가 십자군 사령관으로 임명되었다. 그의 대담한 공격 성향은 노예 신세로 전락한 불가리아와 세르비아 그리고 그리스 국민들에게 곧 해방을 맞을 거라는 새로운 희망을 심어주었다. 콘스탄티노플에서는 임팔러를 두려워하던 터키 지도자들 중 일부는 소아시아에서 벌어진 전투를 생각하며 놀라움과 우울함과 두려움에 휩싸여 있었다.

메흐메드는 블라드가 항복하지 않았기 때문에 1462년 봄 다시 침략하기로 결정했다. 암살 계획을 꾸미지 않고 술탄에 맞서는 것과 자신의 기독교인 신하들에게 자유의 희망을 주입시키는 것은 전혀 다른 일이었다. 메흐메드는 왈라키아를 터키의 변방으로 복속시키기로 결정했고, 콘스탄티노플을 함락시킨 이후로 최대 규모의 병력을 동원했다.

블라드는 병력이 3만 900명밖에 남아 있지 않았기 때문에 다뉴브강 지역을 포기하고 북쪽으로 철수했다. 적군을 자신의 영토 깊숙이 끌어들이려는 계략이었다. 루마니아 전통에 따르면, 숲과 산은 대대로 왈라키아를 존재하게 해주었던 민족의 형제들이었다.

블라드는 왈라키아 군대를 고향 땅 밖으로 철군시키면서 초토화 전략을 구사했다. 즉 침략 군대가 가는 길을 광대한 사막으로 만들어버린 것이다. 블라드의 병사들은 도시에 불을 질러 유령 도시로 만들었고, 전 지역에서 사람들을 몰아내었다. 보야르들과 농부들과 마을 주민들은 모두 산 속에 있는 은신처를 찾아가지 않으면 퇴각하는 군대를 따라갔다. 물론 부자들은 대부분 산 속에 재물을 숨겨두었다. 블라드는 곡식을 불태우고, 우물에 독을 풀고, 소떼와 산으로 끌고 갈 수 없는 모든 가축들을 도살하라고 명령했다. 그는 터키 군대와 말과 낙타들을 사로잡을 수 있도록 거대한 구덩이를 파고 그 위를 나무로 가린 후 잎사귀로 덮으라고 명령했다. 그는 또 곳곳에 늪을 만들어 터키 포병들의 진군을 방해하기 위해 강들의 물줄기를 돌려 작은 댐을 만들라고 명령했다.

평원은 바싹 말랐고, 이슬람 전사들의 입술은 타 들어갔다. 그들은 방패를 쪼개 불을 붙여 고기를 구웠다. 1462년 여름은 역사상 가장 더운 때 중 하나로 기록된 시기였다. 하지만 블라드는 진정 전쟁에서 효과적인 승리를 거두려면 술탄을 죽여야 한다는 것을 알고 있었다. 그는 계획을 모의하기 시작했다.

어느 날 저녁, 메흐메드는 푸짐한 식사를 한 후 잠자리에 들었다. 그때 갑자기 올빼미 우는 소리가 들려왔다. 블라드의 공격 신호였다. 터키 군대는 처음에는 두려움에 사로잡혀 우왕좌왕하다 곧 진용을 갖추고 술탄의 천막을 둘러쌌다. 블라드는 수천 명의 터키 병사들을 죽였고, 헤아릴 수 없을 정도로 많은 병사들에게 부상을 입혔고, 무질서와 혼돈과 두려움을 조장했다. 하지만 그는 가장 용감한 전사들을 수백 명 잃었고, 공격은 실패로 끝났다. 메흐메드 술탄은 목숨을 건졌고, 티르고비스트로 유유히 진군해 들어갔다.

터키 군대가 마침내 도시에 입성했을 때 그들은 도시가 가축도, 사람도, 먹을 것도 마실 것도 없이 초토화되었다는 사실을 알게 되었다. 모든 문은 활짝 열려 있었고, 도시 곳곳에서는 커다란 연기가 피어오르고 있었다. 메흐메드는 교활한 임팔러를 끝까지 뒤쫓기로 결심했다.

북쪽으로 몇 마일 가지 않아 술탄은 참혹한 광경을 목격했다. 1마일쯤 떨어진 좁은 골짜기에서 모두 2만 명에 이르는 막대기에 꿰인 시체들이 산을 이루고 있는 것을 발견했던 것이다. 술탄은 남자들과 여자들과 아이들의 시체가 절단되어 썩고 있는 것을 보았다. 더구나 새들이 살을 파먹고는 해골과 갈비뼈 속에 둥지를 틀고 있었다. 메흐메드는 지난해 겨울에 잡힌 터키 전사들의 시체도 발견했다. 또 시체의 산꼭대기에서 전쟁을 시작하기 전에 블라드를 암살하려고 보냈던 두 명의 암살자들의 시신도 발견했다.

메흐메드는 퇴각 명령을 내렸고, 함대가 정박해 있는 동쪽으로 출발했다. 하지만 떠나기 전에 라두를 총사령관으로 임명했고, 그에게 블라드를 주살하고 왕이 되라는 명령을 내렸다. 그리고 라두를 지원하기 위해 터키 군대 일부를 남겨두었다. 하지만 신임 사령관은 주로 원주민들에게 의지했다. 터키 군대가 블라드보다 더 강하다는 사실을 깨달은 보야르들은 블라드를 배반했다. 라두는 포에나리 요새를 비롯해 모든 곳을 샅샅이 뒤져 블라드를 잡으려 했다.

터키 군대가 마침내 성을 함락시켰을 때, 블라드는 비밀 통로를 통해 빠져나갈 수밖에 없었다. 그런데 또 다른 비극이 그를 기다리고 있었다. 블라드의 어린 아들을 데리고 가던 시종이 그의 아들을 떼어놓고 온 것이었다. 그들을 찾으려는 터키 병사들이 너무 가까이까지 다가왔기 때문에 아이를 찾으려고 돌아가는 것은 위험한 일이었다. 그래서 그들은 그 아이를 남겨두고 떠나야만 했다. 블라드는 하루아침에 집과 가족을 모두 잃었다. 블라드와 그의 시종들은 말을 타고 숲을 통해 빠져나갔다.

블라드는 가까운 브라소프에 도움을 청하기 위해 헝가리의 마티아스 왕에게로 갔다. 하지만 그의 악행은 마침내 자기 자신에게 해를 끼치게 되었다. 브라소프에는 블라드가 지난 몇 년 동안 두려움에 떨게 만들었던 독일 상인들이 많이 살고 있었다. 그들은 맨 먼저 헝가리 왕실로 찾아가 블라드가 터키인들과 동맹을 맺었고 지금 스파이가 되어 왕에게로 오고 있다고 전했다. 블라드는 도착하자마자 즉시 감옥에 갇혔다.

그러나 마티아스는 어려운 상황에 처해 있었다. 당시 유럽 대부분의 지역에서는 블라드에 대한 평판이 좋았기 때문에 마티아스로서는 블라드를 체포한 데 대해 타당한 이유를 확보해야 했다. 블라드가 술탄의 뜻에 따라 술탄에게 복종하기로 했다고 주장하는 위조 편지들이 날라들었다. 이런 위조 편지를 작성한 자들은 공포 이야기들을 썼던 독일의 작센 사람들임이 분명했다. 이것은 선전이 최초로 효과적으로 사용된 한 예가 되었다.

마티아스는 전쟁을 중지시키고 블라드와 맺은 동맹을 깨는 한편 자신의 정치적 야심을 실현하기 위해 교황의 보조금을 계속 받을 수 있는 타당한 구실을 갖게 되었다. 마티아스는 메흐메드 술탄과 비밀 협정을 체결했고, 라두를 왈라키아 대공으로 인정했다. 공식 재판도 받지 않은 채 블라드는 기나긴 투옥생활을 할 처지에 놓였다. 하지만 행운의 여신은 그에게 손짓을 했다. 첫눈에 블라드에게 반한 마티아스 왕의 여동생 이오나는 오빠에게 압력을 넣어 블라드를 석방시켰다. 그리고 이오나와 블라드는 결혼식을 올렸다. 그로부터 4년 후, 블라드는 대저택을 받았고, 여전히 도시 안에서만 움직일 수 있었지만 부분적으로 사면을 받았다. 고문을 가할 신하들이 없었기 때문에 그는 쥐와 새들을 막대기로 꿰며 시간을 보냈다.

블라드는 이후 12년 동안 왕위에 복귀할 계획을 짜면서 자신을 억류하고 있는 마티아스 왕의 신뢰를 얻기 위해 노력했다. 블라드는 결혼을 통해 왕실과 관계를 맺음으로써 자신의 지위를 계속 유지했다. 블라드는 왕의 명령에 따라 지휘관의 지위를 받고, 터키를 공략하기 위한 십자군에 들어갔다.

터키인들은 왈라키아에 오래 머물지 않았다. 그들이 보낸 여러 명의 밀정들이 머리를 꿰인 채로 죽임을 당한 것을 보았고, 블라드가 티르고비스트를 모두 태워버렸기 때문이다. 왈라키아에 머문 지 단 며칠 후에 터키 병사들 사이에 흑사병이 돌았기 때문에 그들은 라두만 남겨두고 퇴각했다. 블라드는 기회를 노리며 기다렸고, 라두는 터키의 꼭두각시가 되어 왈라키아를 다스렸다. 마침내 1473년, 라두는 패배했고, 바사라브 3세가 그의 뒤를 이었다. 하지만 그는 헝가리인들에게 만만한 상대가 아니었다.

1475년, 헝가리와 몰다비아와 블라드 사이에 공식적인 휴전 협정이 체결되었고, 블라드는 세 번째이자 마지막으로 왕위에 올랐다. 하지만 그에겐 적이 너무 많았다. 동맹군들이 왈라키아를 떠나자 그는 곧바로 커다란 위험에 노출되었다. 그는 자신의 부인과 아들들을 왈라키아로 데려오지 못한 것이 매우 위험한 상황을 초래할 수 있다는 점을 잘 알고 있었다. 그가 신뢰할 수 있는 사람들은 200명의 소규모 군대뿐이었다.

1476년 12월 말, 부카레스트 근처의 블라시아 숲에 자리한 스가노프 수도원 근처에서 블라드와 그의 군대는 터키인들을 죽였다. 벅찬 기쁨에 젖은 블라드는 부하들이 술탄의 군대를 도륙하는 것을 보려고 언덕에 올랐다. 병사들을 대동하지 않고 홀로 언덕에 올라 선 블라드에게 창이 날아왔다. 그는 혼신을 다해 적군을 다섯 명이나 죽였지만 아무 소용도 없었다. 마침내 그는 살해되었고, 그의 근엄한 머리는 콘스탄티노플로 보내졌다. 위대한 임팔러는 창에 꿰인 채 콘스탄티노플 높은 곳에 내걸려 지나가는 많은 사람들의 구경거리가 되었다.

블라드가 죽은 후 그의 아내는 세 아들을 데리고 떠났다. 블라드와 한 트란실바니아 귀족 여인 사이에서 태어난 그의 장남 미네아가 마침내 왈라키아 왕위를 계승했다. 1508년 한 해 동안 그는 자신의 악명 높은 부친과 비견될 수 있는 인물이 될 수 있음을 보여주었다. '악당 미네아'라는 별명을 얻은 그는 자신의 정적들의 코와 입술을 잘라낸 것으로 악명이 자자했다. 그는 1510년 시비우의 한 교회 계단에서 암살되었다.

블라드는 왕위에 있었던 것보다 더 긴 시간을 감옥에서 보냈다. 그는 많은 경험을 통해 '생명은 불안한 것이고 무가치한 것이다'라는 한 가지 사실을 굳게 믿었던 듯하다. 그의 부친은 암살당했고, 그의 형은 생매장되었다. 다른 친척들은 죽임을 당하거나 고문을 당했고, 그의 첫 번째 부인은 자살했다. 신하들은 그를 몰아내려고 음모를 꾸몄고, 그와 의형제를 맺은 사촌은 그를 배반했다. 헝가리인들과 터키인들과 독일인들은 늘 그를 죽이려 했다. 그의 투옥생활과 유년기의 혼돈을 통해 그의 삶을 돌아보면, 공포가 공포를 낳는다는 것이 너무나 분명해 보인다.

# FRANCISCO PIZARRO

잉카제국의 정복자

# 프란시스코 피사로

그(아타후알파)는 어느 날 피사로에게 자신을 석방시켜주면
그들이 서 있는 집의 마루를 황금으로 덮어주겠노라고 말했다.
그들은 믿을 수 없다는 듯 미소를 띠며 그의 말을 경청했다.
아무 대답이 없자 그는 다시 한번 힘주어 말했다.
"마루뿐 아니라 방에도 손이 닿는 만큼 황금을 쌓아주리라."

_ 윌리엄 프레스코트, 『페루 정복사, 잉카문명에 대한 예비적 고찰
_(History of the Conquest of Peru, with a preliminary view of the Civilization of the Incas)_(1847) 중에서

Conqueror of The Incas

페루의 정복자 프란시스코 피사로가 완전 무장을 하고 있는 판화. 피사로는 강대한 잉카제국을 파괴하고 스페인에 엄청난 부를 안겨주었다. 하지만 검으로 일생을 산 많은 사람들과 마찬가지로 그 역시 검으로 죽었다.(BETTMANN/CORBIS)

스페인 출신 농부였던 프란시스코 피사로는 역사상 가장 교육을 받지 못한 정복자 중 한 명이었다. 하지만 예수의 이름 아래 그는 강대한 잉카제국을 파괴했고, 스페인에 막대한 전리품을 가져다주었다. 피사로는 또 페루에 리마라는 도시를 건설해서 스페인문명이 남미를 지배할 길을 열어주었다.

1493년, 신세계 발견을 둘러싸고 스페인과 포르투갈이 전쟁을 벌이는 것을 막기 위해 교황 알렉산더 6세는, 신세계를 둘로 분할했다. 아조레스제도[1]와 카보베르데[2] 서쪽으로 수백 마일 떨어져 북에서 남으로 그어진 상상 속의 '경계선' 동쪽은 포르투갈 땅이 되었고, 서쪽은 스페인 땅이 되었다. 그로부터 40년쯤 후, 프란시스코 피사로는 스페인 왕 칼 5세와 가톨릭교회의 명을 받고 이교도인 잉카왕국을 치기 위해 페루를 향해 출발했다.

피사로는 1476년경 곤졸라 피사로와 프란시스카 곤잘레스 사이에서 사생아로 태어났다. 그의 부친은 나폴리 전쟁에 참전했던 스페인 군대의 지휘관이었다. 피사로의 유년기에 대해서는 믿을 만한 증거가 거의 없다. 그는 트루질로에 있는 산타마리아 교회 계단에 버려진 것으로 추측되고 있다. 그래서 그가 소 젖을 먹고 컸다는 이야기도 있다. 청년이 된 피사로는 돼지를 키우는 곳에서 일했고, 거친 삶으로부터 배운 것 외에는 어떤 정규 교육도 받지 않았다. 그가 평생 까막눈이었던 것은 아마도 그런 이유 때문일 것이다.

---

[1] 포르투갈 앞 바다에 있는 군도.  [2] 아프리카 대륙 서안의 베르데곶에서 서쪽으로 약 500킬로미터 떨어진, 대서양에 있는 카보베르데제도로 구성된 나라로서 상티아구섬, 산투안탕섬 등의 크고 작은 섬으로 이루어져 있다.

프란시스코는 큰돈을 벌거나 스페인의 영예를 드높이기 위해 신세계로 떠난 사람들을 특히 많이 배출한 에스트레마두라[3]에서 태어났다. 콘키스타도르[4]들의 황금에 대한 욕망은 말로 할 수 없을 정도였지만 그들의 종교적 열정은 순수한 편이었다. 아즈텍문명의 정복자 에르난도 코르테스는 피사로보다 10년쯤 후에 에스트레마두라의 가까운 마을에서 태어났다. 에스트레마두라의 광활하고 끝없는 하늘은 이들에게 여행의 욕망을 심어주었고, 가난한 삶에 지친데다 먼바다를 발견했다는 황당한 소식이 한데 어우러져 이들의 욕망을 뒤흔들었다.

1509년, 피사로는 파나마지협을 식민지화하려는 목적을 가진 불운했던 오예다 원정대에 합류했다. 경험이 없었던 피사로에게는 무척이나 힘든 시기였다. 새로 개척한 산 세바스티안 정착촌을 관리하기 위해 남겨진 피사로는 굶주림과 질병과 적대적인 원주민들의 독화살을 견뎌내야 했다. 그런 다음 정착촌의 크기가 작아지면서 피사로는 달아나는 것 외에는 다른 대안이 없었다. 피사로는 살아남은 60명을 두 척의 작은 쌍돛 범선에 간신히 태울 수 있었다. 한 척이 곧 가라앉았지만, 피사로는 그들을 내버려두고 카르타헤나[5]로 항해했다. 오예다의 상황은 더 나빴다. 항해사 후안 데 라 코사가 독화살을 맞고 죽자, 오예다는 배를 해안에 버려 두고 정글과 늪지를 헤치며 400마일을 걸어 산토도밍고에 새로 건설된 정착촌으로 갔다. 스페인을 떠날 때 1,250명이 이르렀던 원정대 중 200명만이 살아 남았고, 그나마 오예다는 빈털터리가 되어 죽었다.

하지만 행운은 피사로의 편이었다. 카르타헤나에 도착하자마자 그는 150

---

3)_에스파냐 중서부에서 포르투갈에 걸쳐 있는 지방을 가리키는 로마 시대부터의 역사적 명칭.   4)_신대륙 정복자. 16세기에 멕시코와 페루를 정복한 스페인 사람을 일컫는 말.   5)_카리브 해안의 항구도시로, 콜롬비아 북부 볼리바르주의 주도.

명의 구조대를 이끌고 온 오예다의 동업자 엔시스코에게로 달려갔다. 그들은 우라바로 항해를 시작했다. 하지만 엔시스코가 탄 배는 모래톱에 걸려 꼼짝달싹 할 수 없었다. 원정대를 이끄는 임무가 피사로에게 돌아갈 기회였다. 그러나 탐험가 바스코 누네즈 데 발보아가 나타나 원정대를 이끌게 되었다.

피사로는 발보아 원정대에 합류하여 해충이 득실거리는 파나마의 정글을 지났고, 1513년 9월 29일 마침내 대서양에 도달했다. 파나마지협을 최초로 통과한 사건이었고, 믿을 수 없는 성공이었다. 마르델수르 근처에서 피사로는 믿어지지 않는 황금의 땅이 남쪽에 있다는 이야기를 들었고, 낯선 신기한 종족의 그림들도 보았다.

발보아가 새로운 대양을 발견했다는 소식은 스페인에서 선풍을 일으켰고, 부유한 향료군도(Spice Islands)[6]로 가는 새로운 항로가 곧 발견될 것이라는 새로운 희망을 주었다. 하지만 신임 파나마 총독 페드라리아스 다빌라가 도착하면서 순수한 탐험을 원했던 발보아의 꿈은 산산조각 났다. 왕실과의 연줄로 총독이 된 페드라리아스와 발보아는 서로 마주치기조차 싫어했다. 그들 두 사람을 모두 수용하기에는 땅이 너무 좁았다. 몇 개월 지나지 않아 페드라리아스는 발보아를 반역죄로 몰아 체포했다. 발보아를 체포한 피사로는 우라바 원정대의 대장이 되지 못한 것에 대해 복수했다. 발보아는 교수형에 처해졌다.

완벽한 기회주의자였던 피사로는 즉시 페드라리아스에게 충성을 다 바쳤고, 페드라리아스는 대서양 연안의 원주민들과의 교역을 피사로에게 맡겼다. 수도가 파나마로 옮겨지자, 피사로는 페드라리아스를 도와 호전적인 베

---

6)_인도네시아의 몰루카 섬을 말한다.

라구아스족을 정복했고, 1520년에는 에스피노사를 데리고 현재 코스타리카 공화국에 위치하고 있는 카시크 우라카의 영토로 원정을 떠났다.

45세가 된 프란시스코 피사로는 자신이 참가한 무수히 많은 원정에서 거의 남긴 것이 없었다. 그의 재산은 척박한 땅 몇 뙈기와 인디언들에게서 빼앗은 약간의 돈이 전부였다. 에르난도 코르테스가 성공을 거두었다는 소식과 파스쿠엘 데 안다고야가 파나마 남부 지역 원정을 성공적으로 마치고 돌아왔다는 소식은 피사로의 열정에 불을 질렀다.

안다고야의 원정이 있기 전에는 모든 원정대가 온두라스까지 북쪽으로만 원정을 떠났다. 새로 도착한 탐험가들 중에는 선원들이 거의 없었기 때문이기도 했고, 북쪽과 서쪽의 땅이 수평선 너머로 무한하고 광대하게 뻗쳐 있는 거대한 남쪽 바다의 알려지지 않은 위험보다 더 안전해 보였기 때문이었다. 게다가 남쪽으로 항해하려면 기후 조건이 허락하지 않았고, 대서양의 훔볼트 해류를 따라갔던 스페인 선원들은 고요하지만 맹렬한 적도의 폭풍우와 커다란 파도를 만났다. 항해지도도 없었던 스페인 선원들은 시행착오와 모진 고생 끝에 겨우 살아 돌아왔던 것이다.

피사로는 파나마에서 돈 많은 군인 디에고 데 알마그로와 스페인 성직자 에르난도 데 루크와 합자회사를 세웠다. 그들의 계획은 회사를 세워 파나마 남부의 땅을 정복하는 것이었다. 그들의 계획은 성공하기가 거의 불가능해 보였기 때문에 파나마에 있던 사람들은 그들을 '정신이상자들의 회사'라고 불렀다. 하지만 피사로는 동인도제도와 서인도제도에서 13년을 보냈기 때문에 가장 대담하고 먼저 도착한 사람만이 가장 커다란 보상을 받는다는 것을 알고 있었다. 선생이자 회사 자금을 책임진 루크가 자금을 마련해주었고, 총독의 허가를 받게 되자 그들은 탐사 항해를 떠나기 위해 두 척의 작은 배를 건조하기 시작했다.

1524년 11월 14일, 피사로는 112명의 스페인 선원들과 말 몇 마리 그리고 몇 명의 인디언 하인들을 데리고 배에 올랐다. 그는 바라강으로 항해한 다음 육로를 따라 탐사하기로 결정했다. 빽빽한 정글과 커다란 언덕 사이사이에 늪이 있어 진행은 더뎠다. 마침내 피사로는 해로로 항해하는 것이 더 낫다는 판단을 했고, 그들은 배로 돌아갔다. 일단 배에 오르자 그들은 무풍지대로 들어갔고, 식량과 물이 바닥나기 시작했다. 선원들이 점점 흉폭해지기 시작하자 피사로는 파나마로 돌아가고 싶어하는 사람들은 자신의 부하인 몬테네그로를 따라 가도록 허락했다.

몬테네그로가 식량을 가지고 돌아온 것은 그로부터 6주가 훨씬 지난 뒤였다. 그동안 피사로와 그의 부하들은 푸에르토 델 암브레(포트 패민)의 늪지대에 고립되어 있었다. 그들은 해안에서 주운 조개와 해초, 그리고 악취 나는 땅에서 캘 수 있는 것이면 무엇이든 먹으면서 근근히 목숨을 부지했다. 하지만 절망적이지는 않았다. 피사로는 어쩌다 원주민들과 접촉하게 되었고, 남쪽에 강력한 왕국이 있다는 이야기를 듣게 되었다. 그는 또 금이 장식되어 있는 몇 가지 물건들을 처음으로 보게 되었고, 이런 것들은 그의 욕망을 더욱 달구었다.

그들은 다시 남쪽으로 향했고, 해안을 따라 항해하면서 재난을 당하지 않도록 행운을 빌었다. 하지만 그들이 발견한 것은 버려진 마을과 키 작은 옥수수들과 금빛으로 빛나는 천연의 물체들뿐이었다. 절망에 빠진 피사로는 내륙으로 들어갔지만 코르디에라스산맥 기슭에 살고 있던 인디언들에게 공격을 받았다. 그들은 피를 뿌리며 싸웠고, 피사로는 부상을 당했지만 결국은 인디언들을 격퇴할 수 있었다.

피사로와 그의 부하들은 오늘날 콜롬비아 해안에 있는 푼타 케마다까지만 갔다왔다. 일단 배로 돌아오자 그들은 파나마의 펄아일랜드군도로 향했다. 그들은 마침내 치카마에서 알마그로의 배를 만났다. 피사로는 알마그로가 연안을 따라 약간 더 올라간 곳에 배를 정박하고 있는 것을 발견했다. 하지만 탐험가들은 그리 쉽게 포기하려 하지 않았다. 알마그로와 루크는 총독을 만나기 위해 파나마로 돌아왔다. 관리들을 싫어했고, 자신이 교육받지 못한 것을 지나치게 의식하고 있었던 피사로는 자신의 경리책임자 니콜라스 데 리베라를 보내 새로 원정을 떠날 때 필요한 돈과 물자를 가져오게 했다.

새로운 원정을 떠날 수 있도록 자원자들을 모집할 수 있게 허락해달라는 페드라리아스에 대한 두 번째 요구는 받아들여지지 않았다. 그들은 첫 번째 항해에서 많은 돈을 잃었기 때문에 페드라리아스는 이미 니카라과 원정대를 조직하고 있었다. 하지만 행운은 다시 그들의 편이었다. 총독이 바뀌었던 것이다. 신임 총독 돈 페드로 데 로스 리오스는 루크의 설득을 받고 그들의 원정을 허락했고, 필요한 자금이 모아졌다. 피사로와 알마그로는 새로운 원정대의 공동 대장이 되었고, 1526년 3월 10일 피사로와 알마그로와 루크는 계약서에 서명했다. 그들은 스페인 왕 칼 5세가 요구하는 5분의 1을 제외하고, 정복한 모든 영토와 모든 금은보화를 똑같이 삼등분해 나누어 갖기로 합의했다.

그들은 두 척의 배를 구입했고, 피사로와 알마그로는 산후안강 어귀로 나아갔다. 피사로는 본토를 탐험하기 위해 군인들과 함께 출발했고, 인디언들을 포로로 잡아 금을 빼앗았다. 피사로가 돌아오자마자 두 척의 배는 서로 항해 방향을 달리 했다. 알마그로는 군인들을 다시 모으고 금을 되팔기 위해 파나마로 돌아갔고, 루이즈가 지휘하는 다른 배는 남쪽으로 항해했다. 루이즈는 적도 남단으로 0.5도 정도 걸쳐진 푼타 데 파사도스까지 갔고, 관찰하고 정보를 수집한 후 피사로에게 돌아왔다. 피사로는 한번 더 육로로 가려고 했지만 실패하고 말았다. 그들이 발견한 것은 뚫고 나아갈 수 없는 열대우림과 깊은 협곡뿐이었기 때문에 거의 기아 상태에서 해안으로 힘들게 되돌아와 알마그로가 되돌아올 때까지 기다릴 수밖에 없었다. 70일 후, 루이즈는 그들이 기다리고 있었던 소식을 가지고 돌아왔다. 그는 많은 인구가 살고 있고, 토질이 좋으며 부자들로 넘쳐나는 땅에 대한 많은 이야기들을 들려주었다. 더 중요한 것은, 그런 이야기들을 확인해줄 수 있는 두 명의 페루인을 배에 태우고 왔다는 것이었다.

얼마 지나지 않아 알마그로가 스페인에서 새로 모집해온 80명의 사람들을 데리고 파나마에서 돌아왔다. 풍부한 물자와 더 많은 인원을 충원한 두 척의 배는 강대한 잉카제국의 맨 끝에 위치한 키토로 항해하기 시작했다. 피사로는 격렬한 말다툼을 벌인 끝에 그곳에 남기로 결정했고, 알마그로는 그들이 발견한 황금을 팔기 위해 파나마로 돌아갔고, 더 많은 지원병을 모집해왔다.

피사로는 척박하고 평평한 갈로섬에 야영했다. 고독한 섬에서 우울한 나날을 보내던 피사로의 부하들은 얼마 지나지 않아 반항하기 시작했다. 알마그로의 배가 떠날 때 피사로의 부하들은 피사로가 자신들의 뜻과는 달리 황금을 모두 차지하려 한다는 내용을 암시하는 쪽지를 목화를 담은 짐 속에 넣어서 보냈다. 총독이 그 쪽지를 보게 되었고, 알마그로가 계속 총독의 지원을 받고자 한 것은 물거품이 되었다. 피사로를 데려오기 위해 두 척의 배가 파견되었다.

하지만 배가 갈로섬에 도착했을 때, 그들은 거의 아사 상태에 있는 사람들을 발견하게 되었다. 남겨진 사람들은 폭풍같이 쏟아지는 열대의 비를 고스란히 맞았고, 그들의 옷은 누더기가 되었으며, 햇빛에 그을린 그들의 신체는 죄다 벗겨져 있었다. 알마그로와 루크는 피사로를 소환하지 말 것과 그들이 하고자 하는 모든 일을 포기하게 하지 말라고 청원하는 편지를 보냈다. 그리고 피사로는 진정한 콘키스타도르가 된 듯 총독의 명령을 무시하고 남겠다고 결정했다. 그는 모래 위에 선을 그어놓고 남아 있는 부하들을 불러모은 채 이렇게 말했다. "제군들. 이 선은 고통과 굶주림과 갈증과 괴로움과 질병과 우리가 가는 길에 놓여진 다른 역경을 표시한다. 여기엔 부유함 그 자체인 페루가 있다. 그리고 여기는 파나마와 빈곤이 있다. 제군들은 각자 선택하기 바란다. 용맹한 카스티야인이 되려면 어떤 것이 최선인지를 말이다. 나는 남쪽으로 갈 것이다." 그런 다음 그는 선을 넘어갔다. 그를 따르기로 선택한 자는 모두 13명이었다. 물론 그들 중에는 그의 항해사 루이즈가 있었다.

희망을 잃고 포기한 사람들은 두 척의 배가 파나마를 향해 곧 수평선 너머로 사라지는 것을 우두커니 서서 바라보았다. 그러나 상황은 비관적이지 않았다. 알마그로와 루크는 그들과 피사로에게 한번 더 기회를 달라고 총독을 설득하는 데 성공했다. 총독은 마지못해 허락하면서 그들에게 병사 없이 한 척의 배로 탐험하라고 명령했다. 물론 6개월이 되기 전에 돌아와야 한다는 단서를 달았다. 총독의 동의를 얻는 데 몇 달이 걸렸지만, 피사로는 경험한 대로 총독이 결국은 허락하리라는 것을 알고 있었기 때문에 그 기간 동안 배를 만든 후 해안에서 120킬로미터 북쪽에 위치한 고르고나 섬으로 이동했다. 이 아름다운 섬에는 신선한 식수와 원시림이 가득했고, 총독의 배가 그들을 발견했을 때 피사로와 그의 부하들은 활력을 되찾았다.

피사로의 배는 고르고나섬을 뒤로 한 채 남쪽으로 항해를 계속했고, 적도를 지나 툼베스만에 이르렀다. 육지에 상륙한 그들은 초록색 평야 위에 우뚝 솟은

1533년 페루 잉카제국의 마지막 지배자 '태양왕' 아타후알파의 처형 장면. 피사로는 계략을 꾸며 아타후알파를 사로잡았고, 그런 다음 막대한 양의 황금을 받아냈다. 하지만 그는 결국 태양왕을 죽였고, 우스꽝스런 '재판'을 행한 후 날조된 죄목을 붙여 제일 먼저 태양왕을 범죄자로 몰았다. 19세기적 상상에 근거한 이 판화에서는 정복자의 신앙심 뒤에 가려진 위선의 모습이 거의 드러나지 않고 있다.(BETTMANN/CORBIS)

탑과 사원들을 볼 수 있었다. 그들은 마침내 잉카제국에 도착한 것이었다.

다음 날 아침 잉카 전사들을 태운 함선들이 신비한 이방인들을 조사하기 위해 들이닥쳤다. 피사로는 잉카 전사들을 배로 초청해서 그들과 함께 배를 타고 온 두 명의 페루인들에게 안내를 맡겼다. 전사들 틈에는 잉카제국의 관리가 있었고, 그는 피사로를 그들의 도시로 초대했다. 피사로는 금은으로 만들어진 접시와 융단으로 장식된 사원에 대한 이야기들을 가지고 배로 돌아왔다. 인원이 얼마 되지 않아 원하는 것을 얻을 수 없었던 피사로는 나중에 다시 돌아오리라고 마음먹었다.

피사로는 이제 돌아가 군대를 모집하고, 탐험가의 가면을 벗고, 정복자의 무장을 갖추어 입을 때가 되었다고 생각했다. 피사로는 페루를 발견했던 것이다. 그가 하고자 했던 다음 단계는 페루를 정복하는 것이었다.

태양왕 이야기는 파나마를 흥분의 도가니로 몰아넣거나 피사로를 믿음직한 사람으로 만들기에 충분한 것이었다. 8개월 후, 피사로는 돌아오자마자 성대한 환영을 받았다. 모든 사람들이 그의 성취를 놀라워했다. 하지만 그가 제안한 대규모 원정은 식민지의 능력 밖의 것이었다. 총독은 콘키스타도르가 아니었기 때문에 루크는 스페인 왕에게 직접 청원하자고 제안했고, 피사로는 새롭게 되찾은 자신감으로 가득한 채 스페인으로 떠났다.

피사로는 스페인에 도착하자마자 예전에 진 빚 때문에 감옥에 갇히게 되었다. 하지만 운 좋게도, 그의 탐험 이야기가 왕실에 흘러 들어갔고, 신세계에서 많은 재물을 가져오겠다는 약속을 한 후 석방되었다. 피사로는 톨레도[7]로

---

7)_스페인의 수도 마드리드 남서쪽 70킬로미터 지점에 위치하는 관광도시이다. 타호강 연안에 있으며 역사와 미술에서는 마드리드를 능가하기도 한다. 후에 카스티야왕국의 문화·정치의 중심지로서 더욱 발전하였다. 1560년 펠리페 2세의 마드리드 천도로 정치적 중심지로서의 지위를 상실하였다.

가서 칼 5세를 만났다. 피사로는 왕의 보호를 확약받은 후 다른 사람들을 착취하며 비대해진 관료 조직인 서인도제도 추밀원을 없애려고 했다.

마침내 1529년 7월 26일, 미치광이 여왕 조안나는 피사로의 조건을 수락했다. 그는 총독이자 종신 총사령관이 되었고 거액의 연봉을 보장받았다. 루크는 페루의 모든 원주민들의 '보호자'이자 툼베스의 주교가 되었고, 루이즈는 남극해의 위대한 지도자가 되었고 동일한 연봉을 보장받았다. 알마그로는 사실상 아무것도 얻지 못했다. 피사로는 알마그로가 탐사 항해에 참가하지 않았다는 구실을 내세워 그를 배반했던 것이다.

하지만 피사로는 적지 않은 고민거리를 떠안게 되었다. 왕실에선 그들이 원하는 지위를 보장해주었지만, 원정을 떠나기 위해서는 자체적으로 자금을 조달해야 했던 것이다. 스페인은 엄청난 보상을 받게 되겠지만, 재정적으로 모험을 할 준비는 되어 있지 않았던 것이다. 그러나 성공으로 우쭐해진 피사로는 자신의 고향인 트루질로로 돌아가 더 많은 사람들을 끌어 모았다. 그의 형제들인 곤잘로, 후안, 에르난도가 피사로의 모험에 동참했다. 대단히 잔인한 인물이었던 에르난도는 피사로의 오른팔이 되었다. 돈을 모으고 배를 만드는 데에 6개월 이상이 소요되었다. 마침내 1531년 1월, 그들은 파나마를 출발했고, 알마그로를 만나기 위해 농브르 데 디오스로 향했다. 피사로는 도착하는 즉시 알마그로와 충돌했지만, 만인이 보는 앞에서 노인에게 창피를 주었던 에르난도는 개입시키지 않았다. 결과적으로는 평화로운 관계가 지속되었지만, 우두머리 격인 세 명의 개성은 시작부터 불화를 겪었다.

남들과 달리 매우 거만하고 자존심이 강한 55세의 피사로는 정복 항해를 떠나는 배에 승선했다. 그는 세 척의 배에 180명의 인원과 27마리의 말, 그리고 총과 탄약과 풍부한 식량을 실었다. 그는 이 정도의 장비를 가지고 세계에서 가장 큰 산맥 중 하나를 가지고 있는 카보 블랑코에서 남쪽으로 3,200킬로미터이나 뻗쳐 있고 내륙으로는 아마존 열대우림에까지 닿아 있는 잉카제국을 정복하려 했다.

초기에는 툼베스에서 56킬로미터 떨어져 있는 산마테오만에서 침략자들은 자연의 힘 앞에 무릎을 꿇고 진격을 멈추곤 했다. 그러자 피사로는 부하들을 해안에서 남쪽으로 진군하게 했다. 그의 부하들은 방어진을 구축하지 않고 있는 작은 마을을 약탈했다. 너무나 우매한 짓이었다. 피사로는 눈앞에 보이는 작은 재물을 얻기 위해 놀라운 목적을 달성한다는 희망뿐 아니라 원주민들의 선의마저 송두리째 짓밟았던 것이다. 누빈 솜옷과 무거운 갑옷을 입은 그의 부하들은 살인적인 더위 속에서 쓰러져 갔고, 많은 사람들이 죽어 갔다. 전쟁을 지휘하는 장군이라면 상상조차 할 수 없는 가장 어리석은 전쟁을 시작한 것이었다.

어찌되었든, 그들은 푸나 섬에 도착해서 두 척 이상의 배를 타고 온 왕실 재무관과 정규군 장교들과 합류했다. 피사로는 그런 다음 푸나 섬과 툼베스(푸나 주민들의 불구대천의 원수)가 싸움을 벌이게 만들었고, 스페인 사람들을 숲에 숨겨 놓았다. 일단 전쟁터에서 멀리 떨어져 있을 필요가 있었다. 더 많은 지원병과 말이 도착하자 피사로는 본토에 있는 툼베스로 돌아가기로 결정했다. 하지만 툼베스는 거의 껍데기만 남아 있었다. 피사로는 처음에는 분노하고 상심했다가 다시 고함을 치며 힘을 냈다. 아직은 행운이 뒤따르고 있었다. 피사로는 스페인 사람들도 눈치채지 못할 정도로 은밀하게 페루를 침략하기에 가장 좋은 시기를 선택했다. 잉카제국은 피비린내 나는 내란의 소용돌이에 빠져들었다.

잉카제국은 최초의 잉카인 만도 코파가 쿠스코에 수도를 세우고 제국을 확장하기 시작한 1250년 이후로 존속해왔다. 피사로가 오기 30년 전인 1493년, 그들은 페루 전역과 볼리비아와 에콰도르의 일부와 칠레의 대부분 지역을 정복했다. 면적이 38만 평방마일 정도 되는 땅이었다. 잉카제국은 30만 명의 병력을 보유하고 있었다.

태양신 후아이나 카팍은 1524년에 죽었는데, 다스릴 땅이 광대한데다 불길한 징조를 예감한 그는 제국을 쪼개어 자신의 두 아들 후아스카르와 아타훌파에게 나누어주었다. 아타훌파는 북쪽을, 후아스카르는 쿠스코를 중심으로 둥글게 형성된 지역을 다스렸다. 후아이나 카팍이 죽은 해는 피사로가 툼베스에 처음으로 발을 내디딘 해였다. 후아이나가 죽은 지 5년 후 아타훌파는 형의 영토로 진격했다. 비정하고 피비린내 나는 전쟁으로 제국의 전지역은 황폐화되었고, 쿠스코 근처에서 벌어진 최후의 전투에서 아타훌파는 후아스카르를 사로잡았다.

피사로는 광대한 잉카제국을 통째로 정복할 가장 좋은 시기임을 알고 있었다. 이런 정보를 얻게 되자 그의 전반적인 태도가 바뀌었다. 그는 소규모 병력을 이끌고 침투하여 지역 주민들을 제압했고, 자신의 부하들을 잘 훈련된 전쟁기계로 만들었다. 그에게 저항하는 인디언 추장들은 모두 불에 태워 죽였고, 전 지역은 곧 평정되었다.

피사로에게는 110명의 보병과 67명의 기마병이 있었고, 이 중 무장한 인원은 20명에 불과했다. 바로 진격할 것인가 아니면 전투력을 강화하기 위해 더 기다릴 것인가? 아타훌파의 명령에 따라 죽고 사는 전사들이 4만 명 이상이나 있다는 사실을 잘 알고 있었던 피사로는 고민에 빠졌다. 마침내 9월, 피사로는 진격했다. 11월 중순경이 되어 그의 소규모 병력은 안데스산맥을 넘어 카하마르카로 내려갔다. 피사로의 이동 방향을 이미 알고 있었던 아타훌파는 온천 옆에 군대를 주둔시킨 채 기다리고 있었다.

아타홀파는 스페인인들이 곧장 전진할 것을 알고 있었다. 하지만 이들이 자신의 왕국을 방문하려고 오는 것인지는 확신하지 못했다. 많은 군사들에 에워싸인 그는 육감적으로 불안을 느낀 것 같지는 않았다. 그가 명령만 내리면 무엇이든 실행되었던 것이다. 그는 이미 호기심이 동해 있었다. 그는 스페인 배와 그들의 총과 화약 그리고 스페인인들이 페루의 라마보다 훨씬 큰 동물들을 타고 왔다는 것을 이미 보고받았던 것이다. 그래서 그는 군대를 동원한 채 기다렸고, 스페인인들이 다가오는 것을 제지하지 말라고 했으며, 스페인인들이 휴식을 취할 수 있도록 카하마르카에 있는 돌로 쌓은 안전한 지역에 야영하도록 해주었다. 그는 호기심이 지나친 탓에 최면술에 걸린 아이처럼 느리게 움직였다.

피사로는 상대적으로 안전한 카하마르카에 들어가 아타홀파의 반응을 기다렸다. 마침내 그는 회담을 주선하기 위해 20명의 기마대를 사절단으로 보냈다. 탐험가들로 구성된 피사로의 소규모 인원은 그들이 거대한 정복 군대의 심장부로 말을 타고 들어가는 장면을 보고 분명 위압감을 느꼈을 것이다. 아타홀파는 커다란 에메랄드 목걸이를 걸어주며 그들을 반겼다. 그의 기마대는 모두 번쩍거리는 황금을 두르고 있었다. 무장을 한 스페인 기마대는 깊은 인상을 주었고, 아타홀파는 다음 날 피사로와 회담을 하기로 동의했다. 그는 도열한 전사들에게 완전 무장을 시켰고, 마을에 가까이 다가와 멈춰 서서는 다음 날 아침에 오겠다는 메시지를 피사로에게 보냈다.

그러는 동안 스페인 진영에서는 긴장이 고조되고 있었고, 어떤 모험을 해야 하는지를 잘 알고 있었던 거만한 피사로는 한 가지 계략을 꾸몄다. 그는 잉카 왕은 진정한 용기가 없음을 암시하는 편지를 써서 아타홀파에게 보냈다. 아타훌파가 가장 신뢰하는 두 명의 장군 퀴즈퀴즈와 찰쿠치마는 쿠스코에서 싸움을 하고 있었다. 자신의 용기를 보여주고 싶었던 아타훌파는 무장하지 않은 6,000명의 전사들만 대동한 채 피사로의 군대를 만나러 출발했다.

그가 피사로와 마주 섰을 때, 발베르데라는 이름을 가진 한 도미니크회 수도사가 아타훌파의 손에 억지로 성경책을 쥐어주며 그가 믿고 있는 신을 버리고 예수를 믿으라고 강요했고, 스페인 황제 칼 5세가 그보다 더 위대한 왕임을 인정하라고 강요했다. 아타훌파는 화를 내며 성경을 땅에 팽개쳤다. 그 순간 피사로가 신호를 보냈고, 스페인 군대는 '산티아고!'라고 함성을 지르며 달려들었고 그들의 총과 대포는 커다란 소리를 내며 불을 뿜었다. 그들의 검은 정오의 태양 빛을 받아 번득였고, 무력한 잉카 전사들의 몸뚱이를 베어 넘기면서 곧 피로 물들었다. 페루인들은 아타훌파를 지키기 위해 맨손으로 싸우다 죽어갔다. 왕의 시종들과 무장하지 않은 일부 잉카 전사들은 벽을 부수고 달아났고, 그 뒤를 기마대가 쫓았다. 광장에 갇힌 자들에 대한 무차별적인 살육은 한밤중이 되어서야 끝났다. 스페인 군대는 닥치는 대로 죽였고, 잉카 왕은 피사로가 살육을 중지하라고 명령을 내린 후에야 간신히 목숨을 건질 수 있었다. 그는 곧 감옥에 갇히는 신세가 되었다.

태양신을 사로잡은 피사로는 잉카제국의 모든 군대를 무력화시켰다. 병사들은 주변의 시골로 뿔뿔이 달아났고, 아타훌파를 구하려는 시도는 엄두도 내지 못했다. 스페인 군대는 5,000여 명에 달하는 여인들을 강간했고, 눈에 보이는 재물은 모조리 강탈했다. 금으로 만들어진 항아리 하나는 믿을 수 없게도 100킬로그램이 넘었다. 피사로는 거대한 제국을 단숨에 정복했고, 그것도 단 한 명의 스페인 병사도 죽지 않은 채 일격에 무너뜨렸던 것이다. 피사로가 아타훌파를 지키려다 피에 굶주린 자신의 부하의 검에 살짝 베인 것을 제외하면 실제로 부상당한 자도 없었다.

이상하게도 아타훌파는 자신의 장군들과 연락을 취하려는 시도도 하지 않았다. 그는 스페인인들이 무척이나 황금을 갖고 싶어하는 것을 보고 피사로에게 거부할 수 없는 제안을 했다. 그는 자신을 풀어주면 그 대가로 카하마르카의 거대한 홀 중 하나를 황금으로 가득 채워주겠다고 했다. 하지만 그 정도로는 몸값으로 부족하다고 생각한 피사로는 크기가 두 배인 다른 방에 은을 가득 채우라고 요구했다. 아타훌파는 시간을 벌었고, 여전히 달아날 수 있을 거라 믿고 있었다. 하지만 피사로의 의례적인 말을 의심하는 것 같지는 않았다.

몇 주일이 지났고, 스페인 진영에 긴장이 감돌 즈음 보물을 끌어내기 시작했다. 인부들은 멀리서 보물을 날라 왔고, 보물의 더미는 서서히 커져갔다. 초조해진 피사로는 거대한 태양 신전을 파괴하는 것을 감독하기 위해 세 명의 부하를 파견했다. 이들은 신과 같은 대우를 받았지만 잉카제국 태양신의 신성한 동정녀들을 강간하는 등 잔인무도하게 행동했다. 그때 카하마르카에는 적이 공격해올 거라는 소문이 파다했고, 피사로는 자신의 동생인 에르난도와 몇 명의 부하를 보내 소문이 사실인지를 조사시켰다. 1533년 2월, 피사로는 알마그로와 증원군을 맞이했다. 피사로는 계속 진격하기를 원했지만, 아타훌파에 적대감을 갖고 있는 부족들이 도착하기를 기다려야 했다.

그때까지 약탈한 재물은 황금 132만 6,539페소에 달했지만 모든 방을 다 채울 만큼은 아니었다. 피사로는 너무 오래 기다렸다고 생각하곤 전리품을 분배해야겠다고 결정했다. 에르난도는 황제에게 전과를 보고하는 한편 황제의 몫을 바치기 위해 스페인으로 떠났다.

한편, 스페인 진영에서는 아타훌파를 죽여야 한다는 의견이 비등해지고 있었다. 이 역시 피사로가 가장 원하던 바였다. 잉카 왕은 이제 거추장스런 짐에 불과했던 것이다. 그는 더 이상 효용가치가 없었다. 피사로는 원하던 황금을 가졌지만 이제는 권력을 원했다. 제국은 그의 손아귀에 있었다. 하지만 잉카 왕이 살아 있는 한 그는 저항을 불러일으키는 성가신 존재가 될 것이었다. 그를 죽이는 것이 정치전술적 측면에서도 긴요한 일이 되었다.

아타훌파의 죽음이 정당하고 적법하게 보이도록 하기 위해 피사로는 재판정을 열었다. 그와 알마그로가 재판관이 되어 패배한 잉카 왕을 재판에 회부했다. 아타훌파는 많은 아내를 거느리고 있었고 게다가 우상을 숭배했기 때문에 간음과 우상숭배 등 12가지 죄목으로 고발되었다. 피사로는 새로운 제국의 종교재판관으로 변신했다.

재판은 소극(笑劇)이나 다름없었고, 아타훌파는 화형을 선고받았다. 1533년 7월 16일, 아타훌파는 햇불이 사방에 밝혀진 장작더미 위에 세워졌다. 피사로의 장군들 중 몇몇이 이의를 제기했지만, 결국은 정략적인 이유를 들어 수용하고 말았다.

스페인인들은 수도 쿠스코를 마음껏 활보하고 다녔다. 그들은 몇 달 동안 카하마르카에 머물면서 인디언들이 축적해놓은 재물을 마구 써대며, 하루에 150마리씩이나 라마를 도살했고, 물건을 약탈했고, 촌락의 추장들에게 계속 식량을 가져오라고 요구했다. 그들은 미래에 대해 아무런 생각도 없는 사람들이었고, 그들이 저지른 저주는 그들의 탐욕에 대한 저주로 되돌아왔다. 그들은 찬란하게 빛났던 문명을 송두리째 파괴했고, 후일 그토록 위대했던 문명을 복원할 아무런 기반도 남겨두지 않았다.

카하마르카에 온 지 1년이 지난 1533년 11월 15일, 스페인 군대는 수도에 입성했다. 스페인 군대는 즉시 약탈을 자행해 황금 50만 페소가 넘는 재물을 긁어모았다. 피사로는 정복된 잉카제국의 재물을 나누어주기를 바라는 다른 스페인 군대와 합류했다.

그는 이제 페루의 절대적인 권력자가 되었고, 그 뒤로 8년 동안이나 최고 권력을 휘둘렀다. 만약 그가 온전한 행정적 능력을 갖추고 있었다면, 그는 아마도 모든 국민의 협력을 받을 수 있었을지도 몰랐다. 페루인들은 금욕적인 종족이었고, 잉카제국의 중앙 정부에 자발적으로 충성하기보다는 수동적이고 비굴하게 충성을 바치는 데 익숙해져 있었다. 하지만 피사로와 그의 병사들은 이런 수동성을 무지몽매함으로 잘못 받아들였고, 그렇기 때문에 그들은 원주민들을 지나치게 가혹하게 대하는 오류를 범했던 것이다.

1535년, 잉카제국은 겉으로는 평온함을 유지했고, 피사로는 새로운 수도 리마를 건설하기 위해 해안으로 떠났다. 그동안 알마그로는 황제 칼 5세의 명에 의해 피사로의 간섭을 받지 않고 독자적으로 쿠스코를 다스리고 있었다. 하지만 불운하게도 그들의 통치 지역을 나누어준 칼 5세는 매우 모호한 태도를 취하고 있었기 때문에 피사로와 알마그로는 모두 쿠스코를 자기 영토라고 주장했다. 쿠스코는 여러 당파로 분열되었고, 여름이 되자 마침내 인디언들의 인내는 한계에 이르고 말았다. 그들은 후아이나 카팍의 아들인 젊은 만코를 잉카제국의 왕으로 추대했다.

6개월간 지속된 포위 공격으로 도시 대부분이 파괴되었다. 피사로는 요새를 탈환하려고 여러 번 시도했지만 번번이 실패했다. 이제 도시 전체는 외국인 지배자들의 무분별한 잔인성에 대해 봉기했다. 스페인인들은 사카후아만 요새에서 겨우 견뎌내고 있었다. 반란은 8월이 되어 진압되었다. 만코의 군대는 식량이 바닥나서 요새를 옮겨다니며 게릴라 전투를 벌일 수밖에 없었다.

피사로는 만코와 타협을 하려 했지만 만코는 타협을 거부했다. 피사로가 보낸 사신들 중 한 명이 살해되자, 피사로는 만코의 어린 아내들 중 하나를 사로잡아 자신의 부하들이 보는 앞에서 발가벗긴 채 나무에 묶어놓고 죽도록 매질을 한 다음 마구 화살을 쏘아 죽여버렸다. 피사로가 그토록 잔인한 행위를 함으로써 양측의 평화는 영원히 사라져갔다.

하지만 피사로는 에르난도와 그의 오랜 친구 알마그로 사이의 갈등을 봉합해야 했다. 그는 추악하고 이중적인 행동을 함으로써 그의 오랜 친구에게 치명타를 날렸다. 그는 에르난도를 스페인으로 보낸 척하면서 군대를 모아 라스 살리나스 전투에서 알마그로를 제압했다. 150명이 넘는 스페인 병사들이 죽음을 당했고, 알마그로는 사로잡혀 에르난도의 손에 죽었다.

피사로는 자신의 거대한 왕국을 다스리는 데 전력을 다했고, 새로운 땅을 발견하기 위해 여러 번 원정대를 조직했다. 하지만 그의 동생 곤잘로가 살인적인 열기를 뿜어내는 아마존의 산림 속에서 헤매고 있던 동안, 피사로 일가의 운은 피할 수 없는 내리막길로 치닫고 있었다.

나라 전역에서 참을 수 없는 불만이 터져 나왔다. 점점 더 많은 스페인인들이 몰려들고 있었고, 알마그로의 아들을 따르는 패거리들은 피사로에게 복수를 하겠다고 맹세했다. 1541년 6월 26일, 피사로는 자신을 살해하려는 음모가 꾸며지고 있다는 소문을 들었지만 개의치 않았다. 한밤중이 되었을 때 암살자들이 총독의 왕궁으로 들어와 피사로를 살해했다. 그들은 그의 몸뚱어리에 여러 번 검을 쑤셔 박았다.

스페인 농부의 아들로 태어난 프란시스코 피사로는 그렇게 죽었고, 그의 죽음과 함께 콘키스타도르의 시대는 막을 내렸다. 거의 반세기 동안 신세계 전역이 발견되었다. 하지만 콘키스타도르는 전사였고, 그들이 탈취한 제국을 공고히 하는 임무는 다른 사람들의 손으로 넘어갔다. 한때 강대한 힘을 자랑했던 잉카제국은 곧 관리들이 득시글거리는 땅으로 변했고, 새로운 법률이 너무 늦게 제정되어 많은 인디언들이 목숨을 잃었다.

# 'BLOODY' MARY I

신교도 국가의 가톨릭 여왕

# '피의 여왕'
# 메리 1세

메리라는 이름은 메리 1세 치하에서 신교도들이 무자비한 박해를
받았기 때문에 비난의 대상이 되어버렸다. 그녀는 사회적 냉소와
부정에 의해 어머니의 명예가 짓밟힌 어렸을 때 이미 비뚤어졌다.
그녀는 이후로 종교에만 매달렸다.
그녀의 신앙에 대한 열정은 신앙을 더욱 편협하게 몰아갔고,
이런 태도에서 신교도 박해를 자행함으로써 그녀는 불명예스럽게도
영국 종교개혁의 원인을 제공하는 데 일조했다.

_ H. W. 둘켄, 『영국 민중사(*A Popular History of England*)』(1906) 중에서

A Catholic queen in a Protestant country

튜더 왕가 출신으로 튜더 왕가의 문장(紋章)인 장미를 손에 든 영국 여왕 메리 1세. 로마가톨릭 신자로 개신교 국가의 여왕이 된 그녀는 수백 명의 개신교도들을 죽이는 결과를 낳은 종교 정책을 펼쳤고, 수천 명의 사람들이 망명길에 오르게 만들었다. 그녀가 죽은 후 그녀의 사망일은 200년이 넘게 영국의 국경일로 지정되었다.(ARCHIVO ICONOGRAFICO, S.A./CORBIS)

그녀가 사망한 날인 1558년 11월 17일은 국경일로 선포되었고 그로부터 200년이 지났지만, 영국 어디에서도 '피의 여왕' 메리 1세의 기념비는 찾아볼 수 없다. 메리 1세는 신흥 개신교 국가의 로마가톨릭 여왕이었다. 신과의 신성한 관계에 지배된 그녀는 영국에 진정한 신앙심을 회복시키는 것이 자신의 소명이라고 믿었다. 4년 남짓한 통치기 동안 메리 1세는 300명이 넘는 개신교도들을 고문하고 화형에 처하라고 명령했다. 그녀의 비정한 종교 정책은 수천 명의 사람들이 목숨을 부지하기 위해 영국을 떠나게 만들었다.

메리는 1516년 2월 18일 그리니치[1]궁에서 헨리 8세와 그의 첫 번째 왕비 아라곤 왕녀 캐서린의 딸로 태어났다. 그들은 결혼한 지 7년 가까이 되었지만 자녀가 없었다. 그들이 낳은 자식은 모두 죽었고, 그나마 1511년에 낳은 아들이 한 달 이상 목숨을 부지했을 뿐이었다. 하지만 헨리 8세는 희망을 잃지 않았다. 그는 메리를 낳은 후 이렇게 말했다. "왕비와 난 둘 다 젊소. 이번엔 딸을 낳았지만, 다음엔 신의 은총을 받아 틀림없이 아들을 낳게 될 것이오."

캐서린은 스페인의 페르디난트 왕과 이자벨라 여왕의 딸이었다. 그녀는 본래 헨리 8세의 형인 아더와 결혼하기 위해 영국에 왔으나, 결혼한 지 1년만에 아더가 죽어버렸다. 메리가 태어났을 때 그녀의 나이는 서른에 불과했다. 초상화를 보면, 그녀는 키가 작았고, 회색 눈에 붉은 머리카락을 가지고

---

1)_ 런던 교외 템스강 인근의 자치구. 본초 자오선의 기점 그리니치 천문대가 있다.

있음을 알 수 있다. 그와는 반대로 헨리 8세는 키가 크고 운동을 잘 했으며, 얼굴빛이 희고, 불그스레한 금발을 가지고 있었다. 그는 캐서린보다 16살이 아래였지만 그녀를 무척이나 사랑했던 듯하다. 그들은 모두 지적 탐구와 오락을 즐겼으며, 또 함께 춤추기를 좋아했다. 헨리 8세는 또 그녀의 판단을 신뢰했다. 그가 프랑스와 전쟁을 하러 배를 타고 프랑스로 떠날 때 그는 자신이 없는 동안 캐서린을 섭정으로 임명했을 정도였다.

메리 공주는 세례를 받은 후 궁정 밖에서 양육되었다. 그녀를 돌보는 사람들은 푸른색과 초록색이 섞인 특이한 유니폼을 입었기 때문에 다른 사람들과 구별되었다. 헨리는 아이들을 무척 좋아했기 때문에 특별한 날이면 그녀를 궁정으로 데려오게 했다. 그는 그녀를 안고 여기저기를 거닐었고, 그녀가 절대로 울지 않는다며 둘러싼 신하들에게 자랑하곤 했다.

메리는 왕의 장난감이자 왕의 훈장에 박힌 거대한 다이아몬드처럼 자랑스러운 장식품으로 취급되었다. 헨리 8세는 그녀를 '영국에서 가장 고귀한 진주'라고 불렀다. 그녀는 보호받고 조심스럽게 간직되어야 할, 그리고 때가 되면 지속적인 외교적 이득을 보장하기 위해 사용될 보배였다.

2살이 되었을 때, 메리는 프랑스 황태자와 처음으로 약혼식을 치렀다. 영국과 프랑스의 경쟁심은 그 어느 때보다도 치열했고, 헨리 8세는 지금이 자신의 딸을 정치적 도구로 이용할 기회라고 생각했다. 영국과 프랑스가 체결한 평화 협정에는 만약 헨리 8세가 후사 없이 죽는다면 메리가 왕위를 승계한다는 단서 조항이 포함되어 있었다. 당시까지 타고난 권리로 영국 여왕이 된 사람은 아무도 없었지만, 헨리 8세와 캐서린은 여전히 아들을 낳을 수 있다는 희망을 갖고 있었다.

유년기에 메리는 영국을 통치하는 법이 아니라 아버지의 딸에서 한 남자의 남편이 되는 법을 배웠고, 그 지적이고 정숙한 소양을 중점적으로 쌓는 교육을 받았다. 3살이 되면서부터 메리는 부활절과 크리스마스 때만 부모를 만날 수 있었고, 그 외의 시간에는 이 궁전에서 저 궁전으로 말을 타고 왔다 갔다하며 지냈다. 어린 그녀는 주로 기도와 찬송과 공부로 이루어진 공허하고 외로운 삶을 살았다. 그녀에게는 응석을 받아주는 부모도 유모도 없었다.

1525년 8월, 새롭게 웨일스 공주가 된 메리는 러들로[2] 성으로 보내졌다. 그녀는 이제 당당한 궁정의 주인이 되었고, 이것은 그녀가 자신을 바라보는 방식을 변화시켰다. 그녀의 삶은 그녀의 하루 일과와 맞물려 돌아갔고, 종종 책을 덮고 밖으로 나가 바람을 쐴 때마다 범접할 수 없는 위엄을 보여 지역 토호들의 존경 어린 시선을 받곤 했다.

메리는 9살 때 세상에서 격리되어 러들로 성으로 왔고, 11살 때 교육을 잘 받은 왕실의 명사가 되어 러들로 성을 떠났다. 그녀는 자신이 혈통에 의해 구별되는 특별한 존재라고 생각했고, 그때부터 영국 왕위를 물려받을 존경 받는 후계자로 대우받기를 기대했다. 그러나 1527년 그녀가 부친의 궁정으로 돌아갔을 때, 그녀의 삶은 완전히 바뀌기 시작했다. 그녀의 부친이 다른 여자와 사랑에 빠져 있었던 것이다.

앤 불린은 토머스 불린 경과 노퍽[3] 공작의 딸인 엘리자베스 하워드의 딸이었다. 그녀는 프랑스 궁정에서 양육되었고, 그 결과 영국 궁정에서 우아하고 세련된 아름다움을 뽐낼 수 있었다. 반짝반짝 빛나는 검은 눈동자와 백조같이 길고 가냘픈 목을 가지고 있었던 그녀는 캐서린과 완전히 대조적이었다. 그녀는 야심이 있었다. 헨리 8세가 만나본 다른 모든 여자들과는 달리 그녀

---

2)_영국 잉글랜드 서부, 슈롭셔주 남부에 있는 소도시. 11세기 당시의 옛 성과 성벽을 비롯하여 역사와 문학에 관련된 유적이 많이 남아 있다. 3)_영국 동부의 주.

는 그의 구애에 굴복하지 않았다. 그녀는 자기를 부인으로 맞아들이던가 아니면 그냥 내버려두라고 요구했다.

헨리 8세는 마치 얼빠진 사람처럼 되어갔다. 그는 두 번째 결혼을 하겠다는 생각을 하긴 했지만, 그러려면 먼저 교황에게서 특별한 허가를 받아야 했다. 그는 18년 넘게 캐서린과 결혼생활을 지속하고 있었고, 그동안 그녀는 일곱 번 이상 아이를 가졌었다. 하지만 그들에게는 단지 딸 하나만 있었을 뿐이었다. 구약 「레위기」에는, '누구든지 그 형제의 아내를 취하면 더러운 일이라. [……]그들이 무자(無子)하리라'는 구절이 있었다. 헨리 8세는 자신이 형의 부인과 결혼한 죄를 벌받는 것이라 확신했다.

헨리 8세는 결국 캐서린과 이혼하기로 결정했고, 그럼으로써 자신의 유일하고 적법한 혈육인 메리가 사생아가 된다고 해도 할 수 없다고 생각했다. 그는 신과 자신과의 문제를 정리한 다음 앤 불린과의 결혼을 공포했다. 하지만 사람들은 캐서린 편이었다. 그들은 캐서린에겐 격려를 보내며 앤에게는 야유를 보냈다. 헨리 8세는 캐서린이 사람들 앞에 나타나지 못하게 했고, 메리를 만나지 못하게 함으로써 고통을 주었다.

1529년 6월, 헨리 8세는 로마 교황의 사절단이 그들의 결혼생활의 실상을 조사하기 위해 궁정에 왔을 때 캐서린을 강제로 끌고 나왔다. 그녀는 할 수 있는 한 최선을 다해 자신을 변호했지만, 아무 소용도 없었다. 모든 사람은 왕이 무엇을 원하고 있는지를 알고 있었다. 헨리 8세는 1531년까지 캐서린을 찾아가고 그녀를 궁정에서 맞이하는 척했다. 그런 다음, 그는 잔인하게 아무런 통고도 없이 궁정을 윈저 성에서 우드스톡 성으로 옮겨버렸고, 캐서린과 메리를 남겨두고 떠났다. 그때 이후로 국왕은 자신의 첫 번째 아내를 다시는 찾지 않았다. 그녀는 이 집 저 집을 옮겨다니며 살았고, 런던과 궁정에서 점점 멀어졌다. 메리는 1532년 1월 국왕의 허락을 받고 엔필드에서 캐서린을 만났다. 하지만 그 후 캐서린이 메리에게 정기적으로 편지를 썼지만, 그들은 다시는 만나지 않았다.

앤 불린은 승리자가 되었다. 헨리 8세는 그녀를 왕비궁으로 데려왔고, 온갖 호의와 갖가지 선물 세례를 퍼부었다. 그에 대한 보답으로 앤은 그에게 동침을 허락했다. 1532년 크리스마스날, 그녀는 임신한 것을 알게 되었다. 적법한 후계자를 갖고 싶어 안달이 난 헨리 8세는 1533년 1월 앤과 은밀한 결혼식을 올렸다. 그해 5월 23일, 캔터베리의 대주교 토마스 크랜머는 헨리 8세와 캐서린의 결혼이 무효이고 법적으로 구속력이 없는 것임을 공식적으로 선포했다. 1533년 9월 7일, 앤은 엘리자베스라는 딸을 낳았다. 그로부터 며칠 지나지 않아 헨리 8세는 메리의 모든 지위를 박탈했다. 그 후부터는 웨일즈 공주라 호칭되는 대신 그저 '레이디 메리'로 불렸다. 하지만 메리는 이 사실을 순순히 받아들이지 않았다. 그녀는 자신이 순종적인 딸이지만 사생아가 아닌 적자(嫡子)이고, 그런 사실을 부정하는 것은 신을 거역하는 일이라는 내용의 편지를 국왕에게 보냈다.

메리는 양친으로부터 긍지와 완고함을 물려받았던 것이다. 헨리 8세는 격노하여 반시간 내에 짐을 꾸려 엘리자베스 공주의 저택으로 가 그녀의 하녀가 되라고 명령했다. 메리는 엘리자베스의 하녀가 되기를 거부했다. 그 대신 메리는 헨리 피츠로이를 '남동생'으로 인정한 것처럼 엘리자베스를 '자매'로 인정했다. 피츠로이는 헨리 8세와 엘리자베스 블런트 사이에서 태어난 사생아였다.

스페인 대사의 보호를 받게 된 그녀는 혹독한 박해에 맞서 수개월 동안 계속 공주의 적법성과 지위를 요구했다. 앤 불린은 왕실의 살림을 책임지고 있었던 자신의 숙모 레이디 셸턴을 시켜 모든 수단을 동원해 메리의 의지를 꺾어놓으라고 명령했다. 메리는 계속 자신의 권리를 주장했기 때문에 그녀의 보석들과 하인들과 옷가지들을 모조리 몰수당했다. 헨리 8세나 다른 고관들이 엘리자베스 공주의 저택을 방문할 경우, 메리는 창문이 모두 가려진 방에 가두어졌다. 한번은 헨리 8세가 방문했을 때, 메리는 경호원들의 눈을 피해 지붕 아래에 있는 테라스로 올라가 자기 아버지가 떠나는 모습을 지켜보았다. 헨리 8세는 메리가 지붕 아래에서 무릎을 꿇고 애원하는 모습을 보곤 말을 타고 떠나기 전에 모자를 벗고 머리를 숙여 인사를 보냈다.

양친이 이혼을 한 이후로 메리는 고통스런 나날을 보냈고, 충격으로 인해 매일 환영에 시달리며 분노로 치를 떨었다. 11살이 될 때까지 메리는 왕자나 황제와 결혼하는 꿈을 꾸었던 낭만적인 소녀였다. 그녀는 연애와 결혼을 같은 것이라 생각했고, 국가간의 결혼에 수반되는 타협과 고통을 알지 못하고 있었다. 이제 낭만적인 생각에서 빠져 나온 메리는 남녀가 서로를 대하는 방식을 이해하는 데 있어 또 다른 어두운 면을 알게 되었다. 그녀는 어머니를 그토록 사랑했던 아버지가 한순간에 어머니에게 등을 돌리고 치유할 수 없는 상처와 슬픔을 안겨준 것을 보았다. 그녀는 아버지의 행동에 대해 어머니가 결국은 자기 자신을 파괴하는 고통스런 길을 묵묵히 가는 것으로 대응한 것을 지켜보았다. 그녀는 항상 고결한 국외자로 남겠다고 스스로를 단련시켰고, 자신의 감정을 증오와 복수로 몰아갔다. 때로는 메리의 가톨릭 신앙이 그녀를 지탱해주었던 유일한 것처럼 보이기도 했다.

헨리 8세의 궁정은 사소한 질투와 험담이 난무하는 적대적인 장소로 변해 갔고, 그 중심에는 거만한 앤이 있었다. 메리는 그녀를 수치심도 없는 교활하고 야심차고 위험한 여자라고 생각했다. 한때 모든 사람에게 경배를 받았던 보석이었던 메리는 폐위된 왕비의 딸에 불과했다. 그녀는 어머니 캐서린을 본받아야 할 모범으로 여겼다. 하지만 메리는 자포자기하여 절망에 빠진 어머니의 행동마저도 고스란히 빼닮았다. 이런 모습은 일생 동안 메리의 삶을 떠나지 않았다.

1534년, 교황으로부터 캐서린과의 결혼을 무효화한다는 교서를 결코 받아내지 못할 것이라는 사실을 깨닫게 된 헨리 8세는 스스로를 영국 교회의 수장으로 임명하려는 계획을 세웠다. 그리고 그 계획에 뒤이어 잇따라 취해진 조치들로 영국에서의 교황의 권위는 추락했고, 성직의 자율성은 사라졌다. 헨리 8세는 스스로를 동족을 구속에서 해방시킨 모세와 동등한 지위로 끌어올렸고, 이기적인 지도자가 되어 신성한 의무를 수행하려 했다. 캐서린과의 이혼을 두고 교황과 대립하기 시작했던 것이 결국은 영국 교회와 로마 교황청과의 완전한 단절로 이어졌다.

메리는 1534년 말 수장령(Oath of Supremacy)[4]을 따르겠노라는 엄숙한 선서를 하지 않으면 꼭대기 탑에 갇히게 될 거라는 이야기를 들었다. 며칠 후부터 그녀는 앓아 누웠다. 메리는 전부터 시름시름 앓고 있었지만 그때 가장 심하게 앓았고, 그녀의 병은 6개월 동안이나 지속되었다. 많은 사람들은 앤이 캐서린과 메리에게 많은 위협을 가한 적이 있었기 때문에 그와 비슷한 음모로 메리가 암살을 당했을지도 모른다고 생각했다. 국왕은 캐서린과 메리가 영국에 있는 한 목숨이 위태로울 수도 있다는 말을 공개적으로 발설한 적이 있었기 때문이었다.

다음 해 봄, 그녀는 이전보다 더 커다란 위험에 처해 있는 듯 보였다. 네

---

[4]_영국의 종교개혁에 있어서 국왕을 영국 교회의 '유일 최고의 수장(首長)'으로 규정한 법령.

명의 수도사들이 반역을 모의하다 잡혔던 것이다. 그들은 사형을 선고받았고, 산 채로 배를 가른 다음 참수형에 처해졌다. 수도사들과 그들을 따르던 수백 명의 사람들이 헨리 8세의 수장령을 따르겠다는 선서를 하지 않았다는 죄로 체포되었다. 이들의 처형 소식을 들은 메리는 도망치고 싶은 마음이 간절했다. 냉혹하고 적대적인 사람들의 통제 아래서 감옥생활을 했던 그녀는 계속되는 긴장에 건강을 잃었다. 설상가상으로 그녀의 부친은 당시 그녀를 최대의 적으로 간주했다. 하지만 달아나는 것은 불가능한 꿈이었다.

1535년 말, 캐서린은 다시 앓기 시작했고, 자기 딸 메리에게 편지를 보내는 것도 허락받지 못한 채 1536년 1월 7일 세상을 떠났다. 레이디 셸턴은 이 소식을 나흘 후에야 '가장 무례하게 최소한의 준비도 없이' 메리에게 알렸다. 메리는 우선 어머니의 주치의를 만날 수 있도록 해달라고 간청했다. 그녀는 캐서린이 독살되었는지 여부를 알고 싶었던 것이다. 한편 헨리 8세는 기뻐하며 연회를 베풀었다. 그가 처음 캐서린의 사망 소식을 들었을 때, 그는 '하나님께 감사를. 이제 우리는 모든 전쟁의 의심으로부터 벗어나게 되었도다!'라고 외쳤다고 기록되어 있다.

그러나 상황은 메리에게 유리하게 돌아갔다. 1536년 4월, 앤 불린은 간음 혐의로 체포되었고, 그해 5월 19일 피의 탑(Tower Green)에 갇혔다가 참수되었다. 이제는 엘리자베스가 사생아로 선언될 차례였다. 하지만 메리는 여전히 위험에서 벗어나지 못한 상태였다. 메리는 토마스 크롬웰이 대신 써준 두 장의 편지를 국왕에게 전달하여 가장 굴욕적인 태도로 사면을 청했다. 하지만 헨리 8세는 만족스러워하지 않았다. 그는 노퍽 공작과 서섹스[5] 백작과 체스

---

5)_잉글랜드 남동부의 주로 이스트 서섹스와 웨스트 서섹스로 분할 . 앵글로 색슨의 7왕국 중 하나.

터 주교를 보내 메리를 면담하게 했다. 그들은 메리가 교황지상권을 옹호하는 태도와 자기 어머니의 결혼에 대한 적법성 청원을 포기하게 만들라는 명령을 받았다. 하지만 메리는 단호했다. 가장 끔찍한 법률적·신체적 위험 앞에서도 그녀는 결연한 태도를 취했다.

헨리 8세는 극도로 분노했다. 그는 메리가 배후에서 음모를 꾸미면서 다른 후계자를 물색하려는 자신의 계획을 방해하고 있다고 믿었다. 새로 왕비가 된 제인 세이모어는 임신 중이었고, 그는 그녀가 낳은 아이에게 영국 왕위를 물려주려고 했다. 제인의 간청에도 불구하고 그는 메리를 반역죄로 몰아 죽이려고 결정했다. 하지만 왕립 재판관들은 주저하면서 메리를 기소하기를 거부했고, 결국 그녀는 목숨을 건질 수 있었다.

메리는 '레이디 메리의 순종'이라 알려진 문서에 서명하지 않는다면 목숨을 잃을 것이란 사실을 잘 알고 있었다. 그녀는 스페인대사의 간청을 받은 후에야 순종 서약에 서명하기로 결정했다. 그는 만약 메리가 사형에 처해진다면 그녀의 왕위 계승과 가톨릭 복원의 기회도 함께 사라진다는 점을 지적했다. 1537년 6월 15일, 마침내 메리는 순종 서약에 서명했다. 그 직후 그녀는 자신의 아버지를 영국 교회의 수장으로 인정하기를 거부하고 가톨릭 신앙에 충실하겠다는 서약서를 교황에게 보냈다.

헨리 8세는 메리가 마침내 자신의 조건을 받아들인 것을 기뻐했다. 몇 주 지나지 않아 아버지와 딸은 시골의 저택에서 은밀하게 만났다. 그 자리에는 제인 왕비도 함께 참석했다. 헨리 8세는 '조촐한 기쁨'을 표현하기 위해 1,000크라운[6]이 적힌 어음을 그녀에게 건네주었고, 그녀가 헌즈던에 새 저

6)_영국의 25펜스 경화, 옛 5실링 은화.

택을 짓도록 허락했다. 그녀의 어머니를 시중들었던 많은 하인들이 헌즈던에 와서 그녀의 시중을 들게 되었다. 그녀의 보석들이 되돌아왔고, 누가 권력을 잡을 것이고 누가 밀려날 것인지를 잘 알고 있었던 왕실의 신하들은 많은 선물을 보내왔다.

메리는 개성 있는 많은 인물들과 다양한 환경, 그리고 풍자화로 과장되기도 했던 극단적인 감정의 기복을 겪으면서 성인이 되었다. 그녀는 절대적인 존재들에 대해 생각하게 되었고, 자신을 파괴하거나 구원하거나 지탱해주기 위해 개입하는 힘을 무력화시킬 방법을 찾으려 했다. 만약 그녀가 목숨을 부지하는 것이 중요한 것이라면, 평범하지 않은 목적에 대해서도 정의를 내려야 할 것이었다. 그녀는 표면적으로는 아버지의 뜻에 절대적으로 순종했다. 하지만 내면적으로는 교황에게 충성했고 어머니를 잊지 않았다. 이런 것은 위험한 게임이었고, 메리는 한번 잘못하면 반역의 죄를 뒤집어쓸 거라는 점을 잘 알고 있었다. 1536년 가을, 메리는 궁정으로 돌아왔다. 앤이 왕비로 있을 때에도 메리에 대한 영국인들의 애정은 식은 적이 없었다. 수많은 사람들이 궁전 앞에 모여들어 그녀가 돌아오기를 기다렸고, 헨리 8세는 자신의 딸이 장차 얼마나 커다란 정치적 힘을 갖게 될 것인지를 다시 한번 깨닫게 되었다.

앤 불린이 처형된 지 불과 11일 만에 헨리 8세는 세 번째 부인 제인 세이모어와 결혼했다. 그녀와 메리는 사이가 좋았다. 그녀는 메리가 궁정으로 돌아와 아버지의 호감을 살 수 있도록 아낌없는 노력을 기울였다. 1537년 10월 12일, 제인이 헨리 8세가 오랫동안 기다려왔던 아들 에드워드를 낳았을 때, 메리는 아기의 대모가 되어주었다. 그로부터 12일 후, 메리는 제인의 장례식을 주관하는 제주(祭主)가 되었다.

1537년에서 1540년 사이에 메리는 헨리 8세가 살인과 협박을 통해 그녀가 따랐던 가톨릭 신앙을 잔인하게 탄압하는 소름끼치는 장면들을 보고 있을 수밖에 없었다. 영국 전역의 수도원들과 수녀원들은 매우 부유했기 때문에 헨리 8세는 그들의 토지와 재산을 빼앗아 모두 왕실의 재산으로 환수했다. 그런 다음 그는 대부분의 토지를 유력한 귀족들에게 나누어주었다. 메리의 눈에는 프로테스탄트 종교개혁은 아버지의 나라에서 나쁜 짓만 일삼는 것으로 비쳐졌다. 그것은 그녀가 배운 모든 것과 배치되는 것이었다.

헨리 8세는 계속해서 메리를 자신의 권력을 유지하기 위한 볼모로 삼으려 했다. 메리는 프랑스의 도팽, 포르투갈의 동 루이스, 그녀의 사촌인 칼 5세 황제, 오를레앙의 샤를 공작 그리고 클레브 공작 등으로부터 여러 차례 청혼을 받았다. 하지만 결혼과 아이들에 대한 낭만적인 삶을 꿈꿔왔던 메리는 불행하게도 아버지가 살아 있는 동안에는 결혼하지 않았다. 이것은 부분적으로는 헨리 8세가 결코 지참금을 주지 않을 것이란 사실과 메리와 결혼하는 외국의 왕자는 누구든 영국 왕위를 강력하게 요구하려 할지도 모른다는 우려 때문이었다. 메리는 항상 다음과 같이 단호하게 말했다. "부친인 국왕이 살아 있는 한, 나는 오직 레이디 메리로, 기독교 국가의 가장 불행한 여인으로 남아 있을 것이다."

1544년, 헨리 8세는 메리와 엘리자베스를 모두 후계자로 복귀시켰다. 그의 여섯 번째 부인으로 1543년 7월에 결혼한 캐서린 파르에 대해서는 아이를 낳을 수 없는 여자라는 소문이 파다하게 퍼져 있었다. 메리가 헨리 8세의 요구에 오랫동안 순종한 것이 헨리 8세의 마음을 누그러뜨렸던 것이었다. 하지만 에드워드는 7살에 불과했다.

1546년 크리스마스날, 국왕은 중병으로 앓아 누웠고, 자신이 곧 죽을 것임을 알았다. 헨리 8세는 메리를 불러, 자신이 원했던 대로 그녀를 결혼시키지

못해 늘 불행한 느낌을 지울 수 없었노라고 말했다. 1547년 1월 28일, 헨리 8
세는 9살짜리 아들에게 왕위를 물려주고 눈을 감았다. 어린 에드워드 6세는
신교도 신앙의 지지자였고, 그의 주위에 모여든 조언자들은 모두 그와 같은
신교도들이었다. 그들 대부분은 수도원의 토지를 재분배 받아 직접 이득을
취한 매우 이기적이고 권력지향적인 자들이었다.

곧 영국과 웨일즈에서 새로운 교회 개혁이 시작되었다. 헨리 8세의 교회는
교황이 배제되긴 했지만 근본적으로는 가톨릭교회였다. 하지만 에드워드의
교회는 순수한 신교로 빠르게 변화되었다. 성서는 훨씬 더 광범위하게 해석
되었고, 크랜머는 미사를 대신하기 위해 고안된 새로운 영성체 의식을 거행
하기 시작했다. 런던에서 멀리 떨어진 시골에서는 광신도들이 성인들의 초
상화를 부수고, 제단이 있던 자리에 영성체 식탁을 놓고, 교회 내부를 희게
회칠하여 그때까지 교회를 아름답게 꾸미고 있었던 프레스코화들을 말끔히
지워버렸다. 이런 모든 일들이 진행되는 와중에서 메리는 정권에는 눈엣가
시 같은 성가신 존재였다. 그녀는 에드워드가 결혼해서 아이를 낳을 때까지
는 분명한 영국 왕위의 계승자였고, 또 신실한 가톨릭교도로 알려져 있었다.
사태에 연루되지 않고자 애써 노력했지만, 그녀는 어쩔 수 없이 반종교개혁
음모의 중심이었다.

1549년에 공포된 예배통일법(Act of Uniformity)은 크랜머의 걸작인 성공회기
도서(Book of Common Prayer) 이외의 것을 교회에서 사용하지 못하도록 금했다.
그 결과 영국 남부에서 여러 차례 커다란 폭동이 일어났다. 폭도들은 미사와
성사(聖事)7) 그리고 모든 지역에 두 개의 대성당을 복원해줄 것을 요구했다.

---

7)_영세·견진·성체·고해·종부·신품·혼배 등 일곱 가지를 이른다. 일반적으로는 성찬 또는 성만찬이라 부른다.

'피의 여왕' 메리 1세와 신성로마제국 황제의 아들이자 후일 스페인 왕이 된 남편 필립 공이 함께 앉아 있는 장면. 이들은 1554년에 결혼했고, 당시 메리 1세의 나이는 38세였다. 하지만 필립 공 역시 가톨릭교도였기 때문에 이들의 결혼은 영국 왕실의 신하들 사이에서 '피의 여왕' 메리 1세의 대중적 인기를 높이는 데는 별로 기여하지 못했다. 왕좌재판소의 1558년도 소송 기록에 나타난 당시의 표현으로 판단하건대, 이들 부부는 표면적으로는 함께 통치를 한 것으로 보인다. 하지만 실질적으로는 메리 1세가 권력을 쥐고 있었다.(PUBLIC RECORD OFFICE KB27/1185[2])

폭동이 일어난 데에는 경제적 이유도 있었다. 수도원을 폐쇄하게 되면 많은 소작농들이 농사지을 땅을 잃게 될 것이고, 그렇게 되면 토지 임대료가 오르고, 식량이 부족해지는 결과가 초래될 것이었다. 하지만 주된 이유는 반종교개혁이었다. 폭도들은 잔인하게 진압되었고, 많은 주모자들이 죽음을 당했다. 같은 시기에 메리는 그녀의 신부들과 미사를 볼 수 있도록 하기 위해 은밀한 싸움을 벌이고 있었다. 결국 메리는 왕실 추밀원이 예배통일법을 철회하기로 결정함에 따라 소기의 목적을 달성했다. 하지만 그녀는 장차 위험이 닥칠 것이란 점을 잘 알고 있었다.

이 불안한 시기 동안 메리는 영국 가톨릭의 운명과 자신의 운명이 동일하다고 판단한 듯하다. 그녀는 이전에는 하루에 단 한 번 참석했던 미사에 하루에 네 번씩이나 참석하며 자신이 구교의 지지자임을 분명히 드러냈다. 영국 내 어디를 여행하든 그녀는 자신의 신부들을 데리고 다녔고, 그녀가 로마 가톨릭을 실천하고 있음을 확실히 보여주었다. 이런 전략은 그녀의 인기를 높여주었고, 추밀원이 그녀를 다루기 어렵게 만들었다.

1549년 10월, 에드워드는 노섬벌랜드[8] 공작으로 여러 차례 폭동이 일어난 직후 서머셋 공작을 타도한 권력지향적인 존 더들리를 새로운 섭정으로 임명했다. 그는 서머셋 공작만큼이나 탐욕스런 종교개혁자였고, 훨씬 더 타락한 인물이었다. 더들리는 즉시 에드워드 국왕에게 커다란 영향력을 행사했고, 국왕을 전면에 내세워 메리와 그녀의 종교적 관례를 공격했다. 더들리는 또 새로운 종교개혁을 흔쾌히 받아들인 엘리자베스를 정기적으로 궁정에 초대하고 왕실 기병대 100명으로 호위하게 함으로써 그녀의 환심을 샀다. 1551년 3월, 칼 5세는 메리가 미사를 볼 수 없게 만든다면 영국과 전쟁을 불사하겠다고 위협했다. 사태가 이 정도에 이르자 추밀원은 한동안 개혁을 중단했다.

---

8)_잉글랜드 북동부의 주.

추밀원은 연말쯤 되어 메리에 대한 공격을 재개했고, 메리가 공개적으로 미사에 참석하는 것을 막았다. 하지만 메리는 추밀원의 공세를 받으면서도 자신의 신부들 중 한 명을 곁에 남겨두었다. 그리고 곧 에드워드의 건강이 악화되기 시작했고, 성인이 될 때까지 살지 못할 것이라 여겨졌다. 1553년 초, 에드워드는 '강하고 질긴, 악착같은 감기'를 앓았고, 이는 이전에 앓았던 결핵의 여파인 듯하다. 그해 5월, 그는 하루 종일 고열에 시달렸고, 온몸이 종기로 뒤덮였고, 기침에 피가 섞여 나왔다.

더들리는 메리가 왕위를 계승한다는 생각만 해도 미칠 지경이었다. 그는 국왕에게 메리와 엘리자베스에게 왕위를 계승하지 않고 헨리 8세의 여동생인 마리의 손녀 제인 그레이에게 왕위를 계승하는 '왕위 계승에 대한 유언장'을 은밀히 작성하라고 설득했다. 그해 5월 21일, 제인은 더들리의 아들인 길드포드와 결혼했고, 그럼으로써 더들리는 바라던 대로 영국을 손아귀에 넣을 수 있다고 생각했다. 에드워드는 1553년 7월 6일 그리니치 궁에서 세상을 떠났다. 그의 나이 불과 15세였다. 메리와 엘리자베스는 둘 다 에드워드의 임종에 참석하라는 요청을 받았다. 하지만 두 사람 모두 그 자리에 참석할 정도로 우둔하지는 않았다.

에드워드가 죽은 후, 메리는 제일 먼저 노퍽에 있는 케닝홀에 은거했다. 거기서 그녀는 자신을 여왕으로 추대하라고 요구하는 편지를 써서 추밀원에 보냈다. 그러는 동안 더들리와 런던에 남아 있던 추밀원 의원들은 국왕의 서거를 알리지 않은 채 런던 타워를 장악하고 무기와 병력을 모았다. 7월 10일, 제인은 런던 타워로 가서 영국 여왕이 되었음을 공식적으로 선언했다. 그렇지만 모두들 그 사실을 공포하기를 꺼렸다.

7월 12일, 더들리는 3,000명의 군대를 이끌고 런던을 빠져 나와 이스트 앙

글리아로 향했다. 많은 귀족들과 그들의 군대 그리고 '수많은 민병대원들'을 포함한 메리의 추종자들은 서퍽주[9]의 프램링햄에 결집하고 있었다. 더들리를 따라온 병사들은 메리의 지지자가 되어 하나둘씩 빠져나가기 시작했다. 그리고 그레이트 야머스를 떠난 함대 일부가 변심하여 메리를 지지함으로써 결정적인 타격을 주었다. 이 사건은 런던에 남아 있던 추밀원 의원들이 7월 19일 오후에 메리가 영국 여왕이 되었음을 선포하는 데 결정적인 요인으로 작용했다.

헨리 매크린은 이 사건에 대해 다음과 같이 기술한 바 있다. "그런 일이 일어나리라고 상상한 사람은 아무도 없었기 때문에, 그 소식이 들려오자마자 사람들은 온갖 곳으로 달려가 '레이디 메리가 여왕이 되었다!'고 소리치기 시작했다." 그 소식을 들은 사람들은 기쁨에 넘쳐 어쩔 줄 몰랐다. 사람들은 지갑 속에 들어 있던 동전을 꺼내 군중들에게 던져댔고, 런던 시내 전역에 횃불이 밝혀졌고, 사람들은 흥겨워하며 밤새도록 춤추고 노래하며 축제를 즐겼다. 메리는 프램링햄에서 그 소식을 듣고는 자신의 예배당에서 성호를 긋고 식솔들에게 테 데움(Te Deum)[10]을 노래하게 했다. 그녀는 37살이었고 미혼이었다.

제인을 왕위에 올리려고 했던 자들 중 노섬랜드 공작을 포함해 극소수만 처형당했다. 제인과 그녀의 남편 길드포드는 반역죄로 유죄 선고를 받았지만 메리는 그들을 처형하는 것을 거부했다. 존 더들리의 다른 세 명의 아들, 즉 길드포드의 형제들은 런던 타워에 수감되었지만 죽임을 당하지는 않았다. 제인 그레이의 부친인 서퍽 공작은 방면되었다.

---

9)_영국 동부의 주. 10)_성 암브로시오의 사은 찬미가.

메리는 역사적인 임무가 자신의 손에 놓여 있음을 알았다. 당시까지만 해도 여자가 나라를 다스린다는 것은 자연 질서를 위반하는 것으로 여겨지고 있었다. 여자는 본래 약하고, 죄악 덩어리이며, 항상 남자의 도움을 필요로 하는 존재로 여겨졌다. 캐롤리 에릭슨이 기술했듯이, 이런 생각은 영국에서 특히 강했다. '큰 키, 사람을 끌어당기는 흡인력 그리고 다른 사람들을 압도하는 탁월한 능력을 갖고 있었던 메리의 부친 헨리 8세는 왕의 지위를 완전히 새롭게 했다.' 메리가 받은 모든 교육과 훈육과 문화적 유산은 자신과 현상에 대한 판단을 남자의 권위에 의지하게 만들기 쉬운 것이었다. 메리는 똑똑하고 훌륭히 교육받은 여자였지만, 모든 점에서 자연히 남자에게 결정을 미루는 경향을 보였다. 그녀는 일생 동안 교육받은 것과 현실 사이에서 계속 갈등했다.

메리는 관용의 정신을 갖고 통치를 시작했다. 그녀는 로마 대사에게 자신은 '사람들이 미사를 강요받기를 원치 않는다. 하지만 미사에 참석하고 싶은 사람은 그렇게 해도 된다'고 이야기했다. 이런 자세를 견지한 메리는 에드워드의 장례식을 두 번 치렀다. 웨스트민스터 대성당에서는 신교도식으로, 런던 타워에서는 진혼 미사로 장례식을 치렀던 것이다. 그해 8월, 메리는 새로운 의회가 '질서정연한 변화'를 이끌어내기 위한 법률을 제정할 때까지는 모든 사람들은 자신이 원하는 대로 계속 예배를 볼 수 있다고 공포했다. 하지만 양측의 투사들은 곳곳에서 충돌을 일으켰다.

그녀는 사소한 일로 시비를 벌이고 싸우곤 했던 추밀원의 간섭을 받았다. 에드워드가 구성한 추밀원 의원들 중 윌리엄 페이젯을 중심으로 한 잔류파들과 보수적인 윈체스터 주교 스테펜 가디너를 중심으로 새로 추밀원에 들어온 의원들은 사사건건 다투었다. 그들 중 많은 사람이 행정 경험이 없었고, 실제로 그들 모두는 사리사욕을 채우려 했다. 메리는 대관식 직후 첫 번째 의회를 소집했다. 의회는 1553년 10월 1일 성대한 의식을 치르며 열렸다. 그리고 얼마 후 칼 5세 황제가 자신의 아들인 스페인의 필립 공을 메리의 남편으로 추천했고, 메리는 그와 결혼하는 데 동의했다.

원칙적으로 모든 외국인들을 싫어했고, 특히 스페인 사람들을 싫어했던 일반 국민들은 이런 결정을 환영하지 않았다. 영국인들은 스페인 사람들이 거만하고 무엇이든 훔치는 사람들이며 또 매우 여자를 밝힌다고 인식하고 있었다. 의회 의원들은 이에 대해 메리에게 재고를 요청했지만, 그녀는 의원들이 무례하게 행동하고 있다며 분노를 터뜨렸다. 신하가 국왕의 혼사에 간여하는 일은 통치자가 소수파에서 배출되었던 과거에도 결코 일어난 적이 없었던 것이다. 그녀는 결혼을 밀고 나가기로 결정했다. 왜냐하면 필립의 초상화를 보고 사랑에 빠졌기 때문이었다. 기세가 꺾인 의회는 신교도 법률을 폐기하는 데에 관심을 돌렸다. 제일 먼저 폐기된 법률은 아라곤의 캐서린과의 결혼을 무효화한 헨리 8세의 법률이었다. 성공회기도서도 금지되었다. 하지만 많은 사람들에게 국왕이 아닌 교황이 영국 교회의 최고지도자라는 점을 인정하라고 강요할 수는 없었다.

메리와 그녀의 유일한 상속자 엘리자베스와의 관계는 소원해졌다. 그녀는 엘리자베스를 공정하게 대하려고 최선을 다했지만, 그녀를 여전히 사생아로 보았다. 그녀는 자신이 여러 번 경고했음에도 불구하고 엘리자베스가 로마 가톨릭에 적대적이었고, 신교도들은 엘리자베스가 '모든 폐단을 구제할' 것이라 믿으며 메리가 죽기만을 기다리고 있다는 사실도 잘 알고 있었다. 17살이나 어리면서 빼어난 미모를 가지고 태어난 엘리자베스는 언제라도 메리의 경쟁자가 될 수 있었다.

엘리자베스는 메리가 에드워드 6세 치하에 있을 때만큼이나 위험한 지경에 처해 있었다. 데번셔[11] 백작으로 알려진 에드워드 커트니는 헨리 7세의 왕비였던 요크의 엘리자베스의 후손으로 서열로는 한참 낮아도 왕위 계승을 할 수 있는 먼 친척이었다. 그는 한때 메리와 엘리자베스 모두의 남편감으로 거론된 적도 있었다. 메리에 대한 모든 음모에는 엘리자베스와 커트니의 결혼과 연관이 있었다. 커트니는 메리와 스페인의 필립 공이 결혼할지도 모른다는 설이 나돌자 모의되었던 1554년 1월의 음모에 연루되어 있었지만, 심문을 받자 모든 죄를 자백했다. 하지만 토마스 와이어트 경이 주동이 되어 켄트[12]에서 일어난 반란은 계속 진행되었다.

와이어트는 런던으로 진격하기로 결심했다. 그는 1554년 1월 30일 블랙히스와 그리니치 근처에 군막을 세웠다. 그는 여왕을 런던 타워에 감금할 것과 여왕의 측근들을 모두 제거한 다음 자신이 지명하는 사람들로 섭정을 세울 것을 요구했다. 여왕에 대한 런던 시민들의 충성심이 흔들리는 것처럼 보였기 때문에 메리가 직접 나서서 위기를 수습해야 했다. 메리는 달아나 안전을 도모하기는커녕, 런던 시청사 앞에서 '우리의 적이자 여러분들의 적인 반란군들에 대항해 영국을 지킵시다. 그들을 두려워해서는 안됩니다. 나는 여러분들과 내가 모두 그들을 전혀 두려워하지 않을 거라고 확신합니다'라는 연설을 하면서 런던 시민들의 충성심에 호소했다. 런던 시민들은 그녀의 호소에 부응하여 런던 브리지로 달려가 방어진을 구축했다. 와이어트와 그의 군대가 가까스로 템스강을 건너 2월 7일 런던에 입성했지만, 시민들은 그들을 반기지 않았다. 결국 와이어트와 그의 군대는 메리의 군대가 런던에서 빠져

---

11)_영국 남서부의 주.  12)_영국 남동부의 주.

나갈 수 있는 출구를 모두 봉쇄한 것을 알고 항복했다.

메리는 노섬벌랜드에서 반란이 일어났을 때 관용을 베푼 것이 실수였다는 것을 깨닫고는 두 번 다시 그런 실수를 하지 않겠다고 맹세했다. 여왕이 400명에 이르는 반도들을 용서했지만, 100여 명의 반도들이 처형되었다. 제인 그레이와 그녀의 남편도 이교도들과 메리의 적에게 반란의 요인을 제공했다는 이유로 죽음을 당했다. 엘리자베스는 런던으로 소환되어 심문을 받았고, 결국은 런던 타워에 감금되었다.

스페인의 필립 공은 1554년 7월 17일 사우샘프턴[13]에 상륙했고, 며칠 후 처음으로 메리를 만났다. 메리는 38세였고, 가냘프고 여위었기 때문에 스페인 사람들의 눈에는 아름답다는 것과 거리가 멀었다. 그와는 반대로 메리는 필립이 자신이 본 초상화와 너무나 닮았다고 생각했기 때문에 기뻐했다. 그들은 7월 25일 윈체스터 대성당에서 결혼식을 올렸다. 9월경, 메리의 주치의들은 그녀가 임신한 것 같다고 말했다. 하지만 불행하게도, 출산예정일인 4월이 지날 때까지 아이를 낳지 못했기 때문에 임신은 사실이 아닌 것으로 판명되었다. 메리는 희망과 절망을 오가며 8월까지 아기를 낳기 위해 끈질기게 기다렸다. 하지만 결국은 임신이 아니라는 사실을 받아들이지 않을 수 없었다. 필립은 칼 5세의 양위에 의해 플랑드르를 다스려야 했다. 그는 1555년 8월 29일 그리니치에서 메리와 작별한 후 플랑드르로 배를 타고 떠났다. 그 후 그들은 18개월이 넘게 만나지 못했다.

필립은 영국에서 힘든 시기를 보냈다. 그는 영국에 도착했을 때 영어를 한 마디도 하지 못했기 때문에 영국인들은 그의 수행원들에게 매우 적대적인

---

13)_영국 남부 해안의 항구도시.

감정을 내비쳤다. 그는 비록 왕의 직위에 있었고 또 초기에는 법률적 문서에서 왕으로 호칭되었지만, 영국 내에서는 실제 권력을 갖고 있지 못했다. 메리는 그들이 그녀의 의견에 동의할 때만 필립의 요청에 따랐다. 그는 분명히 메리를 사랑하지 않았고, 그는 아마도 고독하고 외로운 감정을 느꼈을 것이다. 1555년 여름은 특히 좋지 않은 시기였다. 농사는 흉년이었고, 나라 안에서는 특히 런던에서는 사회적 불안이 조성되었다. 게다가 이교도들을 화형시킴으로써 갈등이 증폭되었다.

메리는 항상 영국 내에서 교황지상권을 복원시키려는 의도를 갖고 있었다. 여왕이 된 직후 그녀는 교황과 협상을 시작했고, 교황은 영국 귀족 출신의 레지널드 폴 추기경을 교황 특사로 영국에 보냈다. 그는 1554년 11월 20일 영국에 왔고, 로마 교황청과 화해하겠다는 의회의 요청을 받고 교황의 사면을 받아주겠노라고 장담했다. 크리스마스날, 의회는 메리의 명령에 따라 이교도 법을 복원시켰고, 그 다음 달부터 화형이 재개되었다.

당시 잉글랜드와 웨일즈에는 확인할 수 있는 신교도가 얼마 되지 않았던 것으로 보인다. 대부분의 사람들은 군주와 의회가 포고한 종교가 어떤 것이든 따라야 한다는 것을 기정사실로 받아들였을 것이다. 하지만 신교도들은 메리의 통치가 시작된 이후로 가톨릭의 복귀에 거세게 저항했다. 그들은 기회만 있으면 가톨릭의 의식들을 조롱했다. 신부들은 공격당했고, 가톨릭교도들의 행진은 방해를 받았다. 메리는 가장 열렬한 신교도들에게 대륙으로 떠나라고 했다. 영국에서 멀리 떨어진 대륙에서는 메리와 그녀의 정부가 하는 모든 것에 대해 선동을 해도 좋다고 허락한 셈이었다.

이교도에 대한 최초의 화형식은 1555년 2월에 거행되었다. 1555년에만 런던의 주교 니콜라스 리들리, 우스터[14]의 주교 휴 레이티머, 웨스트민스터의 부주교 존 필포트, 글로스터[15]의 주교 존 후퍼를 비롯하여 75명의 사람들이 메리의 명령에 따라 화형당했다. 사형을 집행하는 사람들이 너무나 미숙했기 때문에 이들의 죽음은 생각보다 훨씬 더 잔인한 참상을 연출했다. 때로는 이교도의 허리춤에 매단 화약이 폭발하지 않은 경우도 있었고, 때로는 불태우면 질식시키는 연기를 뿜어내는 녹림(綠林)이 제대로 불타오르지 않아 사형 집행이 오랫동안 연기된 적도 있었다. 메리 여왕은 '피의 메리'라는 악명을 얻기 시작했다.

화형당한 많은 사람들은 평범하고 무식한 촌뜨기들이었다. 그들은 자신들이 연루된 복잡한 종교적 주장을 거의 혹은 전혀 모르고 있었다. 그러한 사정을 모두 알고 있었던 유일한 인물은 1556년 3월에 화형당한 전임 캔터베리 대주교 토마스 크랜머였다. 그는 자신의 종교적 신념을 철회했지만 결국 사형을 선고받았다. 그는 말뚝에 묶인 채 화염이 일자 자신이 철회한 것을 번복한 채 자신은 진정한 신교도라고 주장했다. 그가 죽은 후, 크랜머와 다른 많은 사람들은 프로테스탄트 운동의 순교자로 추앙받았다. 많은 사람들은 여왕과 여왕의 정부와 폴 추기경에 대해 크게 반감을 갖게 되었다. 1556년 초, 영국 정치망명자들이 영국을 침공하려 한 또 다른 음모가 발각되었다. 메리는 추밀원의 일부 의원들이 연루된 것을 확신했고, 더욱 외로움을 느꼈다. 1556년 봄과 여름에 영국에는 심한 가뭄이 들었고, 이는 국내의 긴장을 더욱 고조시켰다.

---

14)_영국의 헤리퍼드 · 우스터 주의 주도.  15)_글로스터셔의 주도.

메리는 플랑드르에 있는 필립으로부터 거의 아무런 지원도 받지 못했다. 그의 편지에는 늘 그녀에게 대관식을 다시 한번 성대하게 치를 수 있도록 준비해달라는 요구가 들어 있었다. 외국인들을 너무나 싫어했고 고분고분하지 않았던 의회를 상대하느라 지쳐 있던 메리는 마침내 대관식을 다시 거행하는 일은 결코 없을 거라는 편지를 써서 보냈다. 그녀는 또 그가 돈을 빌려 사치스럽게 생활하는 한편 여성 편력에 대한 악명이 높다는 사실을 들어서 알고 있었다. 그렇지만 그녀는 시아버지 칼 5세에게 필립이 자신에게 무심하다고 불만을 터뜨리면서도 본분을 다하는 부인으로서 행동했다.

메리는 또 칼 5세에게 이교도들과 벌이고 있는 전쟁에 대해서도 편지를 써서 알렸다. 그녀는 이교도로 몰려 화형을 당하는 사람들은 그런 잔인한 처벌을 받을 만한 잘못을 저지르지 않았다고 생각하고 있었던 신교도들뿐 아니라 가톨릭교도들에게서도 지지를 받지 못하고 있다는 것을 잘 알게 되었다. 그녀의 유일한 소망은 영국에 가톨릭교회를 부흥시키는 것이었지만, 그녀가 선택한 방법은 선의보다는 악의만 더 보여준 듯했다. 하지만 그녀가 잘못된 신앙을 박해하지 않는다면 사람들은 어떤 것이 진정한 종교라고 확신할 수 있겠는가? 그녀는 어려운 딜레마에 빠졌다.

1557년, 마침내 필립은 영국으로 돌아와 전쟁을 일으켰다. 나폴리 출신으로 새로 교황이 된 바오로 4세는 합스부르크가의 권력을 못마땅해 했기 때문에 프랑스인들과 동맹을 맺었다. 필립의 군대는 로마를 포위하려 했지만, 군비가 모자랐기 때문에 긴급한 재정적 지원이 필요했다. 그는 무심하게 대했던 아내에게 도움을 청했고, 메리는 15만 두캇[16]을 차용해 해군 지원을 약

---

16)_옛날 유럽 대륙에서 사용한 금화.

속받은 후 곧 보내주었다. 필립이 영국으로 돌아오자, 그녀는 추밀원을 설득해 프랑스에 선전포고를 하게 했다. 그 결과 1557년 6월 7일 전쟁이 선포되었다. 필립은 2만 명 이상의 야전 보병과 포병을 보유하고 있었기 때문에 전쟁이 일어나기만을 기다리고 있었다. 그 후로 필립은 다시는 메리를 만나지 못했다.

필립의 군대는 생캉탱 전투에서 대승을 거두었고, 프랑스 북부의 수많은 마을들을 되찾았다. 그리고 이탈리아에서는 교황과 화해했다. 한동안 평화가 유지되었지만, 프랑스의 앙리 2세는 기회만 노리고 있었다. 프랑스에 있는 영국의 거점 도시 칼레와 그 주변 영토는 100년 이상 프랑스 왕들에게 골칫거리였던 것이다. 1558년 1월 초, 프랑스는 칼레에 기습 공격을 퍼부었고, 군자금이 거의 바닥난 상태였던 도시의 방어망은 순식간에 무너졌다. 1월 7일, 칼레는 함락되었다. 메리는 칼레를 잃은 후 망연자실해 있다가 분노를 터뜨리기를 반복했다. 영국인들은 칼레를 빼앗긴 것은 메리가 계속 필립을 지원하느라고 돈과 군대를 보냈기 때문이라고 비난했다.

1558년 2월 커다란 재정적 위기가 닥쳐왔다. 농사를 망쳤고 전염병이 돈 데다 물가가 급격히 올랐고, 왕실의 사치와 필립과 그가 벌인 전쟁들을 지원하느라 막대한 경비를 소모한 것이 화근이었다. 더 많은 세금이 부과되었고, 추밀원에서는 싸움박질만 해대고 있었다. 메리에게는 다른 고민거리들이 있었다. 그녀는 자신이 또다시 임신했다고 믿고 있었다. 하지만 지난 해 12월 만났을 때 한번 더 서로에게 실망만을 느꼈기 때문에 메리는 필립에게 임신했다는 사실을 말하지 않았다. 그녀는 이제 아이를 낳을 준비를 하러 그리니치로 거처를 옮기기로 결심했다. 하지만 역시 아기를 낳지 못했다.

3월이 되자 메리는 필립의 주장에 따라 유언장을 작성했다. 하지만 후계자로 엘리자베스를 지명하지는 않았다. 그녀는 몇 년 동안 앓고 있었고, 우울증과 간헐열로 고통을 겪고 있었다. 그러는 동안 엘리자베스는 은밀히 왕위에 오르기 위한 준비를 하고 있었다. 메리가 곧 숨을 거두리라고 판단한 대사들과 궁정 신하들은 교묘한 책략을 꾸몄다.

11월 6일, 추밀원은 병상에 누운 메리를 방문해 후계자로 엘리자베스를 지명하라고 요구했다. 그녀는 동의했고, 두 명의 추밀원 의원을 해트 드에 보내 그 소식을 엘리자베스에게 전하게 했다. 그녀는 또 '고귀한 많은 보석들'을 엘리자베스에게 보내며 가톨릭을 지원할 것과 자신의 시종들을 보호해줄 것과 자신의 빚을 대신 갚아줄 것을 약속해달라고 요구했다.

11월 14일, 메리는 의식이 흐려졌다. 그녀는 자신의 속내를 가장 잘 아는 시종들에게 자신을 짓누르고 있는 은밀한 슬픔을 털어놓았다. 그들은 필립이 여왕을 떠났기 때문에 상심한 것이라고 생각했다. 하지만 메리는 '그것뿐만이 아니다. 내가 죽고 난 후에도 내 가슴에는 칼레가 영원히 남아 있을 거야'라고 대답했다. 11월 17일 새벽에, 메리는 그녀의 침실에서 미사를 거행하라고 명령했다. 미사가 끝날 때쯤, 여왕의 시녀들은 여왕이 잠들었다고 생각했다. 하지만 실제로 여왕은 평화롭게 죽음을 맞이한 것이었다. 여왕의 약혼반지는 여왕의 손가락에서 빼내져 추밀원 의원들에게 전달되었고, 그들은 다시 해트 드에 있는 엘리자베스에게 반지를 전달함으로써 메리가 사망했음을 확인했다. 같은 날 저녁, 런던 시민들이 엘리자베스의 여왕 등극을 환영하는 행사를 연다는 소식을 들은 직후, 폴 추기경은 자결했다. 가톨릭을 복원하려 했던 두 명의 인물은 죽었고, 영국이 가야 할 길을 선택하는 것은 엘리자베스의 손에 넘겨졌다.

IVAN IV. 'THE TERRIBLE'

러시아 황제

'뇌제'
이반 4세

러시아의 모든 군주들은 전제군주이기 때문에 누구도 그들을
비판할 수 없다. 군주는 신으로부터 선사받은 노예들을 자기 뜻대로
부릴 수 있다. 군주가 불의한 일을 저지를 경우가 있을지라도
그대가 군주의 명령에 복종하지않는다면, 그대는 중죄를 범하는 것이
될 뿐 아니라 그대의 영혼을 지옥에 떨어뜨리는 것이 될 것이다.
왜냐하면 신은 그대에게 그대의 군주를 맹목적으로
따르라고 명령했기 때문이다.

_이반 4세, '앤드류 쿠릅스키 대공에게 보낸 편지'에서

Tsar of all The Russias

후일 빅토르 미하일로비치 바스네초프가 그린 러시아 초대 차르 이반 4세의 초상화. 냉혹하고 사기에 능했으며 동정심이라곤 찾아볼 수 없었던 그는 한번 분노하면 끝장을 보는 성격 탓에 '뇌제'라는 별칭을 얻었다. 그의 통치하에서 가장 극악한 고문을 받은 후 죽은 사람이 수천 명에 이른다.
(BETTMANN/CORBIS)

예루살렘의 총대주교는 이반 4세가 태어나기도 전에 그의 아버지 바실리 3세가 '사악한 아들'을 낳으리라고 예언한 적이 있었다. 이반은 뇌성벽력이 몰아치는 중에 태어났고, 그 직후 '너희들에게서 차르(Tsar)[1]가 탄생할 것이다. 그는 이빨이 두 개인데, 하나는 우리를 삼킬 것이고, 다른 하나는 너희를 삼킬 것이다'라는 또 하나의 예언을 받았다. 그로부터 54년 후 이반 4세가 죽자, 사람들은 그에게 '그로즈니(grozny)[2] 또는 '뇌제'라는 별명을 붙여주었다. 그는 수천 명의 사람들을 말살하라는 비정한 명령을 내렸고 직접 사람을 죽이기도 했다. 그에게 헌신적이었던 동료들과 불구대천의 원수들은 모두 똑같이 무시무시한 고문을 받으며 죽어갔다. 마을과 촌락과 도시는 완전히 파괴되었다. 이반의 폭풍 같은 분노는 한번 분출되면 결코 누그러지는 법이 없었다. 그는 격렬한 분노를 터뜨린 끝에 그토록 애지중지하던 자신의 아들을 죽이기까지 했다. 러시아 최초의 차르가 되었던 그는 수백만 명의 생명을 좌지우지할 수 있는 절대권력을 갖고 있었다. 능수능란한 사기꾼이었던 그는 결코 백성들에게 동정을 베풀지 않았다. 그는 쾌락을 즐기기 위해 백성들을 고문했고, 강탈했고, 강간했다.

크렘린궁의 커다란 종이 울려 아버지가 죽었음을 알렸을 때 이반은 고작 3살이었다. 가톨릭교도였던 이반의 어머니 엘레나 글린스카야가 죽은 남편의

---

[1]_슬라브계 여러 국가에서 군주를 부르는 호칭. 라틴어의 '카이제르'가 어원이다. 러시아에서는 1547년 이반 4세 대관식 때 정식 칭호가 되었다.  [2]_러시아 말로 '위협'이란 뜻.

소망을 배반하고 권력을 움켜쥐기 위해 자신의 뜻을 거스르는 사람들을 투옥하고 살해하자, 러시아 왕실엔 폭력이 난무하기 시작했다. 매일이 음모와 술책의 연속이었다. 표면적으로 볼 때, 이반은 좋은 대우를 받았다. 물론 많은 사람들이 보고 있는 앞에서만 그랬다. 섭정들은 감수성이 예민한 어린 이반이 보는 앞에서 사람들을 고문하고 죽였고, 귀족들은 두려움에 떨며 경쟁자들의 손에 죽지 않으려고 달아나곤 했기 때문에 이반은 한밤중에도 잠을 깨곤 했다.

이토록 염탐과 독살과 폭력이 난무하는 험악한 시기에 이반은 포식 동물이 먹이감을 잡은 후 먹이감이 고통스러워하는 것을 즐기는 것과 같은 것이 삶이라고 생각하게 되었다. 그는 강아지나 고양이같이 자기방어 능력이 없는 짐승들에게 자신의 욕구불만을 해소했다. 그런 짐승들의 눈을 빼고 크렘린궁의 높은 탑에서 떨어뜨린 후 계단을 달려 내려가 그 짐승들이 서서히 죽어가는 모습을 바라보곤 했다. 그것은 쾌락 이상의 것이었고, 일종의 장인정신이라 할 수 있을 정도였다.

어머니의 사랑을 받지 못한 7살짜리 소년은 외로움과 편집증에 빠졌다. 그가 사랑했던 유모 아그라페나 오보렌스키는 섭정 바실리 슈이스코프에 의해 강제로 수녀원에 보내졌고, 이반과 그의 남동생 유리는 크렘린궁에서 거지나 다름없는 신세가 되었다. 무장한 군인들이 궁전을 지키고 있었고, 난데없이 황태자의 침실로 들어와 수염을 깎으면서 가구를 뒤엎고 마음에 드는 것을 들고 가기 일쑤였다.

1538년, 이반은 어머니가 고통스럽게 죽어가는 것을 지켜보았다. 영주 바로 아래의 서열이었던 봉신 귀족들의 한 부류인 보야르[3]들이 음식에 수은을

---

3)_10세기에서 17세기까지 러시아 봉건 귀족의 최상층을 일컫는 말.

넣어 독살했던 것이다. 보야르들은 이반이 속내를 털어놓고 이야기하던 왕실의 신하들 중 하나였던 피도르 미슈린을 산 채로 거죽을 벗긴 후 모스크바 광장에 세워 많은 사람들이 보게 했다. 내로라 하는 가문들이 권력을 잡기 위해 피 튀기는 싸움을 벌이는 동안 이반의 유년기는 공포와 잔학으로 물들어갔다. 이반은 혐오스러운 짓을 일삼으며 증오심을 키워나갔다. 그로써 그의 정신과 국가에 대한 태도가 황폐해졌다.

13세가 되자 이반은 동물을 고문하는 것을 그만두고 사람들을 죽이기 시작했다. 크리스마스 직후 이반은 보야르들을 연회에 초청했다. 그들은 이반이 당당하게 서서 큰 소리로 그들이 어린 자신을 마음껏 이용했다고 비난하는 것을 놀라운 눈으로 쳐다보았다. 이반은 자신이 모든 사람들에게 책임을 물을 수도 있지만 그들의 영수인 앤드류 슈이스키 대공을 죽이는 것으로 만족하겠노라고 선언했다. 놀란 보야르들은 그토록 당당한 기세에 눌려 아무 말도 못하고 그저 듣기만 했다. 이반의 경호원들은 즉시 대공을 체포했다. 대공은 굶주린 사냥개들이 갇혀 있는 울타리 안에 던져져 잔인하게 죽임을 당했다. 슈이스키가 죽자 보야르들은 그들의 권세가 끝났고 이반이 권력을 장악했음을 인정했다. 이제 글린스키 가문이 러시아의 권력을 움켜쥔 것이었다.

이반은 술꾼인 거친 젊은이가 되었다. 그는 살인과 폭행을 저지르는 폭력배들과 어울려 모스크바 시내를 돌아다녔고, 술을 마시며 사람들의 물건을 훔치고 부녀자들을 강간했다. 그는 종종 손아귀에 걸려든 사람들을 목매달거나 목졸라 죽이는가 하면 생매장하거나 곰에게 던져주었다. 하지만 이반은 자신이 남다른 지위에 있다는 것은 결코 잊지 않았다. 술에 취했을 때나 여자와 잠자리를 할 때도 그를 통해 술을 마시고 여자를 탐하는 것은 신이었다. 그는 신이 자신을 특별한 목적으로 사용하기 위해 살려두고 있다고 믿었다. 아이러니하게도 그는 더욱 독실한 신자가 되어갔고, 자신은 지상에 출현한 신의 대리인이기 때문에 교회는 자신의 신념을 지지할 거라고 믿었다. 하지만 그가 신을 숭배하는 방식은 폭력적이었다. 그는 제단 앞에 무릎을 꿇고 성상(聖像) 앞에 몸을 던지며 커다란 혹이 날 정도로 머리를 바닥에 세게 찧곤 했다. 그러한 것은 그가 일생 동안 계속했던 습관이기도 했다.

16세가 되자 이반은 변덕스런 젊은이가 되었지만 자신이 타고난 역할을 기꺼이 맡을 준비가 되어 있었다. 보야르들의 등쌀에 괴롭힘을 당하고 있었던 러시아인들은 그들의 젊은 군주의 주의를 끌려고 무진 애를 썼지만 헛수고였다. 교만하고 난폭하고 술꾼이었지만 신앙심이 깊었던 이반은 외부의 사건에 신경을 쓰고 싶어하지 않았다. 노브고로드 근처에서 사냥을 하던 어느 날, 50명의 고문관들이 그에게 다가와 자신들을 괴롭히고 있는 강압적인 조치에 대해 불평을 하며 시정해달라고 청원했다. 이반은 그들의 말을 듣기를 거부했고, 엉뚱하게도 자신의 목숨을 노리는 음모가 꾸며지고 있다고 생각하곤 심문도 하지 않은 채 그들의 목을 베어버렸다. 죽은 자들 중에는 그의 어릴 적 친구였고 얼마 전 감옥에서 석방된 피도르 보론초프도 끼어 있었다. 이반은 자신의 정의는 절대 오류가 없으며 권력은 신성한 것이라고 믿었다.

큰 키에 깡마른 체격에, 매부리코에 적갈색 턱수염을 길게 늘어뜨리고 쏘아보는 듯한 푸른빛 눈동자를 가진 이반은 무척 넓은 알현실(謁見室)에 모든 보야르들과 신하들을 모아놓고 자신이 왕위를 계승했다는 사실을 공포한 후, 전통적인 관례를 깨고 자신을 러시아 전체의 차르라고 칭할 것을 요구했다. 이반은 모스크바의 대공들과 보야르들을 멀리 했고, 유럽 다른 나라들의 왕보다도 더 높은 지위를 인정받았다. 그는 자신이 아우구스투스 로마 황제의 직계라고 주장하며 가계를 날조하기까지 했다.

이 일이 있은 얼마 후, 이반은 젊고 순결한 모든 왕녀들과 귀족의 딸들이 차르에게 선을 보이는 스모트리니라는 전통 축제에서 아나스타샤 로마노브 나를 자신의 첫 번째 부인으로 선택했다. 이반은 처음에는 유럽 왕실과 결혼 동맹을 맺기를 원했지만, 이들의 결혼은 이반과 러시아 국민들을 행복하게 해주었다. 이반의 새 황후는 이반의 잔인한 면을 다소 억제시킬 수 있었다. 그는 그녀를 '어린 암소'라고 불렀다. 마침내 이반이 사랑하는 여인이 생긴 것이었다. 그들은 1547년 2월 결혼했고, 13년 동안 행복한 결혼생활을 했다. 조용하면서도 강인한 성격의 소유자였던 아나스타샤는 이반과의 사이에서 여섯 아이를 낳았는데, 그중 둘만이 살아남았다.

그러나 결혼을 하고 왕위 계승을 한 지 몇 달 지나지 않아 이반은 새로운 문제에 부딪혔다. 목조 주택이 대부분인 모스크바에 불이 나 도시 전체가 서서히 사라져가고 있었던 것이다. 수천 명이 죽거나 집을 잃었지만, 자기 자신 외에는 관심이 없었던 이반에게 재난이 의미하는 것은 단 한 가지였다. 즉 이반은 신이 사적인 징벌 대상으로 자신을 선택했다고 생각했다. 그리고 실베스터라는 한 성직자가 방문해 모스크바에 불이 난 것은 신이 이반의 죄를 벌하기 위한 것이라고 말했을 때 이반은 자신이 두려워하며 의심하던 것이 맞았다고 생각했다. 실베스터는 이반에게 영혼을 정화할 것을 요구했다. 이반은 늘 자신과 신이 친구 관계라고 생각하고 있었기 때문에 전국민 고해 성사라는 엄청난 조치를 결정했고, 이것은 통치기간 동안 주기적으로 벌어진 행사이기도 했지만 자신의 제왕적 지위를 강화할 수 있는 기회였다.

당시까지는 글린스키 가문이 러시아를 지배해왔다. 명예와 부를 가지고 있던 그들은 국민들을 억압했고, 돈을 강탈했으며, 감히 불평을 터뜨리는 자들에게 무자비한 벌을 가했다. 많은 사람들은 그들을 증오했고, 대부분의 보야르들은 그들을 폭군과 부정과 악의 표상으로 여겼다. 사람들이 가득 찬 붉은광장에서, 이반은 황금으로 수놓고 보석을 박은 옷을 입은 채 사람들 앞에 꿇어 엎드려 보야르들이 저지른 행위를 사과하며 국민의 보호자로서 행동할 것을 약속했고, 국민들이 사랑으로 단결하기를 호소했다. 그는 자신의 영혼은 두려움에 사로잡혀 있었으며, 가슴속에 동정심이 생기면서 영혼이 진정되었다고 주장했다. 글린스키 일가는 목숨을 구하기 위해 달아났다.

붉은광장에서 연설을 한 직후, 이반은 정부를 개혁하기 시작했다. 그는 지혜롭고 냉정한 판단력을 갖고 있고 헌신적이라고 알려진 귀족들과 성직자들로 구성된 새로운 의회인 이즈브란나야 라다(Izbrannaya Rada) 또는 '선택된 의회'라 불린 의회를 구성했다. 이 의회는 러시아에서 가장 박식한 인물로 손꼽혔던 모스크바 대주교 마카리우스와 차르를 단순한 고해자로 취급하면서 함부로 말할 수 있는 신비한 성직자 실베스터에 의해 지배되었다. 그런 다음 이반은 국가와 교회와 군대를 샅샅이 조사해 스트렐치(Streltsi)라 불리는 상비군을 창설했다. 이반은 자신의 지배 하에 있는 모든 영토는 동일한 법률을 따라야 하며 부패를 근절하겠다고 말했다. 이반은 국가를 통일시키고 지방 귀족들로부터 사법적·행정적·재정적 권한을 빼앗아야 한다는 생각에 사로잡혀 있었다.

이반은 또 영국에 러시아와 직접 교역을 시작하자고 당돌하게 요구하며 스웨덴과 네덜란드와 무역 거래 관계를 텄다. 국내에서의 정치적 성공은 러시아 남부와 동부 국경에서 중요한 군사적 승리로 연결되었다. 하지만 이반은 여전히 스웨덴, 폴란드, 타타르 등 세 지역에 눈독을 들이고 있었다. 이반은 월급을 받고 제복을 입고 유럽식으로 무장한 상비군 스트렐치를 동원해 먼저 타타르인들의 근거지인 카잔[4]을 점령했고, 1554년에는 여러 전투에서 승리하여 거의 100만 평방킬로미터의 영토를 넓혔다. 이반이 처음으로 그로 즈니란 별명을 얻게 된 것은 타타르인들과 전쟁을 벌일 때였다. 그로즈니라 는 별명은 처음에는 공포를 조장하는 인물이라는 뜻보다는 강력한 통치자로 서의 자질을 갖고 있다는 의미였다.

하지만 이반의 사디즘과 복수 취향은 골수 깊이 박혀 있었다. 1553년 이반 은 깊이 병들었고, 그 결과 보야르들을 불러들여 자신의 1살 난 아들 디미트 리에게 충성을 맹세하라고 요구했다. 하지만 처음에 그들은 이반의 요구를 거부했다. 만약 차르가 죽는다면 무정부 상태에 빠질 것이고, 섭정들의 통치 가 시작될 것이 두려웠기 때문이었다. 이반은 그들의 불충에 격노해 해묵은 모든 증오가 다시 솟아남을 느꼈다. 하지만 병이 낫는다면 음모를 꾸민 자들 을 모두 용서하겠노라고 신에게 맹세했었기 때문에, 이반은 냉정하게 병석 에서 일어나기만을 기다렸다. 아이러니하게도, 이반이 병에서 회복하자 왕 실의 종친들은 수도원으로 가서 신께 그를 소생시켜주셔서 감사하다는 기도 를 드리려고 했고, 그 와중에 유모가 디미트리를 강물에 빠뜨려 익사시킨 일 이 일어났다. 그로부터 9개월 후 아나스타샤는 아들을 낳았고, 그의 이름은 이반이라 지어졌다.

이반은 아내와 실베스터, 알렉세이 아다셰프의 조언 덕택에 13년 동안이 나 비교적 지혜롭게 러시아를 통치했다. 외국의 비평가들도 그가 뛰어난 군 주였음을 인정한 바 있다. 그러나 1560년 8월 7일, 이반이 사랑했던 아나스 타샤는 오랜 지병으로 고통을 당하다 숨을 거두었다. 모스크바 주민들은 매 력적인 황후의 죽음을 애도했고, 비탄에 빠진 그들의 애도 소리는 성직자들

---

4)_러시아 타타르스탄 자치공화국의 수도. 15세기에서 16세기에 타타르인이 건국한 카잔 한국의 수도였는데, 1552년 러시아의 이 반 4세가 점령하여 러시아인이 이주하기 시작하였으며, 볼가강 수상교통의 중심지로서 번영하였다.

의 찬송가보다 더 컸다. 이반은 아나스타샤의 관 뒤에서 왕관을 벗고 동생의 부축을 받은 채 걸어다녔고, 그리고는 아내의 침실을 떠나지 않고 절망에 빠져 고함과 비명을 질러댔다. 다시 한번 칩거한 채 자신에게 닥친 형벌의 이유를 알아내려 애쓰던 이반은 아나스타샤가 독살되었다고 확신하게 되었고, 그는 다시금 오랫동안 억눌렀던 잔인성을 표출하기 시작했다. 그는 난폭한 행동을 보이는 한편 회한에 빠져들었고, 그러는 동안 경건한 신앙심은 신성모독과 미신으로 기울어갔다. 이반은 '아나스타샤를 데려간 신은 잔인하고 무분별했다. 이제부터 나도 똑같이 행동할 것이다'라고 결심했다. 그는 스스로 신과 같이 모든 도덕률에서 면제되었다고 생각했고, 신이 그에게 해를 끼쳤기 때문에 자신도 신에게 해를 끼칠 권리가 있다고 생각했다.

이반은 신하들이 모두 보는 앞에서 마루에 쿵 소리를 내며 머리를 찧으며 보야르들에게 분노를 터뜨렸고, 가구들을 때려부쉈다. 그런 다음 그의 의심은 근거없는 불신으로 변해 가족을 몰살시키기에 이르렀다. 밀고자들이 사방에서 크렘린궁으로 몰려들었고, 이반에게 부지런히 일러바쳤다. 사법관들은 차르를 기쁘게 하기 위해 진실한 증거를 찾으려 하지 않았다. 차르가 일으킨 수많은 전쟁에서 충성을 다 바쳐 싸웠던 많은 귀족들이 고문을 받고 아이들과 함께 교수형에 처해졌다. 그는 실베스터를 한 수도원에 유폐시켰다. 실베스터는 어둠 속에서 죽어갔고, 아다셰프 역시 투옥된 지 두 달 만에 의문의 죽음을 당했다.

그 후, 이반의 결혼생활은 엉망이 되었고, 그는 점점 더 자기중심적이 되어갔으며, 변덕스럽고 편집광적인 기질을 드러냈다. 1561년, 그는 체르케스 출신의 미인 마리아 템리우코브나와 결혼했다. 하지만 그는 곧 그녀에게 싫증이 났다. 그녀는 1569년에 죽었고, 그는 장사치의 딸인 마르타 소바킨과

많은 단점을 가졌음에도 불구하고 이반 4세는 러시아의 상업과 문화에 지대한 공헌을 했다. 모스크바의 붉은광장에 있는 성 바실 대성당은 1555년에서 1560년에 이반 4세의 명령으로 그리스정교를 탄생시킨 성 바실리(영어식 이름으로는 바실)를 추모하기 위해 건립되었다. 그렇지만 이반은 대성당이 완성되자 그보다 더 아름다운 성당을 절대 만들 수 없게 하기 위해 건축가의 두 눈을 뽑으라고 명령했다고 한다. (ARCHIVO ICONOGRAFICO, S.A. / CORBIS)

결혼했다. 하지만 그녀도 결혼한 지 2주일 후에 죽어버렸다. 이반의 네 번째 부인은 안나 콜토브스카야였는데, 그녀는 1575년 수녀원으로 보내졌다. 그는 안나 바실치쿠라와 다섯 번째 결혼을 했고, 곧 바실리사 멜렌티에브나와 결혼했다. 그녀는 우둔하게 남자를 침실에 끌어들인 죄로 수녀원으로 보내지기 전날 창문 아래에서 꼬챙이에 꿰어져 죽었다. 일곱 번째 결혼식을 올린 후, 이반은 새 신부 마리아 돌구루카야가 처녀가 아님을 알게 되었다. 그는 다음 날 그녀를 물에 빠뜨려 죽였다. 1581년에 결혼한 그의 마지막 아내 마리아 나가야는 그보다도 오래 살았다.

러시아의 감옥과 수도원들은 이반의 눈 밖에 난 사람들로 넘쳤다. 사람들을 죽일수록 그는 더 많은 사람들을 죽이고 싶어했고, 피를 볼수록 더 많은 신선한 피를 갈구했다. 이반은 소심하고 순종적이어서 자신을 결코 거역하지 않고 오히려 환락으로 이끄는 서열이 낮은 귀족들을 뽑아 마음에 들지 않는 보야르들과 교체했다. 다음 해에 이반의 동생 유리와 막내아들 바실리, 그리고 마카리우스 대주교가 죽었다. 이반과 그의 과거를 연결해주었던 마지막 인연이 모두 끊어진 것이다. 그의 유년기를 목격한 사람이나 그가 믿을 수 있다고 느꼈던 사람들은 하나도 남아 있지 않았다.

1564년 크리스마스 직후, 이반은 갑자기 자신의 소유물과 보물들을 꾸리고는 양위하겠다는 심중을 밝힌 후 가족을 모두 데리고 몰래 모스크바를 떠나 알렉산드로브스카이아 슬로보다로 향했다. 하지만 어리석은 행동이었다. 왜냐하면 16세기의 러시아인들에게 이반은 국가의 우두머리일 뿐 아니라 국가 그 자체로 여겨졌기 때문이었다. 하지만 그것은 교묘한 사기 행각이었다. 이반은 두 통의 편지를 남겼다. 하나는 귀족들과 장군들 중 불온하고 배신을 일삼고 범죄를 저지른 자들에게 보낸 것으로, 그들이 보물을 약탈하고 농부들을 착취했다고 비난하는 편지였다. 또 하나는 모스크바에 있는 외국과 러시아의 상인들과 모든 기독교도들에게 보낸 것으로, 자신이 보야르들과 성직자들을 증오하는 만큼 그들을 사랑한다고 씌어 있었다. 편지는 즉시 공개되었고, 러시아는 혼란에 빠져들었다. 시민들은 이반 4세가 돌아오기를 간청했고, 고위 성직자들과 귀족들로 구성된 사절단이 파견되어 차르에게 양위를 재고해달라고 간청했다. 그는 이 한판의 도박으로 엄청난 이익을 챙겼다. 한 달 후, 이반은 의기양양하게 모스크바로 돌아왔다. 하지만 그 전에 이미 자신이 불충하다고 생각하는 자는 누구든 징벌할 수 있고 그들의 재산을 마음대로 처분할 수 있는 절대권력을 요구해 부여받았던 것이다. 그 후, 그는 교회보다 더 크고 더 높은 권력을 가진 사람으로서 신의 의지를 해석하고 집행할 수 있는 유일한 존재가 되었다. 공포 통치가 시작되려 하고 있었다.

1565년 2월 2일, 이반은 모스크바에 다시 입성했다. 목격자들의 말에 의하면, 34살의 차르는 외모가 노인과 같았다고 한다. 그의 얼굴은 잿빛이었고 주름살이 가득했으며, 눈은 총기를 잃었고, 머리는 산발했으며, 창백한 입술은 굳게 다물고 있었고, 이마에는 깊은 고랑이 파여 있었다. 그는 군중들을 둘러보면서 멍한 눈동자를 하고 있었다. 돌아온 지 한 달도 안 되어 이반은 러시아를 반으로 분할했다. 이반이 다스리는 젬슈키나(zemshchina)에는 두마(Duma)[5]와 같은 의회나 보야르들과 관리들의 의회가 있었고, 가장 기름진 땅이었던 오프리츠니나(Oprichnina)[6]는 차르의 사영지로 이반이 마음대로 다스릴 수 있었다. 2월 4일, 바로 이날 오프리츠니나가 만들어졌고 도살이 시작되었다.

---

5)_ 1906년부터 1917년까지 존속한 제정러시아의 의회.  6)_ 1556년 귀족 계급을 억압하기 위해 차르의 소유로 귀속시킨 특별 영지.

이반은 자신의 절대 악법을 실시할 수 있도록 러시아 최초의 비밀경찰 오프리츠니키(Oprichniki)[7]를 창설했다. 사람들은 오프리츠니키가 슬쩍 쳐다보기만 해도 두려움에 떨었다. 그들은 모스크바 거리를 활보하고 다녔으며, 검은 제복에 검은 말을 타고 시골길을 달렸으며, 반역 행위를 일소하고 반역자들을 처단하는 그들의 임무를 상징하는 듯 빗자루와 개를 끌고 다녔다. 이반은 급료를 받는 하인들로 구성된 새로운 귀족 계급을 만들어냈다. 오프리츠니키 중 핵심 인물들은 모두 중요한 문제들을 해결하고 다녔고, 이반의 욕구를 충족시켜주었다. 그들 대부분은 피도 눈물도 없는 사악한 범죄자들이었다. 그들은 법 위에 있었고, 그들에게 무례한 행동을 하면 중죄를 저지르는 것으로, 죽음이라는 형벌을 받게 되었다. 그들은 보복에 대한 두려움 없이 사람들에게 벌금을 부과하거나 고문, 강간, 약탈, 방화를 저지를 수 있었다.

보야르들은 이반이 자신들의 마을과 농부들과 재산을 몰수함으로써 자신들에게서 영원히 권력을 빼앗으려 한다는 것을 깨달았다. 오프리츠니키의 손에 죽은 귀족들은 1만 명에 달했고, 1만 2,000여 가구가 토지를 몰수당한 채 강제로 이주했다.

이반은 탄압하면 할수록 더욱 미움을 받는다는 것을 알고 있었다. 그는 더 많은 미움을 받을수록 자신의 목숨을 노리려는 음모를 꾸미는 자들을 확실하게 찾아내려고 했다. 그는 두려움 때문에 잠을 잘 수가 없었고, 어디서나 사악한 징조를 보았다. 모스크바는 더 이상 안전해 보이지 않았고, 그래서 이반은 해자(垓字)[8]와 성벽으로 둘러싸인 알렉산드로프스카이아 슬로보다 궁전으로 거처를 옮겼다. 음산한 궁전의 내부는 이반이 가진 네 가지 각기 다

---

7)_구소련의 KGB의 기원이라 할 수 있는 이반 4세의 친위대.  8)_도시 성곽 둘레를 파고 물을 부어 만든 못.

이반은 러시아 최초의 비밀경찰 오프리츠니키를 창설했다. 이들은 주인의 명령에 광신적으로 충성을 바치는 잔인한 군대였다. 이 그림에서는 오프리츠니키가 이반에게 항복하려는 카잔 사람들에게 검을 겨누고 있는 것을 볼 수 있다. 오프리츠니키에게 무례한 행동을 하면 죽음으로 보복당했다. (BETTMANN/CORBIS)

른 성격을 보여주고 있었다. 어떤 방들은 지나치게 화려하게 장식되어 있었고, 어떤 방에는 귀중한 책들과 양피지들이 빽빽이 들어차 있었고, 또 다른 방들은 수도원의 독방과 같았고, 지하의 방들은 지하 감옥으로 사용되고 있었다.

광적인 신앙에 사로잡힌 이반은 가장 용맹한 300명의 오프리츠니키를 직접 뽑아 궁전에 배치한 후 궁전을 수도원으로 만들어버렸다. 그는 남자들은 수도사가 되는 것이며, 자신은 그들의 수도원장이 되는 것이라고 선언했다.

모든 수도사들은 황금이 점점이 박힌 가죽 코트 위에 검은 성의를 입었다. 이반은 정말로 자신이 수도원의 새로운 규율을 창조했다고 믿었다.

이반과 그의 부하들은 네 시간 동안 예배를 드린 후에는 점심을 먹고 잠시 수면을 취하는 등 엄격한 일과표를 준수했고, 오후에는 지하 감옥을 방문해 고문과 사형을 집행하곤 했다. 그들은 정기적으로 신성모독적인 예배를 본후 강간과 고문을 자행했다. 이반은 자주 불에 달군 날카로운 족집게로 늑골에 구멍을 내는 의식을 주관하기도 했다. 열정적인 회개의 행동은 통음난무로 변질되었다. 제단 앞에 몸을 던지고 이마를 짓찧어 유혈이 낭자하고 멍이들 정도로 격렬하게 예배를 드린 후, 이반은 자신의 술취한 신도들에게 기독교의 덕목에 관한 설교문을 낭독했다. 이반의 설교가 끝난 후에는 어마어마한 식사의 향연이 베풀어졌고, 식사하는 동안 이반을 즐겁게 하기 위해 오락경연이 펼쳐지곤 했다. 이반의 부하들 중 가장 잔인하고 방탕한 자들인 마리우타-스쿠라토프는 농부의 딸을 벌거벗겨서 머리를 늘어뜨리고 유방을 흔들며 암탉들을 뒤쫓아 다니게 하고, 그동안 오프리츠니키는 두려움에 질린 희생자들에게 화살을 쏘아대게 했다. 잠깐 눈을 붙인 후 이반은 교회로 돌아와 기도를 드리곤 했다. 그는 자신의 영혼을 불러들여 신이 그의 귀에 대고 제단에 바칠 새로운 희생자의 이름을 속삭이는 것을 듣곤 했다. 그는 무릎을 꿇고 기도하는 동안 피에 굶주린 명령을 내리곤 했다.

34살의 나이에 이반은 이미 공포의 대명사가 되어 있었다. 그는 화가 날때마다 끝에 뾰족한 쇳조각을 붙인 길다란 나무 막대기로 사람들을 괴롭히거나 죽여댔다. 그는 자신을 화나게 하는 사람들을 채찍으로 후려갈기기도했다. 보리스 텔루파 대공은 '길고 뾰족한 말뚝으로 하체에서 목까지 관통해꿰어졌다. 그 상태에서 그는 15시간 동안 숨이 붙어 있었다. 이반은 그의 어머니를 불러 그 광경을 보게 했다. 그녀는 아들이 숨을 거둔 후 100명의 군인에게 강간당해 죽었다. 그런 다음에는 차르의 굶주린 사냥개들이 그녀의 살과 뼈를 뜯어먹었다.' 이반의 악랄한 행위에서 빠져나간 사람은 아무도 없었다. 그의 재무관이었던 니키타 푸니코프는 펄펄 끓는 가마솥에 던졌다. 실제로 이반은 심각한 과대망상증 환자였기 때문에 1567년 엘리자베스 1세에게 정치적 망명을 권유하는 동시에 구혼을 한 적도 있었다.

차르의 주변에는 허약한 자들과 겁쟁이들만 득시글거렸다. 그는 스스로 비학(秘學)의 창시자라 주장하며 이반에게 너무나 많은 적들이 있음을 상기시킴으로써 그의 편집증을 더욱 부추겼던 네덜란드 모험가 보멜리우스와 같은 사람들에게 조언을 받았다.

이반의 지배력이 공고해질수록 그의 통치에 저항하는 세력은 거의 없었다. 1568년, 러시아정교의 수장인 필립 대주교가 부당하게 반역죄로 고발된 사람들을 대신해 자비를 간청했을 때, 이반은 처음에는 그를 감히 직접적으로 공격하지는 못했다. 그 대신 그는 몇 명 성직자들을 체포해서 고문하는 것으로 만족했다. 하지만 몇 달 후 미사를 보는 동안 한 오프리츠니키가 테두리 없는 성직자용 모자를 쓰고 있었다며 이반이 이를 허락해서는 안된다고 필립 대주교가 책망하듯 간언했을 때, 이반의 더 이상 인내하지 못했다. 이반은 필립 대주교를 체포하라고 명령했다. 필립 대주교는 감옥에 갇혀 있는 동안 노브고로드로 밀사를 보내려다 발각되었다. 이 사건으로 노브고로드의 시민들이 6만 명 이상 학살당했고, 그는 이반의 충실한 근위병 마리우타—스쿠라토프에게 목졸려 죽었다.

자신의 전지전능함을 과시하려는 욕망에 사로잡힌 이반은 사람들을 벌하는 것으로는 더 이상 만족할 수 없었다. 그는 마을 전체를 벌주어야 했다. 그는 최근에야 이반의 영토에 병합된 노브고로드의 뻣뻣한 태도를 오랫동안 못마땅해했던 것이다. 이반은 처음에는 650명의 인질들을 모스크바로 보내는 데 만족했지만, 노브고로드에 반감을 갖고 있는 누군가가 쓴, 도시의 모든 명망가들의 서명이 들어 있는 위조된 편지를 입수하게 되자 이반은 적당한 구실을 찾은 셈이었다. 1569년 12월, 이반은 자신의 오프리츠니키 군대를 이끌고 모스크바를 떠났다. 그는 노골적인 쾌락과 피를 좋아하는 아버지를 꼭 빼닮은 아들 이반을 데리고 갔다. 노브고로드로 가는 도중, 이반은 클림 주민들을 학살하라고 명령함으로써 기분을 전환했다. 그 후 5일 동안 이반이 한 수도원에 들어가 기도하는 동안 오프리츠니키는 집집마다 돌아다니며 닥치는 대로 약탈과 강간을 자행했다.

그리고 1570년 1월 8일, 이반은 두려움에 질려 모두 달아난 황량한 도시로 들어갔다. 먼저 그는 성당을 약탈했고, 그 다음 날에는 노브고로드에 정의를 실현하기 시작했다. 한 독일 용병은 '차르는 말에 올라 창을 휘두르며 사람들 사이를 누비고 다녔고, 그동안 그의 아들은 그 광경을 즐겁게 지켜보고 있었다'고 썼다. 5주 동안 매일 1,000여 명의 시민들이 광장으로 끌려나와 차례로 고문받고 도살되었다. 오프리츠니키는 사람들을 채찍으로 때리고, 사지를 부러뜨리고, 혀를 자르고, 콧구멍을 찢고, 거세하고, 낮은 불에 굽는 등 여러 가지 방법을 동원해 고문했다. 그런 다음 그들은 모든 사람들을 한번에 볼코프강의 얼음장 같은 물에 빠뜨렸다. 물 위로 고개를 내민 사람들은 보트에 탄 오프리츠니키들이 보트 갈고리와 창과 도끼로 죽여버렸다. 그리고 수많은 시신들이 볼코프강을 떠다녔고, 강둑엔 시신들이 무더기로 쌓여 있었다. 2월 12일, 마침내 이반은 각 거리에서 생존자를 한 명씩 붙잡아왔다. 이제는 죽었구나 하고 겁에 질려 있던 그들은 뜻밖에 이반이 부드럽게 대하는 것을 보고 놀랐다. 그는 피를 뒤집어 쓴 다음 원기와 젊음을 회복했던 것이다. 그는 그들에게 안심하고 집으로 돌아가라고 말했다. 노브고로드의 학살은 끝이 났다. 하지만 도시는 결코 복구되지 못했다.

그해가 끝나갈 무렵, 이반이 대중 재판을 선동하자 모스크바엔 두려움이 고조되기 시작했다. 이반은 발코니에 서서 일꾼들이 17개의 교수대와 장작더미 위로 물이 들어 있는 거대한 가마솥 하나, 남자 키만한 프라이팬, 마찰시켜 신체를 두 동강 내기 위해 팽팽히 당겨진 밧줄들 등을 설치하는 것을 내려다보았다. 이반의 군사적 승리를 축하하기 위해 지어진 붉은광장의 성바실 대성당 앞에서 300명이 넘는 사람들이 교수형을 당하거나 끓는 물에 끓여지거나 도끼에 맞아 죽거나 했다.

하지만 이반이 저질렀던 일들은 모두 고스란히 되돌아왔다. 타타르인들이 모스크바를 침략했던 것이다. 1571년 5월 24일 아침, 타타르인들은 모스크바 교외의 가옥에 불을 질렀고, 때마침 불어온 바람을 타고 불꽃은 사방으로 번져나갔다. 시민들은 크렘린궁으로 대피하려고 했지만 문은 봉쇄되어 있었고, 더욱 겁에 질린 모스크바 사람들의 공격을 받고 많은 사람들이 죽어갔다. 세 시간도 안 되어 모스크바는 잿더미 폐허로 변해버렸다. 하지만 커다란 성벽으로 둘러싸인 크렘린궁만은 무사했다. 차르는 알렉산드로브스카이아 슬로보다로 달아났다. 1572년, 타타르인들이 다시 모스크바를 침공해왔다. 하지만 이번에는 이반에게 운이 좋았다. 보로틴스키 대공은 타타르인들을 맞아 압도적인 수적 우세를 보이며 완전한 승리를 거두었다. 러시아는 타타르인들의 위협에서 벗어났다. 이반은 승리에 기여한 바가 하나도 없었지만 모든 것이 자신의 공인 양 의기양양하게 모스크바로 귀환했다. 그로부터 6년 후, 이반은 음모를 꾸며 보로틴스키를 고문해 죽여버렸다. 그는 국민적 영웅이 되어 있었기 때문에 이반으로서는 용서할 수 없었던 것이다.

이반의 군대는 강력한 힘을 갖고 있었기 때문에 든든한 보호막이 되었지만, 외국에서는 오프리츠니키를 곱지 않은 시선으로 바라보고 있었기 때문에 이반은 자신의 이미지에 오점을 남기지 않기 위해 오프리츠니키를 해체시켰다. 그러자 일대 혼란이 일어났고, 명령 체계가 붕괴되었다. 러시아를 둘로 분할한 이반의 정책은 러시아의 방어 능력을 크게 약화시켰다. 농민들은 농노제라는 멍에를 쓰고 고통받고 있었고, 귀족들은 언제 죽임을 당할지 몰라 전전긍긍하고 있었던 러시아 사회는 커다란 혼란 속으로 빠져들었다. 오프리츠니키와 이반은 러시아 전역을 유린함으로써 국가를 파국으로 몰아넣었던 것이다. 엄청나게 멀리까지 뻗쳐 있던 땅들은 개간되지 않은 채로 남겨져 있었고, 러시아에도 기아와 페스트가 찾아왔다.

1578년, 이반은 중병을 앓고 있었다. 등에 커다란 종기가 여러 개 생겨 조금만 움직여도 심한 고통을 느꼈다. 그는 혼자 옷을 입을 수도 없었고, 식사를 하거나 기도를 하기 위해 무릎을 구부리거나 절을 할 수도 없었다.

이반의 분노는 이제 신체적 고통으로 인해 더욱 커졌고, 엄청난 대가를 치렀다. 1582년 11월 9일, 그는 자기가 싫어하는 옷을 입었다는 이유로 며느리를 구타해 유산시켰다. 이반 4세의 아들이자 상속자인 이반은 아버지와 격렬한 말다툼을 벌였고, 이반 4세는 화가 나 나무 지휘봉으로 아들의 머리를 후려갈겼다. 아들은 며칠 후 죽었다. 새로운 상속자가 된 피도르는 귀머거리였고, 머리와 코가 엄청나게 컸다. 그는 금치산자였고, 아이도 없었다. 누구의 제지도 받지 않고 아무 거칠 것이 없었던 이반 4세의 권력을 계승할 후계자가 없었다.

아들의 관에 머리를 부딪치며 짐승의 울음소리를 내던 이반은 죄의식과 두려움에 사로잡혀 미치광이가 되었다. 그는 수은중독자가 되어 침실에 수은이 가득 담긴 가마솥을 들여놓았을 정도였다. 신의 천벌을 두려워한 이반은 모든 처형을 중지시켰고, 그가 행했던 모든 일을 후회하며 신에게 용서해달라고 빌었다. 1년 후, 그는 자식들을 모두 불러모아 그들에게 자비로운 지배자가 될 것이며 사람들을 욕하기 전에 생각해보라고 당부했다. 그는 억울하게 죽어간 사람들의 명단을 보여주며 그들의 영혼을 위해 기도해달라고 돈을 내놓았다.

이반의 방탕한 생활은 엄청나게 뚱뚱해진 몸집에서 볼 수 있었다. 그는 대머리 아래쪽에서부터 어깨까지 흘러내린 긴 백발로 제 나이보다 더 늙어 보였고, 만년에는 들것에 실려 다녀야 했다. 그의 몸은 점점 불어났고, 피부는 벗겨져 내렸다. 기록에 따르면, '그는 심하게 살이 찌기 시작했다. 하지만 그 몸으로 50년 이상을 살아왔고, 수천 명의 처녀들의 순결을 짓밟은 것과 그의 씨를 받아 태어나 버려진 수천 명의 아이들이 있음을 늘 자랑스러워했다.'

죽기 전에 차르는 60명의 점성술사들을 불러 별점을 치게 했다. 그들은 그가 1584년 3월 18일에 죽을 거라고 예언했다. 바로 그날, 이반은 예언의 실현을 기다렸지만 불길한 예언에도 불구하고 몸 상태는 좋게 느껴졌다. 그는 자신의 고문관 벨스키를 점성술사들에게 보내 그들의 예언이 맞지 않으면 불태워져 죽거나 생매장될 거라고 협박했다. 하지만 그들은 태연자약했다. '태양이 져야만 하루가 끝나는 것'이라는 것이 그들의 대답이었다. 차르는 목욕을 마친 후 앉아서 체스를 두다가 죽었다. 우연히 그 자리에 있었던 한 영국인 제롬 고세는 차르가 '가사 상태'에 빠졌다고 썼다. 다른 동시대인들도 차르가 갑작스럽게 죽었다는 데 동의하면서 그가 독살되었다고 주장했다. 하지만 진실이 무엇이었는지는 알 수 없다. 그의 시신을 해부한 결과 범죄의

흔적은 찾을 수 없었다. 하지만 당시로서는 차르가 병을 앓으며 너무 허약해져 있었기 때문에 쉽게 숨을 멈출 수도 있었다.

이반이 죽고 나자 러시아는 황량한 나라가 되었다. 행정은 마비 상태에 빠졌고, 이반 4세의 치하에서 살아남은 보야르들은 쓰디쓴 원한만을 품게 되었고, 이반과 전쟁을 치르며 약탈과 고문을 당하고 폐허만 남은 외국의 적들은 증오심만 키웠다. 이 모든 것이 결합되어 러시아는 약화되고 분열되었다. 오프리치니키가 공포 정치를 하는 동안 농부들은 끝없이 펼쳐져 있던 경작지들은 버리고 달아났고, 개간되었던 땅은 다시 숲으로 변해버렸다.

이반이 통치했던 암흑기 동안 귀족 가문은 남아나지 않았고, 살아남은 몇몇 가문도 결국은 사라져버렸다. 러시아 전체의 차르였던 공포의 이반 4세는 전쟁을 통해 침묵하는 법을 배운 사람들, 자신의 속내를 결코 말하지 않는 동시에 어떤 의견도 제시하려 하지 않는 사람들만이 살아남는 체제를 만들어냈다. 그는 비대한 상부 조직을 갖고 있고 행동을 예측할 수 없고 전제적인 하지만 결국은 그런 이유로 소멸하게 되어 있는 차리즘(Tsarsm)[9]이라는 독재 정치의 토대를 닦은 인물이었다.

---

9)_ 차르를 중심으로 한 제정러시아의 전제적 정치 체제. 지주와 귀족과 상층 시민을 사회적 지주로 삼고 엄격한 신분질서와 관료주의를 특징으로 하였다.

ELIZABETH, COUNTESS BATHORY

드라큘라 백작 부인

# 엘리자베스 바토리 백작 부인

피고는 야수나 다름없다.
피고는 몇 달 안에 죽을 것이지만, 지상의 공기를 마실 자격이 없고
하나님의 빛을 볼 자격은 더더욱 없다.
피고는 이 세상에서 사라질 것이고, 다시는 소생하지 않기를 바란다.
어둠이 피고를 감싸면
피고는 자신의 짐승 같은 삶을 후회하게 될 것이다.
_ 검사의 논고

Countess Dracula

트란실바니아의 '흡혈귀 백작 부인'으로 알려져 있는 엘리자베스 바토리. 그녀는 유럽에서 가장 아름다운 여인 중 한 사람이었으며 살인자이자 사디스트였다고 전해지고 있다. 그녀가 보여주었던 무섭고 잔혹한 성정은 논외로 하고 그녀의 국적과 조상들을 살펴보면, 그녀가 흡혈귀 드라큘라의 전설과 분명히 관련이 있다는 사실을 알 수 있다. 이 그림은 1585년에 그려진 초상화 원본을 도난당한 후 다시 그린 복사본이다.

(1997-2001 BY DENNIS BATHORY-KRIZ; WEBLINK; HTTP://BATHORY.ORG)

엘리자베스 1세, 이반 뇌제, 루이 8세 등과 같이 강력한 힘을 가진 유럽의 군주들이 활동하던 시기에도, 고대의 미신과 같은 삶을 살았던 지역이 있었다. 그곳은 바로 트란실바니아로 유럽에서도 베일에 가려진 수수께끼 같은 지역이었는데, 이 지역에서는 '흡혈귀 백작 부인'이라 불리는 사악한 여인이 실권을 쥐고 있었다. 그녀는 자신의 하인들과 농부들의 딸들에게 믿을 수 없는 잔인한 짓을 가했고, 공포 정치를 펴는 동안 650명이 넘는 사람들을 살해한 사디스트였다. 산꼭대기에 지어진 단단한 요새와 같은 카크티스(Cachtice) 성이 바로 그녀가 피의 축제를 즐겼던 곳으로, 농부들에게는 '흡혈귀 성'으로 알려진 곳이었다.

엘리자베스 바토리는 1560년에 태어나 트란실바니아[1]의 가족 영지 에크세드에서 성장했다. 바토리 가문은 부자였고, 그 지역 전체에서 가장 힘있는 신교도 가문 중 하나였다. 그녀의 아버지 게오르그는 목사였고, 사촌인 안나와 결혼했다. 그녀의 가계에서는 많은 전쟁 영웅들뿐 아니라 추기경을 배출했고, 장차 폴란드 왕도 배출할 예정이었다. 하지만 엘리자베스의 친척들 중에는 소수의 헝가리 귀족 가문들 사이의 근친결혼이 계속된 결과 보통 사람들과는 다른 이상한 사람들도 있었다. 엘리자베스의 삼촌들 중 하나가 사탄을 숭배하는 의식에 빠져버렸다는 소문이 돌았고, 숙모 클라라는 자신의 하

---

1) 루마니아 북서부 지방을 총칭하는 역사적 지명. 북쪽은 러시아연방, 서쪽은 헝가리, 남서쪽은 유고슬라비아와 접하고, 동쪽은 동 카르파티아산맥, 남쪽은 남 카르파티아산맥이 자연의 경계를 이루고 있다. 좁은 의미로는 이 두 산맥과 서 카르파티아산맥으로 둘러싸인 트란실바니아 대지를 가리키며, 넓은 뜻으로는 남서부의 도나우강에 이르는 바나트 지방까지를 포함한다.

인들을 고문하기를 즐긴 유명한 양성애자였고, 엘리자베스의 오빠 슈테판은 술꾼에 호색한이었다. 엘리자베스 일가의 많은 사람들은 간질, 광기 그밖에 정신병력이 있었다. 엘리자베스는 어린아이였을 때부터 분노가 치밀고 통제할 수 없는 행위를 하게 될 때면 마약을 맞곤 했다.

그녀가 태어난 직후 오스만제국은 쇠퇴하기 시작했다. 왕위를 승계한 몇몇 술탄들이 전쟁보다는 하렘에서의 쾌락에 더 탐닉했기 때문에 트란실바니아에 대한 터키의 지배력도 약해졌다. 오스만제국 왕실에서 일어난 몇 가지 이상한 사건은 틀림없이 어린 엘리자베스의 귀에까지 들려왔을 것이다.

6살이 되었을 때, 그녀는 오래도록 기억에 남는 한 사건을 목격했다. 집시들의 무리가 그녀의 집에 불려와 마당에서 여흥을 베풀고 있었다. 그들이 머무는 동안, 그들 중 한 명이 자기 아이들을 터키인들에게 팔았다고 고발되는 일이 일어났다. 그는 유죄가 인정되어 사형선고를 받았다. 그의 길고 애처로운 울음소리는 성 안에 메아리쳤고 엘리자베스는 틀림없이 그 소리를 오래도록 들었을 것이다. 새벽녘이 되어 그녀는 가정교사 몰래 성을 빠져나가 처형 현장으로 달려갔다. 거기서 그녀는 말 한 마리가 매여 있는 것을 보았다. 병사들은 말의 배를 가른 다음 그 안에 사형선고를 받은 사람을 밀어 넣었다. 그러자 죽어가는 짐승의 배 밖으로 그의 머리만 튀어나왔다. 그러는 동안 길다란 바늘과 거친 실을 가진 한 병사가 말의 배와 범죄자를 꿰매버렸다.

엘리자베스는 매우 똑똑했고, 트란실바니아를 통치하는 대공조차 거의 읽고 쓸 줄 모르던 시기에 헝가리어와 라틴어와 독일어를 능숙하게 구사할 줄 알았던 아이였다. 그녀는 또 일찍이 말을 잘 듣지 않는 농부들을 무자비하게 다루는 법을 배우기도 했다. 대부분의 아이들이 타인에 대한 공격적 성향을 억누르는 법을 배웠지만, 엘리자베스는 그렇지 않았다. 1571년, 11살이 되자 그녀의 사촌 중 하나가 트란실바니아를 통치하는 대공이 되었다. 그로부터 2년 후, 농부들이 폭동을 일으키자 트란실바니아 대공은 혐의자로 지목된 54명의 귀와 코를 베어버리고 교수형에 처하라고 명령했다.

그해가 끝나갈 무렵, 엘리자베스는 잔인하고 냉혹한 전사였던 '헝가리의 검은 영웅' 페렌츠 나다스디와 약혼했다. 그는 1555년 귀족의 아들로 태어났지만 바토리 가문만큼 부유한 집안은 아니었다. 그는 빈에서 학교를 다녔지만, 운동을 잘했고 친구들 사이에서 인기가 좋았던 것을 빼면 그닥 우수한 학생은 아니었다.

엘리자베스는 빠르게 성숙했다. 그녀는 남자 옷을 즐겨 입었고, 남자들이 하는 놀이를 즐겨 했다. 하지만 불행하게도 그녀는 한 농부의 아이를 임신하게 되었다. 아기는 태어나자마자 엘리자베스가 살아 있는 동안에는 결코 다시 나타나지 않겠다는 약속을 받고 농부의 아내에게 보내졌다.

1575년 5월 8일, 15살이 된 그녀는 21살의 나다스디와 바란노 성에서 결혼식을 올렸다. 신성로마제국의 막시밀리안[2] 황제도 초청된 장엄한 결혼식이었다. 하지만 황제는 바란노까지 가기에는 거리가 너무 멀어 참석하지 못했고, 대신 사절단과 값비싼 결혼선물을 보냈다.

페렌츠는 군인이었고, 터키인들과 싸우느라 늘 집을 비웠다. 그는 적군의 병사들이 듣기만 해도 겁을 집어먹는 '사악한 5인조'로 알려진 날카로운 검을 잘 쓰기로 유명한 다섯 명 중 하나였다. 엘리자베스는 나다스디 가문의 영지인 헝가리의 사르바르 성을 지키고 있었다. 미인으로 소문난 그녀는 자신의 하인들을 잔인하게 대하기로도 악명이 높았다. 그녀는 권력을 휘두르

---

2)_ 젊어서 루터파의 영향을 받아 신구 양파의 조정에 노력했으나, 루터 제후의 지지를 얻지 못해 1562년 가톨릭에 복귀하였다. 같은 해 보헤미아 왕이 되고, 1564년 이후 신성로마제국 황제가 되었다.

기를 즐겼고, 사유지를 고문실로 운영했다. 그녀에게는 수많은 정부가 있었고, 그녀의 땅을 지나가다 발견되는 사람들은 남자들이건 여자들이건 누구라도 무사히 지나가기를 기대할 수 없을 정도였다.

결혼 후 처음 10년간, 엘리자베스는 페렌츠와 동침한 적이 드물었기 때문에 아이를 갖지 못했다. 그런 다음 1585년 그녀는 안나라는 딸을 낳았고, 그후 9년 동안 우르술라와 카테리타라는 두 명의 딸을 더 낳았다. 그리고 1598년 외아들 파울을 얻었다. 그녀의 친척들에게 쓴 편지로 미루어 짐작하건대, 엘리자베스는 모성애가 지극한 엄마였던 듯하다.

자신의 아름다움을 가꾸는 것 외에도 그녀는 시간을 보내기 위해 자신의 동성애 상대인 숙모 칼라 바토리 백작 부인을 찾아가 육욕을 탐하곤 했다. 그런 다음 엘리자베스는 자신의 진정한 열정을 불사를 곳이 어디인지를 알게 되었다. 바로 커다란 유방을 가진 어린 소녀들에게 고통을 주는 것이었다. 엘리자베스는 특별한 육체적인 쾌락에 탐닉했을 뿐 아니라 신비한 의식에 대한 취향을 개발했다. 그녀는 흑인 마술사 도로테아 잔테스를 만났는데, 그는 엘리자베스의 사디스트적인 경향을 더욱 부추겼다. 도로테아와 엘리자베스의 하인 토르코는 엘리자베스에게 마법을 사용하는 법을 가르쳐주었다. 후에 그녀는 자기 남편에게 그녀가 알게 된 것을 편지로 알려주었다. '토르코는 내게 멋진 새로운 기술을 가르쳐주었어요. 당신도 한번 해봐요. 검은 암탉을 잡아 흰 지팡이로 때려서 죽인 다음 그 피를 받아 당신의 적에게 조금 바르세요. 만약 당신이 피를 적의 신체에 바를 수 없다면 적의 옷가지 중 하나를 몰래 훔쳐 거기에 바르세요.'

엘리자베스의 남편은 사악한 인물이었고, 그의 부인처럼 하인들을 고문해서 죽이기까지는 하지 않았지만, 그의 취미는 하인들을 고문하는 것이었다.

이제 그는 자신의 잔인하고 난잡한 아내에게 고통을 가하는 세밀한 기술을 가르치기 시작했다. 엘리자베스는 대단한 열정을 갖고 배웠다. 페렌츠가 가장 좋아한 것 중 하나는 소녀를 발가벗기고 그녀의 온몸에 꿀을 바른 후 꿀통 바로 옆에 묶어놓는 꿀 고문이었다.

살인을 즐겼던 이들 부부는 독특한 고문 기술들을 고안해내기도 했다. 하인이 아픈 '체'하는 것이 수상쩍으면, 그들은 종이 몇 장에 기름을 먹인 후 발가락 사이에 끼운 채 불을 질렀다. 그래서 바토리 가문의 하인들은 거의 모두 다시는 아프다는 이야기를 하지 않았다고 한다.

한 하인이 달아났던 사건을 계기로 엘리자베스는 냉혹한 형벌을 내리게 되었고, 형벌은 거의 항상 죽어서야 끝이 났다. 물론 죽이는 방법은 다양했다. 폴라라는 이름의 12살 난 한 소녀가 성을 빠져나갔다가 되돌아온 일이 있었다. 백작 부인은 소녀에게 길다란 흰옷만 입힌 후 너무 비좁아서 앉기도 힘들고 너무 낮아서 서 있기도 힘든 커다란 원통형 새장에 소녀를 밀어 넣었다. 소녀가 안에 들어가자마자 새장은 도르래에 의해 위로 끌려 올라갔고, 12개의 짧은 못이 새장 안으로 조여 들어왔다. 소녀는 못에 찔리지 않으려고 노력했지만, 엘리자베스의 난쟁이 하인 피츠코는 새장이 옆으로 이동하도록 로프를 당기며 조절했다. 결국 폴라의 살점은 갈가리 찢기고 말았다.

한겨울이면 백작 부인은 나이 어린 여인들을 벌거벗기고는 그녀의 창 아래 뜰에 세워놓곤 했다. 그런 다음에는 얼음 조각상처럼 얼 때까지 물을 끼얹었다. 엘리자베스는 의자에 앉아 그녀가 만든 아름다운 인간 조각들을 몇 시간 동안 지켜보곤 했다.

오늘날까지 남아 있는 기록을 보면 백작 부인의 잔인하고 사디스트적인 성격을 충분히 짐작할 수 있다. 그녀는 자기 하인들을 때리고 고문하고 죽이는 데 정열을 쏟았다. 이 시기에 고귀하게 태어난 사람들은 모든 권한을 갖고 있었다. 하지만 농노들과 농부들은 인간 대우를 받지 못했다. 농부는 때로 영주를 떠날 수 있었지만 실제로 그런 일은 거의 일어나지 않았다. 왜냐하면 영주는 농부가 죄를 저질렀다고 고발한 다음 재판정에서 유죄를 선고하도록 만들 수 있기 때문이었다.

엘리자베스는 자신의 지시를 어길 경우 하인들의 손톱 밑으로 핀을 찔러넣는 벌을 주는 것으로 유명했다. 만약 소녀들이 엘리자베스가 만찬 때 입고 갈 옷을 만들어야 할 시간까지 바느질을 마치지 않는다면 고문실로 끌려가 고문을 당했다. 어느 날인가는 침모(여자 재봉사)의 입에 직접 손가락을 넣고 양쪽 끝까지 찢어버린 적도 있었다. 엘리자베스는 고문을 당하는 사람들이 고통으로 몸부림치는 순간에 항상 그들의 얼굴을 봐야 한다고 생각했다. 그녀는 또 도둑질을 한 것으로 의심받는 사람들에게는 달군 동전을 손으로 쥐게 해서 동전 모양이 손바닥에 새겨지게 하는 벌을 주기도 했다. 만약 한 하녀가 백작 부인의 의복을 잘 다림질하지 못할 경우에는 뜨거운 다리미를 그녀의 얼굴에 대어서 평생 자국이 남도록 했다. 십대 소녀들은 남자 농노들이 보는 앞에서 벌거벗게해 창피를 주었다. 두려움, 고통 그리고 죽음은 엘리자베스 바토리의 흥미진진한 소일거리였다.

1603년 연말에 페렌츠는 갑자기 중병에 걸렸고, 1604년 1월 4일 아침에 죽었다. 누가 봐도 분명한 독살이었다. 페렌츠가 죽자 엘리자베스의 잔인한 행위들이 줄어들기는커녕 더더욱 잔혹해지기 시작되었다.

그로부터 한 달이 지나자, 엘리자베스는 남편의 죽음을 충분히 애도했다고 판단하고는 빈에 있는 나다스디 저택으로 거처를 옮겼다. 그녀는 왕실에 모습을 나타내기 시작했고, 신성로마제국의 루돌프 황제는 그녀의 뻔뻔함을 무척이나 두려워했다. 하지만 엘리자베스는 대부분의 시간을 바강 상류 높은 지대에 지어진 카크티스 성에서 보냈다. 이 성에는 끝없는 미로로 연결된 동굴들이 있었는데, 후에 사람들은 그녀의 행위들 중 최고의 잔학상을 바로 이곳에서 목격하게 된다.

하지만 엘리자베스는 단조로운 고문에 싫증이 났다. 1604년, 안나 다르불리아라는 수수께끼 같은 인물이 백작 부인의 삶 속으로 뛰어 들어왔다. 이 '야수 같은 인간'은 엘리자베스에게 새롭고 많은 고문 기술들을 가르쳐주었고, 그녀의 측근들 중 가장 능동적인 사디스트가 되었다. 다르불리아는 엘리자베스가 부리는 사람들에 대한 모든 정보를 알아내는 것을 자신의 임무라고 생각했다. 그녀는 '사랑의 쾌락을 아직 맛보지 못한' 소녀들, 특히 농부의 딸들만을 데려오라고 했다.

바토리 백작 부인은 매우 아름다운 여인이었다. 그녀의 길고 검은머리는 그녀의 우윳빛 피부와 대조를 이루었다. 그녀의 호박색 눈동자는 고양이 눈같았고, 그녀의 몸매는 육감적이었다. 하지만 엘리자베스의 아름다움은 서서히 시들어가기 시작했다.

처음에 그녀는 화장과 가장 비싼 옷으로 시드는 아름다움을 감추려 했다. 하지만 얼굴 전체에 퍼진 잔주름은 무엇으로도 가릴 수가 없었다. 그런데 집 안에서 일어난 사소한 사건이 발단이 되어 백작 부인은 사람들을 죽이는 데서 새로운 활력을 찾기 시작했다.

운명적인 어느 날, 한 하녀가 엘리자베스의 머리 시중을 들고 있었는데, 실수로 머리카락을 뽑아 백작 부인의 머리 장식물을 망가뜨렸다. 화가 난 백작 부인이 소녀의 뺨을 세게 때리자 코피가 났다. 피가 튀어 엘리자베스의 얼굴에도 묻었다. 백작 부인은 거울을 보았는데, 기적이 일어난 듯 그녀가 보기에 주름살이 사라졌던 것이다. 엘리자베스는 잃어버린 젊음을 되찾은 것을 알고는 너무나 기분이 좋았다. 그녀의 마법사 다르불리아는 잘 속아넘어가는 그녀에게 어떻게 하면 다시 젊어질 수 있는지를 알려주었다. 백작 부인은 다른 사람의 피를 바르면 그 사람의 신체적 혹은 정신적 특징들을 닮게 된다는 고대의 비방을 믿게 되었다.

그 후 엘리자베스는 소녀를 고문실로 데려와 소녀의 손목을 찢고 피를 모두 뽑아냈다. 그런 다음 그녀는 늙은 유모 일루나 주와 충직한 하인 피츠코와 다르불리아와 도로테아를 시켜 더 많은 어린 소녀들을 하녀로 고용한다며 유괴해오게 한 다음 죽였다.

언젠가는 완전히 발가벗긴 소녀들을 침실 바닥에 눕힌 다음 잔인하게 고문을 해댄 나머지 나중엔 피를 국자로 떠 양동이에 담았다고도 한다. 그런 다음 백작 부인은 핏덩이들을 없애기 위해 하인들에게 재를 가져오라고 했다. 한 어린 하녀가 너무 일찍 죽자 엘리자베스는 '그녀는 피가 너무 적었다'라고 기록했다.

엘리자베스는 아플 때도 고문을 계속했다. '그녀는 침대에서 내려올 수도 없었고 잘못을 저지른 하녀들을 고문할 기력도 없었다. 그래서 그녀는 하녀 한 명을 자기 앞에 데려오라고 했다. 체격이 크고 힘이 센 농부 출신의 도로테아 젠테스는 한 하녀를 침대 곁으로 질질 끌고 왔다. 엘리자베스는 베개를 짚고 일어나 앉아 불독처럼 입을 벌려 하녀의 뺨을 깨문 다음 어깨를 물고 살점을 뜯어냈다. 그래도 만족하지 못한 엘리자베스는 소녀의 유방을 깨물어 뜯었다.'

10년 동안 그녀의 땅에서 600명이 넘는 어린 소녀들이 사라졌다. 소녀들은 일단 성에 들어가면 구멍이 뚫리고 고문당하고 피를 뽑히고 죽었다. 이 모든 것이 바토리 백작 부인의 영원한 젊음을 유지시켜주기 위해서였다. 하지만 사람을 죽이면서 백작 부인은 점점 더 부주의해져갔다.

엘리자베스는 마차 창문 밖으로 죽은 자들의 잘린 몸뚱이를 내던졌던 것으로 유명했다. 그녀의 영지 주변에는 시체들이 무더기로 쌓여 있었고, 그녀가 사교계에서 새로운 고문 기술을 자랑하고 다닌다는 소문도 돌았다. 따라서 시체 처리가 중요한 문제로 대두되었다. 카크티스 성에는 처리를 기다리는 시체들이 한 침대에 다섯 구씩이나 쌓여 있었지만, 백작 부인은 여행을 떠나버린 상태였다. 절단된 시체를 가능한 알아보지 못하게 하기 위해 시체 위에 석고를 뿌렸고, 그런 다음 밤중에 시체를 한 구씩 끌어내어 파묻었다. 하지만 시체 처리를 맡고 있었던 카테리나 베네츠키는 몸이 너무 허약해 혼자서는 시체들을 다 들어낼 수가 없었다. 살이 썩는 냄새가 성 전체에 진동하기 시작했다. 결국 성 안의 사람들이 참지 못할 정도로 사태가 악화되었다. 엘리자베스는 성 밖의 장소를 물색하라고 명령했고, 두 명의 농부를 설득해 시체 처리를 돕게 할 수 있었다. 악취나는 살덩어리들은 토마토와 대황[3]을 키우는 성 뒤의 정원에 내던져졌다.

이상하게도 엘리자베스는 죽은 소녀들을 기독교식으로 매장하도록 했다. 적어도 처음에는 그랬다. 그녀는 그 지역 루터파 목사인 안드레아스 베르토니의 도움을 받아 죽은 소녀들을 매장하기로 했다. 하지만 심장을 꺼내 가르고 피를 뽑아낸 두 소녀의 시체를 보자 그는 돕기를 거부했다. 왜냐하면 '이상하고 신비로운 상황'에서 죽은 시체들이 너무나 많았기 때문이었다. 날이 가고, 달이 지나고, 해가 저물어가면서 엘리자베스는 어린 소녀들의 피를 계

---

3) 여뀟과의 다년초. 산골짜기의 습지나 냇가의 밭에서 재배한다. 키는 1미터 가량으로 줄기는 속이 비어 있다. 여름에 황백색 꽃이 핀다.

속 빨아먹었다. 그녀는 그렇게 함으로써 '내부의 아름다움'을 얻을 수 있으리라 굳게 믿었다. 다르불리아는 아무런 자구책이 없었던 농부의 딸들만을 제물로 사용해야 한다고 늘 강조했다. 하지만 다르불리아는 점점 눈이 흐려지게 되었고 간질 증상을 보이며 무력한 인간이 되어갔다. 그리고 엘리자베스는 완전히 귀족의 품위를 잃어가기 시작했다.

다르불리아가 죽자, 엘리자베스는 자신이 더 늙은 것을 알게 되었다. 그러자 에르치 마조로바라는 또 다른 여자 마법사가 나타나 귀족 출신 처녀의 피를 빨아먹어야 한다고 말했다. 그래서 그녀는 주변 지역의 귀족 출신 소녀들을 유괴하기로 마음먹었다. 하지만 귀족 소녀들을 유괴하기란 그리 쉬운 일이 아니었다. 모든 상황이 원하는 대로 진행되지는 않았다. 보다 낮은 귀족 출신 소녀들은 지위가 높고 부유한 백작 부인과 함께 생활한다면 그 자체로 헤아릴 수 없는 보상을 받는 거라고 확신했다.

이상한 사건에 대해 소문이 퍼진 후에는 잘 교육받은 소녀들은 대부분 유혹에 넘어가지 않았다. 그래서 엘리자베스의 측근들은 농부의 딸들을 꼬여 깨끗하게 목욕시키고 윤기를 냈다. 그런 다음 그들은 소녀들의 머리를 최신 유행에 맞게 손질했고, 얇고 흘러내리는 옷을 입혔다. 소녀들은 커다란 식당으로 안내되었고, 그들은 엄격한 예절에 따라 자리에 앉았다. 사람들은 모두 낮은 목소리로 말하며 백작 부인이 들어오기를 기다렸다. 모든 사람들은 불안한 시선으로 문을 바라보았다. 마침내 많은 진주로 장식된 화려한 붉은 의상을 입은 엘리자베스가 우아하게 들어왔다. 그런 다음에는 피를 빨아먹기 시작했다.

엘리자베스가 저지른 살인의 실제 횟수는 그때부터 그녀도 모르게 기록되기 시작했다. 때로는 희생된 한 소녀의 어머니가 자기 딸에게 무슨 일이 일어났는지를 조사하곤 했다. 그런 여인들 중 안나 콘치가 있었다. 그녀는 엘

19세기의 판화에 조각된 엘리자베스 바토리의 근거지 카크티스 성. 그녀는 650명이나 되는 어린 소녀들에게 가장 극악한 범죄를 저지른 죄로 마침내 유죄 판결을 받은 후 자기 성의 탑에 평생 동안 감금되는 종신형을 선고받았다. 그곳에서 그녀는 독방에 감금되어 작은 틈으로 음식을 받아먹었다. 떠도는 이야기로는, 그녀는 그곳에서 처녀의 피를 빨아먹지 못해서 1614년에 죽었다고 한다. 그녀가 감금되었던 탑의 잔해와 폐허로 변한 성이 지금도 서 있다. (2001 BY DENNIS BATHORY-KRIZ; WEBLINK: HTTP://BATHORY.ORG)

리자베스의 하인들 중 몇 명으로부터 그녀의 딸이 백작 부인의 시중을 드는 동안 죽었다는 이야기를 들었다. 그녀는 자기 딸의 죽은 시체를 보게 해달라고 요청했다. 물론 시체엔 고문의 흔적이 적나라하게 드러나 있었기 때문에 엘리자베스의 하인들은 시체를 보여주기를 거부했다. 그녀는 완강하게 요구한 끝에 엘리자베스의 부하들로부터 위협을 받게 되었다. 그러자 안나는 자기 딸이 얼마나 공포에 질려 최후의 순간을 맞이했는지를 알게 되었다.

엘리자베스는 권력층과 연결되어 있었기 때문에 실제로 거의 공격을 받지 않았다. 새로 부임한 목사 자노스 포니케누츠가 교회와 성 사이의 좁은 오솔

길을 조사했을 때, 그는 최근에 살해된 소녀들의 절단된 사체가 들어 있는 상자 아홉 개를 발견했다. 상자의 못을 뽑으려고 선뜻 나서는 사람은 아무도 없었다. 그는 자신의 상사인 엘리아스 라니에게 발견한 것에 대해 보고했고, 이 사실은 '태양 아래에서 가장 잔혹한 살인자' 바토리 백작 부인에게 전해졌다. 하지만 실제로 그의 보고서는 백작 부인의 부하에 의해 중간에 빼앗겼기 때문에 엘리아스 라니의 손에 쥐어지지 못했다.

1610년 여름, 엘리자베스 바토리는 중병에 걸렸다. 그녀는 요양을 위해 피에스타니로 가기로 결정했다. 그녀는 떠나기 전에 모든 하녀들은 8일 동안 단식하라고 명령했다. 도로테아 젠테스는 소녀들이 달아나지 못하게 하는 임무를 맡았다. 그들은 물도 마시지 말고 아무것도 먹지 말라는 명령을 받았다. 그들은 한밤중에 차가운 물로 목욕했고, 규칙을 어기는 일이 발생하지 않도록 하기 위해 성채의 안마당에서 벌거벗은 채 서 있도록 강요되었다. 하지만 도로테아는 그녀의 직무를 너무도 잘 수행했다. 엘리자베스가 피에스타니로 떠날 준비를 하고 있을 때 그녀를 따라가려고 선뜻 나서는 하인은 아무도 없었다. 도몰크 출신의 귀족 처녀가 엘리자베스를 수행할 사람으로 선택되었다. 그녀는 여행을 떠난 후 결코 돌아오지 못했고, 혼잡한 길을 오가는 중 마차에서 버려졌다.

1610년 겨울, 엘리자베스는 그녀의 사회적 지위가 실제로 법을 초월할 정도라는 것을 명확하게 느꼈다. 그녀는 하인들을 시켜 마을의 가톨릭교도들이 모두 보는 앞에서 성벽 아래로 죽은 네 구의 시체를 던지게 했다. 그녀는 지역 기독교 성직자들에게 고발당했을 때도 무슨 짓을 저질렀는지 알아채지 못했다. 그녀는 독실한 신자였다. 그녀는 종교적 의무를 준수했고, 죽은 소녀들의 무덤 앞에서 신학교 학생들이 장송가와 추도곡을 부르게 하기도 했다.

트란실바니아 농부들의 삶은 너무나 힘겨웠다. 그들은 대체로 매우 가혹하게 취급되었다. 그들은 강제로 군대에 징집되었고, 신체적 형벌을 받을 때는 규범보다 몇 배 혹독하게 받았다. 그들은 가축 취급을 당했고, 사실상 아무런 권리도 갖지 못했다. 엘리자베스의 하인들은 그녀의 전횡에 대한 직접적인 저항은 아무 소용이 없지만 그들이 어떤 속임수를 써서 달아날 수는 있다는 것은 알고 있었다. 손님이 찾아오면 엘리자베스의 잔인함이 조금 누그러진다는 것을 알게 된 그들은 손님이 머무는 기간을 연장시키기 위해 할 수 있는 모든 것을 다 했다. 그들은 손님의 말고삐를 풀어놓거나 마차의 바퀴를 감추곤 했다.

주로 가족으로부터 물려받은 것이긴 하지만 엄청난 재산과 광활한 땅을 갖고 있었던 엘리자베스는 항상 돈이 부족한 것에 대해 불평을 해댔다. 헝가리 귀족들은 대체로 자기 돈으로 기사들에게 급료를 지불하는 것이 관례였다. 크라운은 통화로 쓰이는 경우가 드물었고, 페렌츠는 마티아스 왕에게 1만 7,408길더[4]에 달하는 막대한 돈을 빌려주었다. 남편이 죽자 엘리자베스는 헝가리 왕이 남편에게 빌린 돈을 받아내려고 애를 썼다. 그녀는 호화로운 오락을 위해 많은 돈이 필요했던 것이다. 백작 부인의 행실은 소문이 나 있었다. 그래서 용감한 자이거나 무모한 자이거나 돈이 한 푼도 없는 자들만이 그녀에게 빌붙었다. 그녀의 공범자들은 종종 멀리 떨어진 마을로 가서 비싼 대가를 치르고 소녀들을 꾀어와야 했다. 결국 살인은 돈이 많이 드는 사업이었다.

엘리자베스는 할 수 없이 가족 명의로 된 성을 두 채나 팔아야 했다. 첫 번째는 중요한 국경의 요새였던 테벤 성이었고, 두 번째 베코프 성은 2,000길더에 저당잡혔다. 그러자 그녀의 가족들은 엘리자베스의 행각을 완전히 알

---

4) 네덜란드의 화폐 단위. 기호 G, 100센트에 해당.

게 되었다. 그녀의 사촌으로 트란실바니아의 팔란틴 대공이었던 투르조 백작은 가족을 모두 소집한 후 엘리자베스가 카크티스 성을 떠나 바란노에 머물게 하면서 그녀가 남은 삶을 정리할 수 있는 수녀원으로 보내기로 결정했다. 하지만 계획을 실행에 옮기기 며칠 전 투르조 백작은 임프레 메기어트가 헝가리 의회에 엘리자베스에 대한 공식 고발장을 제출한 것을 알게 되었다. 의회는 사흘 동안 백작 부인에 대한 증거와 고발 내용을 경청했다. 시대는 이미 바뀌고 있었고, 더 이상 엘리자베스에게 호의적이지 않았다. 오스트리아 황태자로서 신성로마제국의 황제가 된 마티아스 2세[5]가 질서를 회복하기로 결정한 후로 귀족들의 무법적이고 비상식적인 권력은 끝나가고 있었다.

오스트리아 황태자는 엘리자베스 바토리에 대해 직접 조사하기 시작했다. 엘리자베스의 사촌인 가보 바토리는 헝가리 왕 마티아스 2세를 해치우고 트란실바니아를 확장하여 제국의 땅 일부를 자신의 영토로 흡수하려고 했다. 그 결과 바토리 가문의 일원인 엘리자베스도 정치적 투쟁에 연루되어 커다란 고초를 겪었다. 그녀가 중대한 범죄를 저질러 영지를 몰수당할 경우 자신들의 사유지에 대한 권리를 잃을 것을 두려워한 그녀의 가문은 그녀를 체포하고 재판을 받게 하는 데 적극적으로 협력하게 되었다.

1610년 3월 말부터 7월 초까지, 34명의 목격자들의 증언이 제출되었다. 이들 중 일부는 귀족들이었다. 마티아스는 엘리자베스를 파멸시키는 것이 목적이었다. 만약 그녀의 유죄가 밝혀진다면 그녀의 사유지는 몰수될 것이고, 무엇보다 중요한 것은 왕이 그녀에게 채무가 있다는 그녀의 주장은 단번에 무효가 된다는 것이었다.

마침내, 포니케누츠 목사는 투르조 백작에게 보고서를 제출했다. 팔란틴

---

5)_ 신성로마제국의 황제. 형 루돌프 2세가 죽자 황제가 되었다.

대공의 지위를 갖고 있는 투르조 백작은 왕의 부재 시 모든 권한을 행사할 수 있었지만, 이는 매우 미묘한 지위였다. 한 지역의 유력한 영주의 과부인 엘리자베스는 의회의 특별법 없이는 체포할 수 없었던 것이다.

가톨릭교도인 헝가리 귀족들의 압력에 못 이겨 부다페스트가 터키인들에게 함락된 후 헝가리 임시 수도가 된 브라티슬라바에서 의회가 소집되었다. 귀족들은 고발장과 증언들을 경청했다. 그들은 특히 엘리자베스가 농부의 딸들뿐 아니라 귀족 출신의 처녀들에게도 야만적인 행동을 가했다는 점에 분노했다. 하지만 투르조 백작은 난처한 상황에 처해 있었다. 체면을 유지하는 선에서 엘리자베스의 사유지가 국왕에게 몰수되는 것을 막으려 하던 중, 마티아스 국왕이 보낸 사자가 도착해서, 카크티스 성으로 가서 사실을 규명한 후 죄를 다스리라는 왕의 명령을 전했다.

투르조는 상황을 바토리 가문에 유리하게 처리하기를 원했고, 그래서 일부러 헝가리 의회가 휴정 중인 크리스마스 휴일을 틈타 엘리자베스의 성을 방문하기로 계획을 세웠다.

1610년 12월, 엘리자베스는 망이 조여져오고 있음을 알고 있었고, 그래서 그녀를 파멸시키려는 자들에 맞서 몇 가지 조치를 취했다. 그녀는 오랫동안 독과 마법을 옹호해왔다. 그녀는 마조로바를 시켜 1회분 독약을 물에 탔다. 엘리자베스는 독약이 혼합된 물로 목욕을 한 후 그 물로 특별한 케이크를 만들었다. 그녀의 계획은 카크티스 성에서 만나게 될 왕과 투르조 백작에게 그 케이크를 선사하는 것이었다. 하지만 일은 틀어지고 말았다. 그녀가 시종들에게 케이크를 맛보게 하자 그들 모두는 토해내고 말았던 것이다. 그녀는 다시는 케이크를 만들지 않았다.

엘리자베스에게 희생당한 마지막 여인은 도리차라는 이름을 가진 크로아

티아 출신의 가슴이 풍만하고 강인한 소녀였다. 배를 훔친 죄로 고발된 그 소녀는 세탁실에서 일하라는 명령을 받았다. 그녀가 낯선 곳에 도착하자마자 '내실(內室)의 법도'가 시작되었다. 맨 먼저 옷이 모두 벗겨진 후 손이 등뒤로 묶였다. 엘리자베스는 그런 다음 타구봉으로 그녀를 마구 두들겨 팼다. 하지만 도리차는 죽지 않았다. 그렇게 되면 다른 사람이 대신 죽어야 했다. 그녀가 의식을 회복하자 엘리자베스는 다시 그녀를 후려갈기기 시작했고, 피로 얼룩진 그녀의 셔츠를 갈아입을 동안만 잠시 쉬었을 뿐이었다. 하지만 도리차는 끈질겼다. 결국 그녀는 가위에 찔려 죽임을 당했다. 그녀가 남긴 것은 비틀어진 살덩이뿐이었다.

12월 30일 밤, 성은 급습을 당했다. 군대는 안마당을 통과해 신속히 이동했고, 투르조 백작은 어둠 속에서 무언가에 걸려 비틀거렸다. 그것은 어린 소녀의 시체였다. 시체는 갈기갈기 찢기고 잘려 있었다. 건물 내부에 들어가 50미터쯤 내려가자 쇳조각이 박힌 문이 나타났다. 내부는 습했고 악취가 진동했다. 하지만 옅은 연기 너머로 50세 정도의 늙은 여인이 의자 위에 웅크리고 앉아 있는 것을 보았다. 그 여인이 발작을 일으키며 그에게로 돌아서는 순간 투르조는 그녀가 엘리자베스라는 것을 알아차렸다. 그녀는 '네 놈의 무례한 행동은 대가를 치르게 될 것이다'라고 소리쳤다. 그는 '그렇지 않소, 부인. 나는 당신의 하인이 아니라, 이 저주받을 성에 정의를 실현하기 위해 온 헝가리의 팔라틴 대공이오'라고 대답했다. 그러는 동안, 백작과 함께 온 사람들은 방마다 즐비하게 놓인 시체들을 조사했다. 엘리자베스의 공범자들은 모두 검거되었고, 엘리자베스는 침실로 보내졌다. 사람들은 성 안의 가장 큰 방에서 피가 빨려 죽은 소녀의 시체 중 몸통을 찾아냈고, 다른 방에서는 피가 가득 담긴 그릇을 발견했고, 지하 감옥에는 온몸에 구멍이 뚫린 채 아직 살아 있는 채로 감금되어 있는 소녀들을 발견했다. 성 아래에서는 50구가 넘는 시체가 발견되었다.

재판은 1611년 1월 2일에 시작되었다. 재판은 거대하고 공식적인 행사로 열렸고, 재판정을 가득 메운 청중들은 흡혈귀 백작 부인의 무시무시한 고문과 그로부터 그녀가 쾌락을 느꼈다는 상세한 설명을 듣고 커다란 충격에 휩싸였다. 투르조 백작은 엘리자베스가 재판에 회부되지 않도록 은밀히 손을 썼다. 백작 부인은 순수하게 범죄적 차원에서만 재판을 받았지만, 겁에 질린 그녀의 공범자들은 흡혈귀와 마법과 이교도 의식을 실행했다는 죄목으로 재판을 받았다. 그녀의 네 명의 공범들의 증언이 있은 후 선고가 내려졌다. 네 명의 증언에 따르면 시체의 수는 30구에서 60구 정도였다. 하지만 다섯 번째 목격자는 유실된 시체도 있다고 증언했다.

'수잔나'라는 이름의 이 목격자는 재판에서 가장 충격적인 증거를 폭로했다. 백작 부인의 침실에 있는 장롱 속에 명단과 기록이 있는데, 그 안에는 살해된 소녀들의 숫자가 650명에 달한다는 것이었다. 명단은 백작 부인이 직접 작성한 것이었다. 엘리자베스와 그녀의 공범자들은 그들의 죄상을 상세하게 기록하고 있었던 것이었다!

그 지역의 에르치 마조로바라는 여인은 백작 부인에게 돈을 받고 시체를 처리해준 죄로 사형이 선고되었다. 일루나 주와 도로테아 젠테스는 그토록 많은 살인을 저지르는 데 사용한 손가락들을 사형집행인이 벌겋게 달군 집게로 잡아 찢고 그 후 그들의 몸뚱이를 산 채로 불 속에 던져버리도록 선고되었다. 엘리자베스의 난쟁이 하인 피츠코는 목을 벤 후 피를 모두 짜내고 불태우라는 선고를 받았다.

엘리자베스는 계속해서 자신의 유죄를 부인하고 법정 앞에 서서 수없이 청원했지만, 그녀의 청원은 기각되었다. 그녀의 힘있는 가문이 영향력을 행사했고 투르조 백작이 계략을 꾸며 편지쓰기 캠페인을 벌인 덕택에 그녀는 다음과 같이 선고되었다. "피고는 야수나 다름없다. 피고는 몇 달 안에 죽을 것이지만, 지상의 공기를 마실 자격도 없고 하나님의 빛을 볼 자격은 더더욱 없다. 피고는 이 세상에서 사라질 것이고, 다시는 소생하지 않기를 바란다. 어둠이 피고를 감싸면 피고는 자신의 짐승 같은 삶을 후회하게 될 것이다." 엘리자베스는 자기 성에 감금되는 종신형을 선고받았다.

석수장이들은 엘리자베스를 가둔 방을 모두 벽으로 둘러쌌다. 그녀는 독방에 감금되었고, 작은 틈으로 음식을 받아먹었다. 성의 네 귀퉁이에는 '정의'가 실현되었음을 농부들에게 알리기 위해 네 개의 교수대가 설치되었다.

1614년 7월 31일, 엘리자베스 바토리 백작 부인은 두 명의 성직자에게 마지막 유언을 구술하고 작성했다. 그녀는 모든 것을 자녀들에게 남겼다. 그로부터 한 달 후, 그녀가 감금된 지 4년 후, 호기심 많은 한 간수가 그토록 악명이 자자한 백작 부인이 어떻게 생겼나 보려고 그녀가 갇혀 있는 독방으로 다가갔다. 44살이었음에도 불구하고 그녀는 전유럽에서 가장 아름다운 여인들 중 하나라고 알려져 있었다. 간수는 문틈으로 안을 들여다보았다. 하지만 아무런 움직임도 없었다. 그런 다음 그는 침대 위에서 한 사람이 얼굴을 아래로 하고 누워 있는 것을 보았다. 흡혈귀 백작 부인이 죽은 것이었다. 떠도는 이야기에 의하면, 그녀는 처녀의 피를 먹지 못해 죽었다고 한다.

그녀의 시신은 마을의 한 교회에 매장하기로 되어 있었다. 하지만 마을 주민들이 그 사실을 알고는 그녀가 성스런 장소에 묻힌다는 것에 질색하며 반대했기 때문에, 그녀의 시신은 애초에 바토리 가문의 근거지이자 그녀가 유년기를 보낸 에크세드로 옮겨졌다.

# RASPUTIN

왕조를 붕괴시킨 '요승'

# 라스푸틴

라스푸틴을 이해하려면
그의 뒤를 이은 러시아의 정신과 만행을 모두 이해해야 한다.
그는 수백만 명에 이르는 농민들의 선구자였다.
그는 농민들의 정신에 종교 의식을 불어넣었지만
그럼에도 불구하고 교회를 분열시켰고,
사랑과 정의의 국가를 세우려는 이상을 갖고 있었지만
살인과 강간을 자행하고 국가 전역을 피로 물들였으며,
결국은 농민들을 파멸시키고 말았다.
_ 에드바르트 라진스키

## The 'MAD MONK' Who brought down a Dynasty

1916년 죽은 후 발표된 '거룩한 이' 그리고리 라스푸틴의 사진. 그는 교활하고 사악하고 믿을 수 없고
남근을 강조한 인물이었지만, 자신을 만난 사람들, 특히 여인들은 거의 최면을 걸어 농락했다. 그는
러시아 황실, 특히 황후에게 지대한 영향을 미쳐 러시아와 황후의 운명을 산산조각 냈다. 구체제를
존속시키고자 라스푸틴을 죽이려 했던 암살자들은 사실상 구체제에 최후의 일격을 가한 셈이 되었다.
(THE ILLUSTRATED LONDON NEWS PICTURE AGENCY)

1916년 12월, 부풀어오르고 거세된 한 남자의 시신이 상트페테르부르크의 네바강 얼음물 위로 끌어내졌다. 그의 신원이 밝혀짐에 따라 러시아 신문들은 머릿기사로 "그리고리 라스푸틴 사망!"이라는 기사를 내보냈다. 부자든 가난한 자이든 모든 계층의 사람들은 사회의 최하층에서 자라나 아마도 러시아에서 가장 커다란 증오의 대상이 된 '요승(妖僧)'의 죽음을 축하했다. 살인과 타락, 착취와 방탕으로 얼룩진 라스푸틴은 300년의 역사를 이어온 로마노프 왕조를 무너뜨리고 러시아 역사를 영원히 뒤바꾸어놓는 데 커다란 역할을 했다. 이 시베리아 출신의 신비주의자는 제1차 세계대전과 갑자기 시작된 혁명에 대한 불만을 이용해 러시아 최후의 황제 니콜라스 2세와 그의 황후 알렉산드라에게 악의적이고 거의 최면성에 가까운 권력을 행사했다.

그를 아는 사람들에겐 성인, 불신자, 악마 등으로 다양하게 평가되었던 그리고리 예피노비치 노비크는 1869년에 황량하고 사람이 거의 살지 않는 버려진 땅 시베리아에서도 더 외진 곳에 위치한 포크로브스코에라는 마을에서 농부의 아들로 태어났다. 학교를 다닌 적이 없었기 때문에 교육을 받지 못한 어린 그리고리는 실제로 글을 읽고 쓰지 못했다. 하지만 싸움을 좋아했고 음탕했던 그는 술꾼에다 싸움꾼이었고 도둑이었다. 그래서 방탕하거나 난봉을 부리는 자를 일컫는 라스푸트니크(rasputnik)라는 러시아어에서 나온 '라스푸틴'이란 이름을 얻게 된 것이다.

하지만 그의 삶은 우랄에 있는 한 수도원을 방문한 후 '하나님의 은총을 받은'후부터 완전히 바뀌었다.

그는 이 사건을 스스로 '예수 공현[1]'이라고 묘사한 바 있다. 그곳에서 그는 러시아정교 신앙에 매혹되었고, 동시에 고뇌에 빠진 사람들을 달래주고 예언하는 능력이 자기에게 있다는 사실을 발견하게 되었다. 그는 술과 담배와 육식을 끊고 맹렬한 단식으로 자신을 시험하기 시작했다. 그가 '하나님의 사람(Man of God)'으로 개종한 사실은 극단적인 사이비기독교 종파인 클리스티(Khlysty)를 발견한 후 비밀로 묻혀졌다. 이런 종파는 더 오래되고 마법적인 이단적 관습으로부터 나온 요소들을 초기 기독교 형식과 결합한 것처럼 보이지만, 이런 이교도적 의식에 대해서는 그다지 알려진 바가 없다. 클리스티 신도들은 실제로 죄를 지음으로써만 궁극적으로 정화의 상태에 도달할 수 있고 진실로 정화될 수 있다고 믿었다. 회개가 강조되었지만, 황홀한 집단 의식도 마찬가지로 강조되었다. 그래서 전체 집단은 춤을 추거나 난잡한 섹스 파티를 벌이며 황홀경의 절정을 맛보았다.

새로운 신앙을 찾은 후 종교적 열정에서든 아니면 더 근본적인 인간의 욕구에서든 젊은 라스푸틴은 인근 마을에서 온 여자들을 모두 타락시키기로 작정했고, 감수성이 예민한 수백 명의 소녀들이 세속에서 멀리 떨어져 있다는 데 매력을 느낄 수 있도록 외딴 곳에 오두막집을 짓기조차 했다. 그가 신비주의와 에로티시즘을 결합한 클리스티에 집착하긴 했지만, 그런 집착은 가족을 이루겠다는 본능과는 거리가 먼 것이었다. 그는 프로스코비아라는 지역의 소녀와 결혼했고, 그녀와의 사이에서 마리아와 바르바라라는 두 딸과 디미트리라는 아들을 하나 낳았다. 그러나 그는 자식을 맹목적으로 사랑

---

1)_동방 박사 세 사람의 베들레헴 내방을 상징함.

하는 아버지의 역할을 오랫동안 할 수 있는 위인이 아니었다.

라스푸틴은 스스로를 스타레츠(starets)[2] 또는 '거룩한 이(holy man)'라고 칭했다. 러시아에서는 장로(startsy)들을 존경하는 것이 오랜 전통이었고, 집단 의식 속에 깊이 스며들어 있었다. 우크라이나와 우랄과 시베리아의 광대한 지역에서 수세기 동안 내려온 '거룩한 이'에 대한 숭배와 다름없는 존경은 러시아인들의 신앙을 이루는 근간 중 하나가 되었다. 하지만 장로는 성직자도 수도사도 아니었다. 도스토예프스키는 『카라마조프 형제들』에서 장로에 대해 다음과 같이 설명했다. 장로는 '너의 영혼과 의지를 취해 그것을 자기 것으로 만드는 사람이다. 네가 장로를 선택하게 되면, 너는 의지를 꺾고 그것을 완전한 복종 그리고 완전한 무사무욕(無私無慾)의 표시로 그에게 바쳐야 한다.' 라스푸틴은 신앙심이 깊은 많은 러시아인들이 '거룩한 이'의 말을 쉽게 믿는 경향을 이용해 이런 믿음을 진심으로 받아들이려 했다.

그는 지위가 높건 낮건 부자이건 가난하건 어리석은 신자들의 마음과 정신을 사로잡아 자신의 뜻대로 그들을 좌지우지하려 했다. 그는 죄를 통한 구원이라는 교리를 설교하면서 주로 여자들로 구성된 그의 신도들에게 육체의 죄는 하나님의 용서를 받고 따라서 구원을 받기 위해 특히 효과가 있다고 강조했다. 최면술에 능한 자신의 눈에 그들의 눈동자를 고정시킨 후(당시의 모든 자료를 보면 그는 상대를 응시함으로써 심중을 꿰뚫어보는 특별한 능력을 갖고 있었다고 한다), 그는 유혹에 저항하지 말고 굴복할 것이며 자신을 유혹의 수단이자 그들을 죄악으로 미끄러지게 하는 매개자로 사용하라고 요구했다.

'거룩한 이'에 대한 존경과 암시와 최면술에 능한 자신의 신비한 능력을 십

---

2)_동방 교회의 교리 강사를 일컫는 말.

분 발휘해 라스푸틴은 러시아 전역을 돌아다니며 설교하고 여인들과 사통(私通)했다. 거의 기적적인 직감 외에도 그의 강인한 정신력과 육체적 능력, 자연스런 위트와 농민의 교활함이 커다란 역할을 했다. 이 모든 특징들은 한 남자가 정력과 친화력을 발휘해 약자들, 특히 삶 자체가 망설임과 의심으로 가득차 있던 사람들에게 강한 영향을 미치고 싶어했던 데서 나타났던 것이다.

20세기가 시작되면서 유명한 '거룩한 이'에 대한 소문이 시베리아 경계를 넘어 러시아 전역으로 퍼지기 시작했다. 1903년, 라스푸틴은 상트페테르부르크에 도착했다. 이제 갓 서른이 된 그는 농부의 작업복과 바지와 장화 위에 검은 가죽 코트를 걸쳤고 머리가 덥수룩했지만 사람들의 눈길을 끌었다. 자르지 않아 지저분한 머리카락과 음식물이 달라붙어 있는 턱수염에서는 염소를 연상시키는 강한 냄새가 났다고 한다. 그렇지만 그는 상트페테르부르크의 신학대학교에 들어갔다. 그곳에서 그는 당시 러시아에서 도덕적으로 가장 커다란 권위를 가지고 있었던 크론스타트의 이오안 신부의 눈에 띄었다. 커다란 영향력을 갖고 있었던 성직자는 라스푸틴을 축복하며 그를 '하나님을 찾는 자(God seeker)'라 불렀다.

그러나 그가 찾은 것은 하나님이 아니었다. 라스푸틴은 상트페테르부르크에 도착한 지 얼마 안 돼 이상한 카리스마를 가졌다는 '거룩한 이'에 대한 소문을 듣고 그를 만나, 그가 내리는 축복인 미숙한 섹스를 경험하고 싶어하는 귀족 여인들을 자기 주위에 끌어 모으기 시작했다. 머리가 비었다기보다는 사회적 혜택을 받지 못해 거의 교육을 받지 못했거나 단순히 특권적이고 과보호된 삶에 싫증이 난 이런 여인들은 고약한 냄새를 풍기는 농부에게 강간당하는 것이 매우 기분 좋은 자극이라는 것을 알게 되었다. 라스푸틴은 음식을 손으로 집어 하얀 이빨로 뜯어먹었고, 그녀들의 면전에서 상스런 말을 내

뱉었고, 시베리아에 있는 아버지의 농장에서 말들이 교미하던 장면을 적나라하게 표현해주었고, '부인, 어서 와요. 모든 게 다 잘될 거요'라고 희미하게 웅얼거리는 소리를 지껄이며 짐승처럼 그녀들을 범했다.

　라스푸틴은 '대제'피터 1세의 통치기 이후 러시아 제국의 수도가 된 당시 '은 시대(Silver Age)'가 시작되고 있었던 도시로 왔다. '은 시대'는 시대가 충격적인 스캔들, 극단적인 방탕함, 의미와 경험과 깊고 열정적인 신앙의 열렬한 추구라는 특징을 보인다는 이유로 '황금 시대'와 대조되어 붙여진 이름이다. 당시의 예술가들과 지식인들은 지적 예술적 탐구뿐 아니라 그들과 그들의 귀족 후원자들을 남색, 레즈비언, 그리고 모든 다양한 사도마조히즘을 경험하는 거리낌없는 성적 탐험을 떠났다. 자살, 살인, 아편, 알코올 등은 모두 상트페테르부르크 권력층들의 삶에서 없어서는 안될 필수적인 일부분이 되었다.

니콜라스 황제와 그의 부인—그녀는 독일에서 태어나 헤센과 라인의 알릭스 공녀였고 러시아 식으로 알렉산드라라고 불렸고 친구들에게는 여전히 알릭스라고 불렸던—은 이전과는 다른 새로운 생활방식을 보여주었다. 알릭스는 1762년 건국 이후 로마노프 왕조가 계속 거주해왔던 수도의 겨울 궁전[3]에서 살기를 거부하고 상트페테르부르크에서 기차로 반시간 정도를 가야 하는 차르스코에 있는 셀로의 알렉산더 궁전에 그들의 보금자리를 꾸몄다. 그녀는 아이들과 니콜라스를 지루하고 안락한 티파티에 붙잡아두려 했고, 그럼으로써 아첨꾼들과 달콤하고 거짓된 감정으로 가득 찬 비현실적이고 타락한 세계를 만들어냈고, 점점 더 소란스러워지는 국가의 현실과는 거의 접촉하지 못하게 했다. 황후의 총애를 받는 낯설고 의문스런 인물들이 들락거렸지만, 실제로 돌팔이 의사들과 그럴싸한 '거룩한 이'들은 그들에 대한 그녀의 강하고 진실한 믿음을 이용했을 뿐이다.

초기에, 황후는 아들을 너무나 갖고 싶었기 때문에 치료사들과 수상쩍은 다른 의사들을 떠받들어 모셨다. 그녀는 황녀 타티아나, 올가, 밀리차, 아나스타샤 네 딸을 낳았지만 로마노프 왕조를 이어갈 사내아이를 출산하지는 못했다. 절망에 빠진 그녀는 닥터 필립에게 매달렸다. 그는 상트페테르부르크에 추종자가 없진 않았지만 면허 없이 의료 행위를 했다는 이유로 조국 프랑스에서 세 가지 죄목으로 유죄 판결을 받은 자였다. 필립은 미래를 내다볼

---

3)_18세기 중엽 표트르 대제의 딸 엘리자베스에 의해 건축된 호화로운 궁전으로, 이탈리아 출신 건축가 라스트렐리는 그녀가 좋아하는 화려한 바로크 양식으로 설계했다.

수 있고, 사건의 방향을 바꿀 수 있고, 죽은 자들과 의사소통을 할 수 있다고 주장했다. 결국 그는 일련의 거짓된 예언을 한 후 러시아에서 강제로 추방되었지만, 황제와 황후는 그를 떠나보내며 서운해했다. 하지만 그는 '언젠가 폐하께 하나님에 대해 이야기해줄 저와 같은 다른 친구가 찾아올 것'이라고 확신을 심어주었다.

1904년 7월 30일, 알릭스는 마침내 아들을 낳았다. 그들은 아이 이름을 알렉세이라고 지었다. 하지만 9월경 황제와 황후는 '아이의 배꼽에서 출혈이 계속 되었기' 때문에 근심을 하고 있었고, 황태자가 모계(母系)에서 유전된 출혈로 고통을 겪고 있는 것이 밝혀졌기 때문에 알릭스는 모든 잘못은 자신에게 있다고 믿고 있었다. 유럽 전역에서 온 전문의들은 거의 손을 쓰지 못했다. 니콜라스와 알릭스는 성실 여부를 따지지 않고 노골적인 사기꾼과 방랑하는 '거룩한 이'들뿐 아니라 티베트의 약초의(藥草醫) 짐사리안 바드마예프에게 매달렸다. 하지만 현대 과학도, 티베트의 약초도, 독실한 신앙을 가진 자들의 헛소리도 아이를 치유하진 못했다. 황후는 밖으로 나오지 않고 방에 틀어박혀 고통스럽게 자신에게 죄를 돌렸다.

니콜라스와 알릭스의 주목을 받기 시작할 때 라스푸틴은 중년에 이르러 있었다. 상트페테르부르크에는 페오판 주교(그는 나중에 라스푸틴을 부도덕한 자로 고발했다), 황실과 가까웠던 몬테네그린 공녀들, 미모도 없었고 신분도 낮았고 교양도 없었지만 황후의 친구로 커다란 영향력을 행사했고 막후에서 음모를 꾸미고 조정하는 데 탁월한 능력을 갖고 있었던 안나 비루보바와 같이 다양한 후원자들이 있었다. 안나 비루보바는 승마를 하다 다쳤지만 라스푸틴에 의해 혼수 상태에서 깨어난 후 그를 성인으로 추앙했다.

몇 년 전 닥터 필립을 본 적이 있었던 황녀 밀리차와 아나스타샤가 안나 비루보나의 사주를 받아 라스푸틴을 칭송하는 노래를 부르고 다니자, 황실에서는 '거룩한 이'를 불러들였다. 그날은 1905년 11월 1일이었고, 니콜라스 황제는 라스푸틴을 만난 것을 일기에 '밀리차와 스타나(타티아나)와 함께 차를 마셨다. 토볼스크 지방에서 온 하나님의 사람을 만났다'라고 기록했다. 그날의 만남은 아마도 레닌을 제외하고는 모든 사람들의 운명을 암시하는 신호였고, 니콜라스와 알릭스와 그들의 아이들의 삶에 직접적으로 파국적인 영향을 주었다.

그로부터 2년 동안 라스푸틴과 황실은 거의 만날 기회가 없었다. 그러나 그동안 상트페테르부르크에서 그의 명성은 서서히 높아졌다. 신비주의에 관심을 가질 틈도 없었고 '거룩한 이'를 끔찍이 싫어했던 피터 스톨리핀도 라스푸틴을 청해 아픈 딸의 병상에서 기도해달라고 할 정도였다.

라스푸틴은 러시아 사교계의 현대식 살롱에서 이국적인 인물로 통했다. 상트페테르부르크의 광적인 사교계에서 그는 꿀이 꿀벌을 매혹하듯이 여인들을 유혹했다. 그에겐 여인들이 거부하기 힘든 은밀한 매력이 있었다. 그리고 그의 눈을 쳐다본 여자들은 대부분 그에게 유혹되었다. 당시 러시아 주재 프랑스대사였던 모리스 팔레오로그에 의하면, '그의 모든 얼굴 표정은 호기심으로 반짝이고 깊고 매력적인 연한 푸른빛 눈에 집중되어 있었다. 그의 시선은 투시하는 듯 애무하는 것이었고, 순진하고 교활했으며, 가깝고도 먼 것이었다. 그가 흥분한 모습을 보이면 그의 신도들은 최면에 걸린 듯 행동했다.'

명성이 자자해지자 시베리아를 배경으로 한 그에 대한 무성한 소문은 모두 사실로 믿어지기 시작했다. 믿기지 않는 에로틱한 모험과 주연에 대한 독특하고 혼란스런 이야기들은 귀족들과 프티부르주아들의 호색적인 상상력을 자극했다. 라스푸틴은 사람들에게 이런 이야기들 중 몇 가지에 대해 자세히 이야기해주었다. 명성과 영향력이 커지자 방자해진 무지크(muzhik)[4]는 은밀하게 감추어두었던 이야기들을 미사여구를 덧붙여 들려주는 데 재미를 느꼈던 것이다.

그가 가는 곳마다 스캔들이 터졌지만, 황실은 계속 라스푸틴과 은밀히 접촉했다. 니콜라스와 알릭스는 열렬한 신도인 안나 비루보바가 소유하고 있던 차르스코에 셀로의 한 작은 돌집으로 와 '거룩한 이'의 말씀을 들으며 황홀경을 만끽했다. 그는 부드러운 대화로 그리고 모든 소동과 반란은 곧 끝날 것이라 예언하며 그들을 안심시켜주었다.

1907년 말, 어린 황태자 알렉세이의 출혈이 시작되자 라스푸틴은 처음으로 그의 병상으로 호출되었다. 라스푸틴이 도착하자 놀랍게도 황태자는 곧 안정되었고, 출혈은 서서히 줄어들다가 마침내 멎어버렸다. 황태자의 병은 숙명적으로 황제의 가족을 악명 높은 '거룩한 이'와 영원히 사슬로 묶어버렸다. 알릭스가 보기에 라스푸틴은 자신은 안중에 두지도 않고 보통 사람들의 운명을 보살피고 비참한 자들을 위해 청원하고 기도하는 진실한 믿음을 가진 자였다. 그는 그녀에게 선생이자 고해 신부의 역할을 충실히 했다. 그가 하나님의 사자란 것을 확신한 황후는 그를 황실에 복을 가져다주는 사람이라고 공인했다. 그는 하나님의 제단 앞에서 그들을 옹호하면서 그들에게 미래에 대한 희망을 약속했다. 하지만 라스푸틴이 황실에 더 가까이 다가갈수록, 귀족들과 관리들은 더욱 두려움에 떨었다. 교육받고 세련된 계층은 불평을 늘어놓기 시작했다. 얼마 후 황후의 '거룩한 이'를 둘러싸고 터진 소동과 스캔들은 황제의 아버지 니콜라스 1세의 과부인 황태후의 관심을 끌었다.

---

4)_제정러시아 시대의 농민.

그녀는 젊었을 때 '너의 아들이 군림하게 될 것이다. 부와 커다란 명예를 얻기 위해 산을 오르게 될 것이다. 하지만 무지크의 손에 의해 결코 정상에 다다르지는 못할 것'이란 예언을 들은 적이 있었다. 하지만 니콜라스와 알릭스는 이미 라스푸틴을 철저히 신뢰하고 있었기 때문에 '사람의 탈을 쓴 악마를 상트페테르부르크에서 추방하라'는 황태후의 명령에 귀 기울이지 않았다.

　러시아가 입헌군주제를 도입하려 시도하면서 제국 궁정에서 라스푸틴의 권력도 커지기 시작했다. 1904년에서 1905년에 벌어진 러일전쟁에서 참혹한 패배를 당해 국가적 수치심을 느끼고 각성한 민중들은 1905년 러시아 역사상 최초의 의회인 두마(Duma)[5]를 설치하라고 황제와 고문단에게 압력을 넣었다. 1년 후 니콜라스는 새 수상으로 피터 스톨리핀을 임명했다. 많은 사람들은 스톨리핀이야말로 지적이고 계몽된 정부를 구성할 수 있는 러시아의 마지막 희망이라고 믿었다. 러시아는 그의 인도를 받으며 번영을 구가했지만, 황후는 그를 사탄으로 여겼다. 그녀는 자신이 사랑하는 라스푸틴을 스톨리핀이 감히 비난한다는 이유로 그를 증오했다. 스톨리핀은 황제와 가족들에게 믿을 수 없는 라스푸틴과 거리를 두어야 한다고 여러 번 간언했다. 한 번은 라스푸틴의 사악한 죄상을 기록한 문서를 황제에게 제출하기도 했다. 하지만 니콜라스는 그의 말을 무시했고, 알릭스가 자기 아들의 목숨을 구할 수 있다고 믿고 있는 남자를 알릭스에게서 떼어놓기를 바라지도 않았다. 간언이 좌절되자 스톨리핀은 혼자서라도 조치를 취하기로 결심했다. 그는 '거룩한 이'에게 수도를 떠나라고 명령했고, 이는 황후의 극심한 노여움을 샀다. 일이 순조롭게 진행되어 라스푸틴은 상트페테르부르크를 떠나 예루살렘

---

5)_1906년에서 1917년까지 존속한 제정러시아 의회. 1905년 니콜라이 2세의 '10월선언'으로 개설이 약속되어, 1906년 5월 6일 개정 기본법에 따라 정식으로 설치되었다.

과 성지로 순례 여행을 시작했다.

하지만 그가 수도에서 모습을 감춘 기간은 그리 오래지 않았다. 1911년 9월 1일 저녁, 스톨리핀은 키에프 오페라하우스에서 림스키코르사코프의 「차르 술탄의 이야기(Tale of the Tsar Saltan)」를 관람하던 중 보그로프라는 혁명가의 총을 맞고 죽었다. 신비하게도 암살자는 충분한 조사를 받기도 전에 처형되었다. 더욱 유감스러운 일은 니콜라스가 자신을 보좌할 진실하고 유능한 마지막 정치가를 잃었다는 것이었다. 1912년 10월, 황제와 그의 가족이 스팔라의 사냥꾼 오두막에 머물고 있을 때 알렉세이가 목욕통에서 떨어져 다쳤다. 알렉세이는 멍이 들었고 피를 흘리며 극심한 고통을 호소했고, 곧 죽을 것만 같았다. 절망에 빠진 황후는 라스푸틴에게 전보를 쳤다. 라스푸틴은 '하나님께서는 황후 폐하의 눈물을 보셨습니다. 슬퍼하지 마십시오. 황태자는 죽지 않을 것입니다'라고 회신을 보냈다. 과연 한 시간이 지나자, 알렉세이의 체온이 떨어졌고, 출혈이 멎었다. 니콜라스와 알릭스에게는 하나님이 직접 보여주신 기적이었다. 황후가 절대적인 신뢰를 보내고 있었기 때문에 '거룩한 이' 라스푸틴의 미래는 보장된 것이나 다름없었다. 그는 황실의 전적인 신뢰를 회복했던 것이다. 그가 없을 때면 알릭스는 그 앞에 무릎을 꿇고 앉아 그의 목소리를 듣고 그의 손이 자기를 어루만지는 듯한 상상 속으로 즐겨 빠져들었다. 그녀의 딸들은 그에게 편지를 써 자신들의 열렬한 애정을 고백했다.

궁전에서의 지위가 보장되었고, 황후의 보호막이 확실했기 때문에, 라스푸틴은 점점 더 막강한 힘을 갖게 되었고 비난할 수 없는 사람이 되어갔다. 황태자의 병은 은밀한 비밀이었다. 하지만 러시아 국민들이 알렉세이의 병에 대해 전혀 아는 바가 없었던데다 황후가 라스푸틴을 전적으로 신뢰함으로써 위기 상황이 초래되었다. 차르스코에 셀로에서 벌어지는 방탕한 향연에 대한 온갖 환상적인 이야기들이 입에서 입으로, 살롱에서 살롱으로 퍼져나가기 시작했다. 황실의 여인들과 그들의 추종자들은 난폭하고 거리낌없는 육욕의 도가니에 빠져 라스푸틴에게 몸을 내던졌던 것이다.

검열관들은 갑자기 출세한 뻔뻔스러운 라스푸틴을 숨겨주려고 전력을 기울였다. 그들은 라스푸틴에 관계되었거나 라스푸틴을 언급한 기사가 실린 신문 칼럼 위에 잉크를 들이부었다. 검은 반점들은 '캐비아'로 명명되었지만, 독자들은 캐비아를 보호하고 있는 사람이 누구인지를 알고 있었고, 그들은 자기들끼리 이야기를 꾸며내기도 했다. 손님들이 라스푸틴만 화제로 삼을 뿐 아무도 말을 걸어주지 않자 화가 난 사교계의 한 마담은 '여기서는 라스푸틴에 대해 이야기하지 맙시다'라 말하며 신문을 식당으로 들고 들어가버렸다. 하지만 사람들은 라스푸틴에 대한 이야기를 그치지 않았다. 그 어떤 것으로도 그들의 관심을 중단시킬 수는 없었다. 대화의 중심은 사교계의 정상을 차지하고 있는 그의 지위에 대한 것이었다. 영국 대사의 딸 메리얼 부캐넌은 일기에 '왕좌 뒤의 검은 권력,' '실권자 라스푸틴!,' '황후에 대한 부끄러운 이야기들'이라고 기록했다. 황제의 냉혹하고 타락한 비밀경찰 조직인 오흐라나의 대장은 '황제의 가족에 대한 추문들이 거리에 나돌고 있다'고 기록했다.

라스푸틴이 벌거벗은 황후의 젖꼭지 위로 머리를 쳐들고 검고 풍성한 머리와 수염 속에서 방탕한 눈빛을 빛내며 러시아 위에 있는 탑을 쏘아보고 있는 모습이 그려진 노골적인 그림들이 곳곳에 유포되었다. 도박꾼들은 스페이드 킹에 황제 대신 그의 얼굴을 그려 넣은 카드로 게임을 했다. 성상 형식을 빈 풍자화에서는 라스푸틴이 한 손으론 보드카 병을 들고 다른 손으론 아기 예수처럼 강보에 싸인 벌거벗은 황제를 안고 있었고, 그의 장화에선 지옥의 불꽃이 날름댔고, 젊은 여인들이 벌거벗은 채 날개 없는 천사가 되어 그의 머리 주변을 날아다녔다. 라스푸틴의 사진은 사교계 여인들의 수집품이 되어 수천 장이나 복사되었다. 유력한 정치가 미하일 로드지안코는 상류 사회의 많은 사람들이 그를 숭배하고 있음에 경악을 금할 수 없으며, 이 뻔뻔스러운 난봉꾼에게 순결을 잃은 소녀들의 어머니들에게서 어마어마하게 많은 편지를 받았다고 발표했다.

1914년 6월 29일, 포크로스코예라는 마을에 사는 농민이자 한때 열렬한 추종자였던 코니아 구세바라는 여인이 라스푸틴의 배를 칼로 찔러 살해하려 한 사건이 일어났다. 그러나 상처는 가벼웠고, 그는 상트페테르부르크로 돌아갔다. 라스푸틴은 7월 22일 황제와 식사를 함께 하며 자신의 지위가 확고하며 자신이 건재하다는 것을 보여주려 했다. 그는 니콜라스와 알릭스를 완벽하게 장악하고 있었다.

1914년, 러시아는 독일과 전쟁을 벌였고, 애국적 열정의 파도가 러시아 전역에 물결쳤다. 니콜라스는 가는 곳마다 갈채를 받았고, 황제가 그려진 깃발과 성상과 초상화는 날개 돋친 듯 팔려나갔다. 수도에 있는 독일대사관은 광분한 폭도들에 의해 파괴되었다. 수십만 명의 농민들이 러시아 전역에서 징집되었고, 그들 대부분은 다시 돌아오지 않았다. 라스푸틴의 추천을 받고 정부 요직에 임명된 자들의 부패와 타락의 희생자가 된 것이었다.

이후 2년 동안 러시아에서는 네 명의 수상과 여섯 명의 내무장관이 경질되었다. 그들 대부분은 지위를 얻는 대가로 라스푸틴에게 흔쾌히 거액의 뇌물을 갖다 바쳤다. 블라디미르 볼콘스키 대공은 '피카디리 쇼는 토요일마다 바뀐다'는 문구를 걸어놓자고 제안했다. 니콜라스가 동의하고 라스푸틴과 알릭스가 내정을 간섭한 결과, 러시아 정부엔 합리적이고 유능한 정치가가 한 명도 남아나지 않았다. 1916년 가을, 황후와 그녀의 '거룩한 이'가 러시아에 남겨놓은 것은 정부 요직에 사기꾼, 무능력자, 얼뜨기, 미치광이들을 심어놓은 것뿐이었다. 라스푸틴은 정부 요직에 관리를 임명할 권한을 갖게 되었고, 관리들은 종종 아무것도 아닌 이유로 선발되었다. 알릭스는 그의 결정을 적극적으로 지지했고, 황제는 그들을 용인했고, 모든 반대를 억압했다. 알렉세이 코보스토프는 섬세한 저음의 목소리를 가졌다는 이유로 관리로 등용되었다. 라스푸틴의 심복 보리스 스투르머는 1916년 가을에 수상에 임명되었다. '불성실이라는 참을 수 없는 악취를 풍기는 천박하고 부정직한 인물' 스투르머는 사람들에게 혐오감을 불러일으키는 자였다. 그는 미국대사 데이비드 프랜시스에게 임명장을 수여하면서 기름 바른 콧수염 끝을 비틀며 거울을 통해 그의 얼굴을 넋을 잃고 쳐다보다가 그의 격분을 사기도 했다.

라스푸틴은 러시아에서 두 번째의 권력을 지닌 내무장관직을 알렉산더 프로토포포프에게 수여했다. 그는 자신이 직접 고안해낸 높은 장화를 신고 오페라단원 복장을 한 채 거들먹거리며 걸어다녔고, 매독에 걸려 고생했고, 환각 증상을 보여 미치광이 취급을 받는 인물이었다. 그는 황후와 이야기를 하며 영적 세계에서 받은 경고와 메시지를 반복해 말하곤 했다.

그 와중에서 고위 관리들이 황제에게 보낸 편지는 현명하지 못하거나 타락한 조언으로 가득 채워져 있었다. 황후의 후광을 등에 업고 있었기 때문에 커다란 영향력을 행사할 수 있었던 라스푸틴은 전선에까지 다방면으로 영향력을 행사했고, 그 결과 국가를 철저히 파괴하기에 이르렀다. 라스푸틴은 돈만 밝히고 아무런 능력이 없었지만 자신의 절친한 친구였던 블라디미르 수콤리노프를 국방장관으로 앉히면서 수천 명에 이르는 러시아 병사들의 사

황제와 황후의 신하들에게 둘러싸여 있는 라스푸틴. 종종 재앙을 가져오기도 했지만 러시아 귀족에 대한 그의 영향력은 대단했다. 그는 그들의 기호와 예절에 맞추려고 양보한 적이 없었다. 그는 농민의 의복(이 사진은 1911년경 찍은 것이다)과 예절을 고집했고, 때론 손과 얼굴, 머리와 의복을 더럽게 하고 다니기도 했다.(BETTMANN/CORBIS)

망증명서에 서명했다. 만성적인 무기와 물자 부족은 전쟁의 시작과 동시에 즉시 드러났다. 1915년 초, 러시아 병사 세 명 중 두 명이 총도 탄약도 군화도 없이 전선으로 보내졌다. 야전 전화선이 부족했기 때문에 명령을 전달하기 위해 점점 더 라디오에 의존해야 했다. 하지만 암호책도 부족했기 때문에 라디오를 통해 흘러나온 많은 메시지들은 독일 정보국에 의해 쉽게 수집되고 판독되었다. 적군의 군사적 행동뿐 아니라 질병과 물자 부족으로 사망자가 늘어갔고 참호가 시체로 메워지자, 군사전문가들은 국방장관을 교체해달라고 요구하기 시작했다. 하지만 라스푸틴은 자신의 꼭두각시를 교체하기를 거부했고, 시체는 더욱 늘어만 갔다.

러시아는 전쟁 발발 이후 동부 전선에 병력을 집중하고 있었고, 독일과 오스트리아—헝가리 군대와 대치하고 있는 군대는 치열한 접전에서 어머어마한 사상자를 냈다. 러시아 병사들 수천 명이 피를 흘리며 죽어가고 있는 동안 라스푸틴은 의무감에서 자신의 친구 수콤리노프를 교체하기를 거부했고, 이는 독일 출신의 황후와 그녀의 주요 고문관이 적과 결탁했다고 고발당하는 빌미가 되었다.

1915년 중반, 러시아 군대는 괴멸되기 직전이었다. 라스푸틴과 알릭스의 충고에 따라 니콜라스는 러시아 야전군 사령관의 지위를 맡기로 했다. 치명적인 결정이었다. 당시 대다수의 러시아인들에게 황제는 신비주의적 성향의 인물이었고, 마치 신과 같은 용모에 강력한 힘을 갖고 있었고, 아무리 멀리 떨어져 있다 해도 모든 것을 볼 수 있고, 교회의 판결보다 훨씬 더 위에 있는 존재였다. 니콜라스는 875만 평방마일이 넘는 지역에 거주하는 1억 3,000만의 인구를 지배하고 있었고, 그들 대부분이 믿고 있었던 것은 황제는 신에 의해 군주로 임명되었고 누구의 지배도 받지 않는다는 것이었다. 이제 황제의 유약한 성격과 완고함, 그리고 효율적인 결정을 내리지 못하는 성정이 너무나 분명하게 드러나게 되었다. 그는 죽은 500만 명의 병사들을 제외하더라도 아주 많은 평범한 러시아인들의 눈에서 신과 같은 지위를 상실했다. 바르샤바와 폴란드 영토를 잃은 황제는 그래도 아직 충성스런 군대가 남아 있다고 확신했다.

현실에서 완전히 유리된 니콜라스는 전선에서 멀리 떨어진 모길레프의 한 촌락에서 이동을 멈추었다. 그는 호텔을 빼앗곤 자신의 영국산 사냥개와 함께 매일 강변을 산책했고, 아침이면 영화를 보았다. 그는 「뉴욕의 비밀(The Secrets of New York)」이라는 탐정 시리즈를 가장 좋아했다. 그동안 라스푸틴은 황후를 점점 더 확고하게 자기편으로 만들었다. 황제가 없을 경우, 알릭스는 실제로 제국의 유일한 통치자가 되었다. 그리고 황후로부터 '친구'라고 호칭된 라스푸틴은 곧바로 황후의 뒤에서 숨은 실력자로 행세했다.

러시아 군대는 자신들을 더 이상 러시아 병사가 아니라 '곧 죽게 될 민간인들'이라고 생각했다. 그들은 정부가 전쟁에서 자신들을 가능한 한 많이 죽이도록 베를린 정부로부터 10억 루블을 받은 게 틀림없다고 소곤댔다. 하지만 그들은 독일 태생의 황후에게 가장 커다란 증오를 품었다. 그들은 그녀가 적과 결탁했고, 궁전의 처마 밑에 숨겨놓은 라디오로 독일군과 연락하고 있고, 그녀의 여동생인 프러시아의 이렌느 공녀에게 러시아의 비밀을 넘겨주었고, 그녀에게서 훈장을 받으면 죽게 될 거라고 생각하게 되었다. 니콜라스가 훈장수여식에 참석해 성 조지 십자훈장을 수여할 때 그들은 키득키득 웃으며 그 훈장을 '그리고리 십자가,' '그리고리와 황제, 그리고리와 황후'라고 소곤거렸다.

그동안 황후는 차르스코에 셀로에 있는 알렉산더 궁전을 거의 떠나지 않았다. 그녀는 내실의 긴 의자에 앉아 발치에 테리어 한 마리를 두고 대부분의 시간을 보냈다. 그녀에게 러시아는 세계 속의 한 지방에 불과했고, 헐렁한 작업복을 걸쳐 입고 장화를 신은 정직한 농부이자 소박하면서도 거룩한 그녀의 '친구' 라스푸틴은 러시아의 축소판이었다. 그녀가 '진짜 러시아'로부터 받은 편지는 라스푸틴의 친구 프로토포포프의 명령으로 비밀경찰이 위조한 것이었다. 진짜 편지에는 다른 이야기가 담겨 있었다.

상트페테르부르크 거리의 분위기는 점점 험악해져갔다. 오흐라나는 황제와 황후를 모독하는 모든 사람들을 탄압하는 것이 더 이상 가능하지 않다고 말했다. 왜냐하면 그런 사람들의 숫자가 군대의 숫자보다 훨씬 많아 대적하기가 힘들었기 때문이었다. 런던 신문 「타임스」의 사장이 보내온 편지에는 해방을 요구하는 사람들의 깃발이 어딜 가나 보여서 로마노프 왕조가 붕괴될 위험이 있다고 경고했다.

라스푸틴은 알릭스와 함께 있지 않으면 고로코바이아가(街) 64번지에 있는 안마사와 재봉사들과 이웃인 별다른 특징이 없는 자신의 아파트에서 정상적으로 생활했다. 라스푸틴이 살았던 아파트는 과거에 부유한 부르주아들이 거주했던 곳으로 기차역 가까이에 위치한 마을에서도 소박한 구역에 자리하고 있었다. 그런 까닭에 라스푸틴은 보통 사람의 이미지를 유지할 수 있었다. 그의 아파트로 수많은 여자들이 드나들었고, 그녀들 모두는 라스푸틴에게서 호의를 얻으려고 했다. 라스푸틴은 그에 대한 대가로 돈이나 술, 꿀이나 성적인 봉사를 받았다. 그는 오흐라나의 지속적인 감시를 받았다. 오흐라나는 그가 누구와 함께 밤을 보내는지, 어떤 뇌물을 받았는지를 샅샅이 조사했다. 그래서 경찰관들과 그들의 친구들 사이에선 라스푸틴의 사생활이 가십거리였다. 그의 사생활에 대한 루머보다 더 나쁜 것은 그가 점점 더 공개적으로 추잡한 행위를 벌이고 있다는 것이었다. 라스푸틴은 모스크바에서 악명이 자자한 이아르 술집에 많은 여자들과 함께 들어와 음탕한 말을 주고받았다. 식사가 끝나자 술 취한 라스푸틴은 황후에 대해 이야기를 꺼냈는데, 마치 황후가 자신의 '옛 애인'인 양 그녀와 함께 안 해본 게 없다는 식으로 이야기했다. 그리고 마침내는 경찰에게 끌려나가면서 끝까지 복수하겠다고 맹세했다. 러시아는 공손함이라곤 모르는 방탕한 난봉꾼의 손에서 농락당하고 있는 듯 보였다.

황제와 황후는 여전히 라스푸틴에 대한 진실에 귀 기울이기를 거부했다. 1916년 9월 주노프스키 장군은 니콜라스에게 이아르 술집에서의 라스푸틴의 행실을 상세히 보고한 얼마 후 면직되었다. 두마의 지도자들 중 한 사람이었던 푸리슈케비치는 모든 각료들에게 황제 앞에 엎드려 라스푸틴을 제거하라고 간청하자고 호소했다.

그해 12월 8일, 자치도시 조직체인 유니온 오브 타운스(Union of Towns)는 비밀 회의를 열었다. 여기서 통과된 결정 사항은 '현재 어둠의 세력의 도구가 되어 있는 정부는 러시아를 멸망으로 몰아가고 있고 제국의 권좌를 흔들고 있다'는 것이었다. 어둠의 세력이란 그리고리 라스푸틴을 일컫는 말이었다. 광범위하게 뿌려진 팜플렛에는 '그리고리 신부는 새롭게 탄생한 악마의 성인이고, 기독교의 가르침을 매도한 자이고, 러시아를 폐허로 만든 자이고, 부인과 하녀의 순결을 빼앗은 자다'라고 씌어 있었다. 또 라스푸틴이 황제의 우둔함과 황후의 쾌락 탐닉과 그 딸들의 타락과 어둠의 세력의 선전을 몹시 기뻐하고 있다고 주장했다. 팜플렛에는 '기뻐하라, 더욱 기뻐하라, 피신처를 잘못 찾은 사탄이여!'라고 씌어 있었다. 사람들은 황제와 황후가 라스푸틴에게 의존하는 것을 아무도 막을 수 없다는 것을 서서히 깨닫기 시작했다. 그래서 라스푸틴은 죽어야 했고, 푸리슈케비치의 주장에 동조하는 새로운 세력들이 급속히 결집됐던 것이다. 러시아의 유력한 가문 출신이자 복장도착자[6]였던 펠릭스 유수포프는 '신은 한쪽 눈으로 보고, 악마는 다른 쪽 눈으로 본다'고 말했다. 그들은 황제의 첫째 딸 올가의 남편감으로 물망에 올랐던 디미트리 파블로비치 대공을 끌어들였고, 세 명의 공모자들은 한 달 동안 계획을 세웠다. 그들은 상트페테르부르크에서 최고의 미인으로 알려진 이리나 유수포바 공녀를 미용해 라스푸틴을 유혹할 함정을 파기로 했다. 당시 그녀

---

6)_ 이성의 옷을 입고 좋아하는 변태 성욕자.

는 상트페테르부르크에 있지 않았지만, 펠릭스 대공은 라스푸틴에게 이리나 공녀가 그와 함께 은밀한 임무를 논의하기 위해 돌아오고 있는 중이라고 말했다. 라스푸틴은 사교계에서 가장 아름다운 여인을 유혹하게 되었다는 생각에 빠져 있는 동안, 유수포프는 라스푸틴을 살해할 특별한 방을 준비하고 있었다.

모이카 강변에 있는 유수포프 궁전의 마당에서 그는 일꾼들에게 각 방에 값비싼 페르시아 카펫을 깔고 골동품들과 고상한 가구를 비치하라고 명령했다. 방 한쪽 구석엔 백곰 모피가 깔렸고, 유수포프는 하인들에게 '라스푸틴이 최후의 잔을 들게 될 테이블'을 방 한가운데에 놓게 했다.

12월 16일 밤이 되자 모든 것이 준비되었다. 초콜릿과 장밋빛 크림으로 채워진 케이크가 준비되었고, 한 내과의사가 케이크를 시안화칼륨으로 장식했다. 라스푸틴이 가장 좋아하는 술 마데이라[7]와 마르살라[8]를 따를 유리잔에는 더 많은 독을 발라두었다.

유수포프는 한밤중이 되기 전에 가끔씩 라스푸틴을 맞으러 눈밭으로 나가곤 했다. 라스푸틴이 도착하자 그는 이리나 공녀가 위층에서 아직 손님들을 접대하고 있지만 곧 내려올 것이라고 말했다. 그리고 '양키 두들[9]'의 노랫소리가 위층의 방에서 들려오자(공녀의 파티를 가장하기 위해 다른 공모자들이 축음기를 틀었다), 라스푸틴은 계단 아래로 내려가 자신의 운명을 기다렸다.

유수포프 대공은 라스푸틴에게 독이 든 술과 케이크를 권했다. 하지만 너무나 공포스럽게도 라스푸틴은 계속 먹고 마시며 다른 집시 노래를 틀어달라고 요구했다. 독은 효과가 없었다. 얼마 후 유수포프는 위층의 공모자들과

---

7)_포르투갈령 마데이라제도에서 만든 백포도주. 8)_시칠리아섬의 지명을 딴 백포도주. 9)_미국의 독립전쟁이 한창일 때 크게 유행하여, 미국 독립을 갈망하며 싸우던 사람들의 사기를 크게 높였다는 노래.

이야기를 나눈 후 권총을 갖고 내려와 라스푸틴의 심장을 겨누어 쐈다. 라스푸틴은 부서진 꼭두각시처럼 카펫 위로 쓰러졌다. 그러나 공모자들이 기뻐하는 사이 라스푸틴은 간신히 일어나 비틀거리며 거실로 올라가 쪽문을 열고 마당으로 뛰어내렸다. 암살자들은 미칠 지경이었다. 그들은 총을 두 방 더 쏘았지만 모두 빗나갔다. 그때쯤 라스푸틴은 거의 길로 난 대문에 도달해 있었다. 푸리슈케비치는 피가 날 때까지 자신의 왼쪽 팔목을 물고 있다가 충분히 집중했다고 판단하고는 권총을 들어 두 발을 쏘았고, 라스푸틴은 등과 머리에 총알을 맞고 쓰러졌다.

라스푸틴은 두 발의 총알을 맞았지만 여전히 숨이 붙어 있었다. 그래서 공모자들은 그의 손을 머리 위에 올려놓고 묶은 뒤 네바강의 얼음 아래로 그의 몸뚱이를 던져버렸다. 시체를 건져낸 다음 검시 결과로 알 수 있었지만, 독과 총알은 라스푸틴을 죽이지 못했다. 그의 폐에 물이 가득 찬 것을 보면 차갑고 얼음이 언 강이 라스푸틴의 목숨을 끊어놓은 것이었다.

라스푸틴을 살해한 지 몇 시간 지나지 않아 범인이 누구인지가 정부와 외교가에 알려졌고, 라스푸틴을 죽인 자들은 러시아의 영웅이자 구세주로 칭송받았다. 상트페테르부르크 거리는 기쁨의 환호성으로 메아리쳤고, 라스푸틴의 몸뚱이가 내던져진 다리는 유명한 관광코스가 되었다. 사람들은 몇 시간 동안이나 환호하며 행진했고, 사람들을 황폐하게 만든 그리고리 라스푸틴이 마침내 죽었다는 사실을 완전히 믿지 못하는 듯했다.

알렉산드라가 영원한 복수를 맹세하고 있을 때, 니콜라스는 범인들을 처벌할 힘이 없었다. 그들이 숭배했던 라스푸틴은 너무 높은 하늘로 가버린 것이었다. 그 일이 있은 후 유수포프는 그의 사유지로 추방당했고, 디미트리는 페르시아 전선으로 보내졌고, 주모자인 푸리슈케비치는 무사하게 달아나 오히려 대중적 인기가 높아졌다.

최후까지 충실한 신도였던 황후는 라스푸틴의 시신을 차르스코에 셀로에 묻어주었다. 황제는 이 일을 이렇게 기록했다. "9시, 우리는 모든 가족을 데리고 결코 잊지 못할 그리고리의 시체가 담긴 관을 보고 우울하게 돌아왔다. 그는 유수포프의 집에서 편견으로 가득 찬 자들에게 살해되었다. 날씨는 흐리다. 영하 12도다." 하지만 라스푸틴의 시체는 오랫동안 평화롭게 묻혀 있지 않았다. 1917년 3월 22일, 한 무리의 혁명군들이 관을 파헤치고 유골들을 불태웠다. 재는 바람에 날려 흩어졌다.

죽기 직전에 보낸 편지에서 라스푸틴은 이미 자신의 죽음을 예견한 듯했다. 그가 일반인 암살자들에게 살해당한다면 황제는 두려워할 필요가 없지만, 만약 그가 귀족들에게 죽음을 당한다면 황제의 가족은 러시아 국민들에게 살해되어 아무도 2년 이상 살아남지 못할 것이라고 썼다.

라스푸틴이 죽고 74일 후 황제는 양위했다. 1918년 7월 18일, 황제의 온가족이 외딴 농장의 지하실에서 몰살되었을 때 예언은 실현되었다. 라스푸틴이 너무 늦게 죽임을 당했기 때문에 시대의 흐름을 바꾸지는 못했다. 그의 무시무시한 이름은 철저하게 재난의 상징이 되어버렸다. 구체제를 존속시키고자 라스푸틴을 죽이려 했던 암살자들은 사실상 구체제에 최후의 일격을 가한 셈이었다.

# JOSEF STALIN

20세기의 전제군주

# 요시프 스탈린

스탈린이 악인이라는 표지는
그가 마음대로 도덕을 전복시켰다는 점이다.
즉 선이 악이 되었고, 악이 선으로 둔갑했다.
그는 인간의 존엄성과 행복이
모든 진보의 중심에 있다는 사실을 보지 못한 사람이었다.

_미하일 고르바 프

A Twentieth-Century tyrant

소련연방 최초의 지도자 레닌이 그의 뒤를 이을 인물인 '강철의 사나이'란 의미의 스탈린으로 더욱 잘
알려져 있는 요시프 비사리오노비치 쥬가쉬빌리와 함께 앉아 있다. 사실 이 사진은 조작된 것이다. 두
개의 다른 사진을 합성하여 스탈린이 레닌의 사랑하는 아들로 보이게 만들었고, 그리하여 1924년
레닌이 사망했을 때 떠오른 후계자 문제에서 그에게 힘을 실어주었다.
(THE ILLUSTRATED LONDON NEWS PICTURE AGENCY)

1953년 3월, 구소련의 국민들은 국가 원수가 사망했다는 소식을 듣고 망연자실했다. '조 아저씨 스탈린'으로 알려진 인물의 장례식에서 국민들은 눈물바다를 이루었다. 러시아인들에게 스탈린은 구세주였고, 히틀러 나치의 위협으로부터 국가와 국민을 구했고, 미국인들이 다가오지 못하게 막은 위대한 영도자였다. 그렇지만 스탈린의 또 다른 명성, 즉 러시아 황제들이 4세기 동안 죽인 사람보다 더 많은 수백만 명의 자국민들을 죽인 살인자라는 악명을 기억하는 사람은 거의 없었다. 냉혹한 독재자 스탈린은 자유와 평등의 이상을 기초로 한 민중혁명을 공포에 의해 유지되는 전체주의적 독재정치로 바꾸어놓은 장본인이었다.

1879년 12월 21일, 그루지야 카프카스 지역의 도시 고리(Gori)에서 탄생한 요시프 비사리오노비치 쥬가쉬빌리[1]는 네 명의 아이들 중에서 살아남은 유일한 아이였다. 불우한 구두직공이었던 그의 아버지 비사리온 쥬가쉬빌리는 주정뱅이가 되어 아들과 아내를 마구 패곤 했다. 스탈린이 11살이 되었을 때, 그의 아버지는 싸움 끝에 살해당했고, 가정을 지켜야 할 책임은 그의 어머니 카테리나에게 남겨졌다. 그녀는 삯바느질과 세탁일을 하며 어린 요시프를 키웠다. 그러나 요시프는 천연두를 앓아 얼굴에 마마자국이 남았고, 패혈증으로 왼팔을 쓰기가 불편해졌다. 글을 모르는 농촌 여성 카테리나는 신

---

1) 스탈린의 본명.

앙심이 깊고 야심이 있었기 때문에 아들을 성직자로 만들기 위해 교육을 시키려 했다. 성직자는 비(非)러시아계 그루지야 출신의 가난뱅이들이 출세할 수 있는 몇 안 되는 직업 중 하나였다. 그는 1888년 고리시에 있는 그리스정교 교구 학교에 입학했다.

빼어난 재능을 가진 스탈린은 1894년 티플리스에 있는 그리스정교회 신학교에 장학금을 받고 입학해 사제가 되기 위한 교육을 받았다. 그러나 그는 성경보다는 혁명적인 문학에 관심을 가졌고, 4학년이 되자 그루지야인의 자율권과 독립이라는 이상을 신봉하는 사회주의 비밀결사 '메사메 다시(Mesame Dasi)'에 가입했다. 1899년 졸업을 앞두고 신학교에서 퇴학당한 청년 요시프는 스스로 코바(Koba) 또는 '불굴의 사나이'라 칭하며 1901년 그루지야 사회민주당에 입당한 후 직업 혁명가의 길로 뛰어들었다. 그는 볼셰비키의 금고를 부풀리기 위해 암살, 스트라이크, 데모, 은행강도 등을 조직했다. 1902년경, 오흐라나(okhrana)라는 제정러시아의 비밀경찰 조직이 남부 러시아에서 가장 성공적인 혁명 요원 중 하나인 요시프 쥬가쉬빌리의 사진을 발표했다.

1904년 6월, 스탈린은 순진하고 헌신적인 농촌 처녀 예카테리나 스바니제와 결혼했다. 그러나 그녀는 아들 야코프를 남긴 채 1907년 4월 10일 발진티푸스로 죽었다. 야코프는 후에 자살을 기도했었는데, 스탈린은 그의 자살 기도가 실패한 것을 조롱했다고 한다. 야코프는 1943년 스탈린이 그의 목숨에 대한 교환 조건을 거절한 후 나치 포로 수용소에서 죽었다.

20세기의 시작부터 1917년까지 스탈린의 삶은 비참 그 자체였다. 당시 그는 거의 언제나 제정러시아 당국의 추적을 피해 도망다녔고, 감옥에 투옥되거나 시베리아의 얼어붙은 황무지에 유배되었다. 그렇지만 1917년 3월, 스탈린과 러시아 국내외의 다른 혁명가들의 노력은 상당한 성과를 거두었다.

제1차 세계대전에서 독일과 3년 동안 전쟁을 벌이며 대량학살로 사기가 꺾이고 수년간 가난과 국내 억압으로 불만을 품은 러시아 민중들이 니콜라이 2세에 반기를 들고 봉기했던 것이다. 러시아혁명은 이렇게 시작되었다.

황제가 양위했다는 소식을 듣자, 스탈린은 시베리아 유형지에서 오늘날 상트페테르부르크로 알려진 수도 페트로그라드로 달려갔다. 수도는 기뻐하는 노동자들, 폭동을 일으킨 군인들과 선원들 그리고 되돌아온 유배자들로 가득 차 혼란스러웠다. 케렌스키[2]의 지도 아래 임시정부가 통제를 담당했다. 이는 새로 귀환한 볼셰비키파의 지도자 레닌을 격분시켰다. 그러나 임시정부는 독일과의 전쟁에서 철수하기를 거부함으로써 레닌과 볼셰비키를 유리하게 만들어주었다. 레닌은 전선으로 가는 것을 달가워하지 않던 부대와 제휴했고, 1917년 10월 페트로그라드 소비에트의 수장 트로츠키[3]가 지도하는 무장 투쟁을 격려했다.

그해 10월부터 스탈린은 새 정부 활동의 중심부에 자리를 잡고, '강철의 사나이'라는 의미인 스탈린이라는 이름을 사용했다. 그 후 스탈린은 자신을 10월혁명의 주요 인물로 묘사했다. 그러나 사실 그는 회고록에서 거의 언급되지 않았고, 단지 '흐릿한 인상'으로 기억되었을 뿐인 평범한 공무원이었다. 스탈린은 자신을 레닌의 가장 가까운 동맹자로, 그리고 혁명의 방향을 결정하는 데 직접적인 책임자로 묘사하곤 했다. 그는 레닌과 함께 쿤트세보에 있는 시골 별장의 벽에 기대고 있는 사진을 합성하기도 했다. 스탈린은 회고록에서 혼자 힘으로 중요한 역사를 창조해냈다고 조작하면서, 먼저 진짜 혁명

---

2) 1912년 근로당 당수가 되었고, 2월혁명의 임시정부를 이끌었으나 10월혁명으로 밀려났다.   3) 1906년 「프라우다」지 창간. 10월혁명 때 레닌과 함께 혁명을 이끈 후 소련 지도부의 핵심 인물이 되었다. 레닌 사후 스탈린과 부하린 연합에 패하여 당에서 제명당했고, 망명지 멕시코에서 스탈린의 수하에게 암살당했다.

영웅들을 침묵하도록 강요했고, 그런 다음엔 역사서 이외의 책에 그들을 기록하게 했다. 그는 1937년까지 그들 중 37명을 더욱 잔인한 방식으로 처단했다. 사건에 대해 진실이 아닌 내용을 증언한 사람들만 살아 남았다. 진짜 영웅들이 적어지면 적어질수록 스탈린의 역할은 더욱 더 부풀려졌다.

소련연방이 존재하기 시작한 순간부터 지속적으로 위기의 상태가 계속되었다. 1918년 전선에서 철수하자마자, 혁명 볼셰비키 정부와 서유럽 열강의 지원을 받는 황제 지지자들의 백군 사이에 참담한 내전이 발발했다.

1918년부터 1921년까지 벌어진 내전 기간 동안 스탈린은 아무도 맡으려 하지 않았던 세속적인 지위를 수없이 많이 맡았다. 그는 국가통제위원, 랍크린(Rabkrin)[4]의 정치위원, 혁명평의회 위원, 정치국 및 조직국 위원과 서기장을 역임했다. 그 결과 그는 형편없는 연설가, 꾸준히 일하는 이론가, 성가신 인물이란 평판을 얻었다. 모든 당의 지도자들은 수많은 지위로부터 얻은 스탈린의 잠재적 힘과 이를 이용하는 야심을 잘못 이해하는 똑같은 실수를 범했다. 레닌도 다른 사람들과 마찬가지로 책임이 있었다.

서기장이자 조직국에 있는 유일한 정치국원으로서 그는 친구들을 승진시키고 적들을 내쫓았다. 1922년 한 해 동안 대부분 스탈린의 개인적인 추천을 받은 지방 관리들이 1만 명 이상이나 임명되었다. 그들은 비천한 출신 성분에 정규 교육도 제대로 받지 못한 사람들이었다.

1919년 스탈린은 노동자 농민 인민위원회를 운영했고, 이 단체는 그에게 국가의 모든 공무원을 조사할 수 있는 권한을 부여했다. 1922년까지 스탈린의 감시를 받지 않았던 당 지도자들이나 정치국 위원들은 거의 없었기 때문

---

4)_노동자 농민 인민위원회.

에, 그는 종종 이처럼 공갈협박을 하며 죄를 뒤집어씌움으로써 자신이 원하는 바를 얻곤 했다. 무정하고 냉혹한 스탈린은 승진을 통해 효율적으로 당을 지배하기 시작했다. 1992년 4월, 레닌은 스탈린을 총서기로 임명하는 데 동의했다. 그것은 당 지도자인 레닌의 후계자가 될 수 있는 지위였기 때문에 중대한 임명이라 할 수 있었다.

1921년, 레닌이 병들었다는 사실이 처음으로 알려졌다. 이전 4년 동안 그는 하루에 16시간씩 쉬지 않고 일했다. 1922년 5월, 레닌은 뇌졸중 발작을 일으켰고, 그는 스탈린에게 독약을 달라고 간청했다. 그러나 스탈린은 거절했다. 레닌이 살아 있는 것이 그에게 더 유리했기 때문이었다.

그 후 7개월 동안 레닌은 스탈린의 최대 정적인 트로츠키와 점차 가까워졌고, 스탈린을 경계했다. 12월에 레닌이 다시 발작하자, 스탈린은 주도권을 장악했다. 그는 중앙위원회로부터 레닌을 국민과 뉴스로부터 격리시킬 수 있는 권한을 스탈린에게 부여하는 명령을 얻어냈다. 그의 비서들은 스탈린에게 은밀하게 보고했고, 스탈린은 죽어가는 사람에 대한 경멸을 더 이상 감추지 않았다.

바로 그해, 죽음을 눈앞에 둔 다음에야 레닌은 스탈린을 불충하고 버릇없고 거만하고 변덕스러운 인간이라고 평가하면서 스탈린이 얼마나 나쁜 지도자가 될 수 있는지를 깨닫게 되었다. 레닌은 다음 대표자회의에서 이러한 점을 명백히 하려고 했지만, 다시 발작하는 바람에 말을 할 수 없었다. 그러나 레닌은 비밀 편지를 써서 낭독하게 했다. 이것이 그의 야심에 얼마나 치명적이 될지를 알고 있었던 스탈린은 대표자회의를 연기하고 편지를 감추었다. 운명이란 그런 것이었다. 레닌이 발작으로 인해 언어 능력이 마비되지 않았다면, 스탈린의 이름은 오늘날 러시아 역사책의 각주에서나 볼 수 있었을 것이다.

소비에트사회주의공화국연방(USSR)의 영웅적인 혁명 시대는 지나갔고, 1921년에서 1928년의 정치 체제는 하루하루 국가를 운영하는 보다 세속적인 과업으로 빠져들었다. 1918년부터 1921년까지의 내전은 새 체제에 잊을 수 없는 충격 효과를 주었다. 이는 경제의 포괄적인 국유화를 이끌었고, 정치적으로 실질적인 일당 통치의 수립, 반체제 인사들에 대한 거친 탄압, 표현 및 결사의 자유 폐지, 그리고 중앙집권화된 당 관료주의의 성장 등을 초래했다. 평등주의와 사회주의적인 혁명의 목표는 형성 중인 억압적인 체제에 보다 적합한 법률로 대체되었다.

스탈린은 권력을 쥐게 되었는데, 그것은 아마도 오랜 동료들보다도 스탈린이 이 새로운 정신을 잘 구현했기 때문일 것이다. 성장하는 관료 체제를 운영하기 위해서는 출세지향적 행동, 끈기 있는 계산과 타협 등이 모두 필요했다. 불안하고 감정적이고 허영심이 강하고 냉소적이고 앙심도 깊은 기질에 육체적 매력이 없는 스탈린은 행정가의 역할을 철저히 체득했다. 그는 어디서나 (레닌을 모방하여) 공공연히 겸손한 태도, 수수한 옷차림, 개인적인 금욕주의, 침착함, 능력, 그리고 부성애 등의 자질을 보여주었고, 그랬기 때문에 그의 동료와 대중 그리고 아마 그 누구보다도 가장 중요한 역할을 하게 될 1920년대에 입당한 비천한 출신의 신진 공무원들의 호감을 샀다.

스탈린이 커다란 성공을 거둔 이유는 늘 스스로를 다수의 의지를 구현하는 인물로서 인식시켰기 때문이다. 그의 동료들은 스탈린이 지배하는 당 기관의 힘을 두려워하지 않았다. 오히려 레닌이 행사했던 일종의 개인적인 권위를 주장하는 시도를 두려워했다. 스탈린은 동료들의 상호간 경쟁과 의심을 조심스럽게 이용했고, 그들이 서로를 쫓아내는 데 도움을 주면서 지방과 중앙당 기관의 직원들을 조용히 그의 추종자들로 채우는 등 그들의 오판을 대단히 잘 활용했다.

1927년, 스탈린은 당을 완전히 장악했고, 2년 후 트로츠키를 소련연방에서 추방함으로써 모든 실질적인 반대 세력을 뿌리째 뽑아버렸다. 카메네프[5]나 지노비예프[6]와 같은 지지자들도 당에서 제명되었다. 하지만 스탈린은 결국 그들을 반역죄로 몰아 총살할 때까지 10년을 기다려 주었고, 그 후에는 트로츠키에게만 신경을 썼다. 이제 스탈린에겐 더 커다란 표적이 있었다.

현실의 적이든 상상 속의 적이든 사회주의 천국을 파괴하기 위해 군대를 결집시키는 적들에 대항할 수 있도록 강력한 국가를 만들기 위해 그는 소련연방의 대규모 산업화를 가속하기 위해 제1차 5개년 계획을 도입했다. 소련연방이 서구에 비해 100년은 뒤쳐졌기 때문에 가능한 한 빨리 따라 잡아야 한다고 생각했던 스탈린은 농업에서 공업 위주의 경제 체제로 전환시키기 시작했다. 그는 '명령 경제'와 강제 동원 농부, 그리고 산업 현대화를 통해서만 그런 목적을 달성할 수 있다고 생각했다. 스탈린은 모든 농부들은 집단농장에 소속되어야 한다고 강요하기 시작했다. 그들은 그들의 기계와 가축을 대규모 농장에 공동출자해야 했고, 그런 다음 농장은 정부에 의해 통제되었다. 그들은 농산물을 정부에 넘겨주어야만 했고, 임금을 받거나 아니면 남은 식량으로 살아야 했다. 그 결과 심각한 기아 사태가 벌어졌다. 농부들은 농산물을 정부에 넘겨주느니 차라리 곡식을 불태우고 가축들을 죽였다. 카자흐 유목민같이 농사를 지을 줄 모르는 소수민족들은 밀을 경작하라는 명령

5) 지도권 투쟁에서 처음에는 스탈린과 결탁했다가, 반스탈린파가 되어 당내 투쟁에서 패배. 키로프 암살 사건에 연루되었다는 혐의로 처형당했다.  6) 레닌 사망 후 스탈린, 카메네프와 함께 트로이카 지도체제 형성. 그 후 카메네프와 함께 스탈린에 대립했지만 패배하여 키로프 암살 사건에 연루되어 처형당했다.

을 받았고, 명령을 어기면 처형당했다. 그 결과 거의 200만 명이 죽었고, 그들의 생활양식은 완전히 뿌리뽑혔다.

정부의 불합리한 곡물 요구와 강제 수탈로 농부들은 굶주림에 시달려야 했다. 집단농장에 들어가기를 거부한 사람들은 그들의 집과 농기구, 소유물들을 몰수당했다. 모두 합해서 900만여 명의 남자들과 여자들 그리고 어린이들이 집을 잃었고, 기아와 죽음 그리고 망각 속으로 던져졌다. 남부 우크라이나에서는 특히 심했는데, 3,000만 명의 사람들이 기아로 고통을 당했고, 일부 지역에서는 식인 사태까지 발생했다.

이 프로그램은 식량 부족을 완화하기 위해 스탈린으로부터 잉여 식량을 팔도록 허락받은 쿨락(Kulak)이라는 부농들에게 막대한 세금을 매겨 부분적으로 자금을 조달하였다. 그러나 부농들은 곧 판매 권리뿐 아니라 그들의 땅과 가축들까지 잃게 되었다. 그때 스탈린은 부농을 없애겠다고 발표했다. 수백만의 사람들이 국영 집단농장에 들어가도록 명령을 받았다. 수백만의 사람들은 신설 국영 공장의 강제노동자가 되기 위해 도시로 모여들었다. 나머지 사람들은 교정노동수용소로 사라졌다. 2,500만 명 이상의 사람들이 강제로 퇴거당하고, 300만 명 이상의 사람들이 살해당했다. 경제 정책으로 시작했던 것이 절망과 학살, 공포의 무대로 바뀐 것이다. 1932년에서 1934년 사이에 500만 명의 사람들이 기아로 죽었고, 농업 생산량은 15퍼센트나 떨어졌다.

유혈 사태는 스탈린의 가정에서도 일어났다. 1919년 3월 24일, 스탈린은 오래된 그루지야의 혁명 동지 세르게 알릴루예바의 16살짜리 딸 나데즈자 알릴루예바와 두 번째로 결혼식을 올렸다. 그녀는 두 명의 아이 바실리(1919)와 스베틀라나(1925)를 낳았다. 한번은 나데즈자가 스탈린을 도와주었다. 레닌의 사무실에서 기밀암호 서기로 일하면서 얻은 비밀 정보를 스탈린에게 말해주었던 것이다. 그러나 1932년 스탈린의 본부에서 열린 파티에서 그는 다른 사람들 앞에서 그녀를 모욕했다. 나데즈자는 파티장을 나와 머리에 총을 쏴 자살했다. 공식 발표는 그녀가 맹장염으로 죽었다고 했다. 스탈린은 그녀의 장례식에 참석도 하지 않았다. 그녀가 죽음으로써 스탈린의 영혼에서는 인간적인 온기의 마지막 흔적조차 사라져버렸을 뿐 아니라 그의 절대권력에 대한 작은 장해마저도 제거되었다. 그의 아들 바실리는 알코올중독으로 죽었다. 그러나 무엇보다도 최대의 희생자는 바로 러시아 국민들이었다.

모든 공장과 사업은 정부가 떠맡았으며, 5년 내내 매년 도달해야 할 목표가 주어졌다. 목표는 모스크바에 있는 고스플란(Gosplan)[7]에서 수립되었다. 이 조직은 각 공장의 목표를 세우는 일과 그 후에 실제로 얼마나 생산되었는지를 확인하는 일만 하는 50만 명의 노동자로 구성되어 있었다. 이는 노동자들과 감독들에겐 엄청난 압력으로 작용했다. 그러나 목표를 달성하는 데 실패하면 가혹한 처벌이 가해졌다. 공장의 감독들은 처형될 수도 있었다. 노동자들은 강제로 더 오랜 시간을 일해야 했고, 직업을 바꿀 수도 없었다. 일하지 않는 것은 죄였다. 많은 공장들이 생산 수치를 조작하거나, 생산품의 품질을 고려하지 않았다. 수치만 맞는다면 다른 것은 문제가 되지 않았다. 1930년대에 생산된 모든 트랙터의 절반은 고장났을 것으로 추정된다.

개인적으로 스탈린은 역사적으로 위대한 전제군주와 자신을 동일시했다. 그는 '정복당한 자들의 죽음은 승리자의 평온을 위한 필수요소'라는 믿음을

---

7) 구소련의 국가계획위원회.

가졌던 징기스칸에 매혹되었다. 또한 그는 자신에 대해 지도자라는 비공식적인 칭호만을 허용했던 것과 똑같이 왕이란 칭호를 거절하며 통치의 전제적인 성격을 감추었던 고대 로마의 초대 황제 아우구스투스(기원전 63~서기 14)를 좋아했다. 스탈린의 방식에 반대하는 사람들은 교정노동수용소인 굴라크(Gulag)로 보내져 노예 같은 삶을 살았다. 이 수용소는 일부러 러시아에서 가장 살기 힘든 지역에 위치해 있었기 때문에 수감자들은 노예 노동자로 전락했고, 일만 하다가 죽었다. 크니퍼 댐이나 벨모어 운하와 같은 거대한 산업계획은 건설되는 동안 죽었던 수십만 명의 노동자들에게는 생지옥이나 다름없었다. 1933년에는 100만 명에 달하는 소련 시민들이 강제노동수용소에서 고통스러운 나날들을 보냈다. 그리고 수백만 명의 사람들이 투옥되거나, 국외 추방을 당하거나, 강제 이주 지역으로 내몰렸다. 어느 누구도 적이라는 누명으로부터 안전하지 못했다. 스탈린은 공산당 외부뿐 아니라 공산당 내부에서도 많은 적을 찾아냈다.

1934년 2월에 열린 제17차 당대표회의에서 300명의 노회한 당 위원들이 당 지도자로서 스탈린에 반대하고 키로프에 찬성하는 표를 던졌다. 스탈린은 노발대발했으며 즉각 보복했다. 그해 12월, 키로프는 암살당했다. 스탈린의 명령에 의한 것이 분명했다. 그런 다음 그는 비밀경찰 NKVD의 권력을 강화했고, 그들은 스탈린의 정적들을 검거하기 시작했다. 증거는 조작되었고, 볼셰비키 지도자들은 '공개재판(Show Trial)[8]'에 회부되었다. 그들은 법정에서 전혀 불가능해 보이는 범죄를 자백하도록 강요되었다. 물론 그들의 자백은 고문으로 인한 것이었다. 운명적인 대표회의에서 1,200명의 대표들

---

8)_ 여론조작을 위한 공개재판.

중 1,100명 이상이 체포되거나 처형되었고, 굴라크 노동수용소에서 죽었다. 139명의 중앙위원회 위원들 중에서 98명이 총살당했다. 스탈린 반대파들은 몰살되었을 뿐만 아니라 사라져버렸다. NKVD는 스탈린의 명령 하에 그들의 본부인 루비안카 감옥으로부터 소련 전역을 공포에 떨게 만들었다.

집단농장화 및 산업화를 위해 벌인 격렬한 캠페인이 있은 직후인 1937년부터 1938년 사이에 일어난 '참혹한 테러(Great Terror)'는 은밀한 위반조차도 모두 밝혀냈다. 희생자들은 NKVD 책임자, 당서기 그리고 행정관으로 구성된 트로이카에 의해 재판을 받았다. 재판은 시시하고 간략했으며, 선고가 끝나면 이의를 제기할 틈도 없이 신속하게 형이 집행되었다. 테러가 더욱 극성을 부리자, 정치적으로나 행정적으로 관리자 지위에 있는 사람들은 공포 속에서 살아갔다.

이 두 해 동안에만 100만 명에서 150만 명이 총살을 당하거나 과도한 노동으로 죽어갔다. '육류' 또는 '야채' 표시를 한 밴이나 화물차들이 사격장이나 길고 깊은 구덩이가 은밀히 준비되어 있는 조용한 숲으로 희생자들을 날랐다. 희생자들로 가득 찬 기차들은 대중의 감시를 피하기 위해 밤에 도시를 통과했다. 테러는 무질서하고 혼란스러웠다. 수천 명의 사람들은 그들이 무슨 잘못을 저질렀는지 모른 채 스탈린에게 충성을 외치며 죽어갔다.

1930년대의 소련연방은 정치가나 일반 시민에게는 무엇보다도 사회 전역에서 피비린내 나는 숙청이 일어난 시기로 기억될 것이다. 1934년부터 1938년까지 적어도 700만 명의 사람들이 사라졌다. 여기에는 1925년부터 1927년까지 스탈린이 강제로 추방했던 볼셰비키 지도자, 시인, 과학자, 생산 목표를 달성하지 못했던 산업 관리인 그리고 수백만의 일반 소련 시민들이 포함되어 있다. 이는 스탈린의 개성과 사상 때문에 발생한 일이었다. 그는 정부

조직들이 '반소비에트적 요소'와 '인민의 적'에 대항하도록 지시했다. 그는 희생자들을 국가의 고통에 대한 속죄양으로 삼았다. 그리고 산업화 계획을 유지하기 위하여 광산, 벌목장, 건설 현장에 지속적으로 노예 노동자를 공급할 필요가 있었다.

그런 다음 스탈린의 관심은 군대로 향했다. 스탈린은 자신의 정책만 보장되고 선전되기를 원했다. 군대의 숙청이 완료되었을 땐, 4만여 명의 장교들이 체포되어 그 중 거의 1만 5,000명이 총살되었고, 나머지는 수용소로 보내져 그곳에서 죽었다. 사실상 군대의 모든 고위 지휘관들이 제거되었다.

해외로 추방된 경우에도 안식처는 없었다. 스탈린이 증오했던 정적(政敵) 트로츠키는 멕시코까지 추적을 당했고, 결국 1940년 8월 NKVD 요원에게 얼음 깨는 송곳으로 암살당했다. 스탈린은 모든 반대자들을 쓸어버리고자 했다. 더구나 그의 영광스러운 과거가 허구일 뿐이고, 그가 레닌의 진정한 후계자가 아니라는 사실을 알고 있었던 오래된 당원들도 모두 제거하고 싶어했다. 스탈린은 내전에서 승리한 것은 전적으로 자신의 공이라고 주장했다.

가정생활을 포함해 단편적인 사회생활마저도 스탈린의 통제로부터 자유롭지 못했다. 탄핵은 일상적인 일이 되었다. 집단농장에서 겨우 감자 두 개를 훔친 아버지를 당국에 고발했다고 어린 소녀가 상을 받았다. 농촌의 순진한 늙은 여인은 주택 표준에 대한 불만을 중얼거렸다는 죄로 굴라크로 보내졌다. 스탈린이나 정부에 대한 불만을 무심코 내뱉어도 반역죄로 다스려졌다. 모든 시민이 감시의 대상이 되었고, 실제로 고발이 있든 없든 망상증과 박해가 심했다.

1939년 러시아의 모든 사회 조직은 위협을 받고 있었고, 스탈린은 소련 정부가 무너지면 그의 출세도 끝난다는 것을 깨닫기 시작했다. 그러나 1939년

1937년, 모스크바 교외에 있는 러시아 지도자들의 별장에서 딸 스베틀라나를 안고 있는 스탈린. 이때 이미 스탈린은 수백만 명에 이르는 러시아인들을 죽임으로써, 이 친근한 '조 아저씨'의 이미지는 공허한 조롱거리가 되었다. (BETTMANN/CORBIS)

스탈린의 공포 정치는 다소 완화되었지만, 학살은 끝없이 자행되었다. 1939 년 스탈린과 히틀러가 독소불가침 조약을 체결했음에도 불구하고 1941년 6 월 22일 독일은 러시아를 침공했다. 결과는 철저한 파괴로 끝났다. 히틀러가 러시아를 정복하고 싶어한다는 보고에 귀를 기울이지 않았기 때문에 스탈린 은 전쟁 준비를 거의 하지 않았던 것이다. 1930년대의 숙청으로 약화된 적군 (赤軍)엔 유능한 지휘관이 없었기에, 적군은 무장과 지휘에서 탁월했던 나치 부대에 의해 전멸되다시피 했다. 환상에서 깨어난 러시아 군대들이 떼지어 항복한 반면, 대중들은 그들의 자유를 축하했고, 점령된 도시에서는 오랫동안 침묵했던 교회의 종소리가 울려 퍼졌다. 6개월도 안 되어 300만 명에 불과한 침략군은 거의 400만 명의 적군을 사로잡았다. 후방에서는 소문과 혼란과 공황이 퍼져나가기 시작했다.

그러나 히틀러는 비참한 처지에 놓인 러시아인들을 이용하지 못했다. 80만 명의 러시아 지원병들이 독일을 위해 싸우겠다는 것을 거부한 것이다. 해방된 도시의 사람들은 곧 침략군의 잔인함에 질려버렸다. 나치는 레닌그라드를 포위했고, 모스크바의 크렘린궁에서 채 1마일도 떨어지지 않은 곳까지 진격했다. 스탈린은 라디오 방송을 통해 러시아 국민들을 '친구'라 칭하며 나치의 속박에서 벗어날 수 있도록 도와달라고 호소했다. 그리고 혹독한 겨울 날씨가 맹위를 떨치면서 전세는 바뀌기 시작했다. 그러나 러시아 국민들은 조국을 위해 그들의 목숨을 걸기까지 하며 싸웠지만, 스탈린은 그들을 탄압할 궁리를 하고 있었다. 무자비한 전쟁 중 가장 잔인한 전투가 벌어진 것으로 평가받는 스탈린그라드 전투에서, 스탈린이 조직한 NKVD 부대는 죽음을 각오하고 러시아 부대 뒤에서 전진하라는 명령을 받았다. 후퇴하는 병사는 바로 총살되었다. 병사들은 항복할 수 없었다. 만약 항복한다면 그들의 가족은 정부로부터 배급을 받지 못하게 될 것이었다. 수만 명의 탈영병들이 이렇게 생명을 잃었다.

1945년 상황이 바뀌었고, 적군(赤軍)은 히틀러의 군대를 괴멸시키며 서부전선을 압박했고, 5월에는 베를린의 관문에 도달했다. 그러나 스탈린은 더 이상 전진하지 말고 퇴각하라고 명령했다. 그는 적군이 독일에 있는 미군과 영국군의 사상에 전염되기 시작했다고 경고하면서 전쟁에서 승리한 미군이나 영국군들과 얼싸안은 사람들을 체포했고, 노동수용소에 보내어 재교육을 받

1945년 2월 얄타회담에서 공식 사진을 찍기 위해 포즈를 취한 '3대 열강'의 전쟁지도자, 처칠과 루스벨트와 스탈린. 이 회담의 목적은 당시 패전에 직면해 있던 독일의 무장해제와 분할을 결정하기 위한 것이었다. 그러나 스탈린은 대부분의 동유럽을 소련의 영향권 아래 두려는 또 다른 속셈을 가지고 있었다. (THE ILLUSTRATED LONDON NEWS PICTURE AGENCY)

게 했다. 이것이 바로 2,000만 명이 죽어간 데 대한 스탈린식 보상이었다. 1945년에는 300만 명이 넘는 러시아인들이 서유럽으로 도망쳤지만, 1948년 에는 대다수가 강제로 본국으로 송환되었다. 수천 명에 달하는 그들은 본국 으로 되돌아오자마자 배와 기차에서 내려 행진하여 곧바로 임시 사형집행장 으로 들어갔다. 소련 공군 비행기들은 크리미아 항에서 저공 비행하며 그들 에게 기총소사를 가했다. 부두 지역에서 대량학살을 모면한 사람들은 서둘 러 폐쇄된 기차에 태워져 굴라크로 이송되어 서서히 죽어갔다.

세계의 다른 국가들이 볼 때, 스탈린의 승리는 처칠의 말처럼 유럽에 '철의 장막'을 쳐놓음으로써 서유럽의 민주주의와 동유럽의 공산주의를 갈라놓으며 40년 동안의 냉전체제를 초래했다. 독재자의 손아귀에 들어간 러시아는 완전히 고립되었다.

제2차 세계대전에서 소련은 엄청난 대가를 지불하고 승리를 거두었다. 사망자는 2,500만 명에 이르렀다. 레닌그라드 포위 기간 동안에만 80만 명 이상이 죽은 데 반해 노동수용소에서 62만 2,000명이 죽은 것으로 추정된다. 전쟁 전 인구의 8분의 1이 죽은 것이었다.

아이러니하게도, 스탈린은 가혹하게 대할수록 더욱 더 국민의 존경을 받았다. 선전과 위협이 결합하여 스탈린은 숭배를 받았고, 그의 통치는 사회의 광신적인 지지에 의존했다. 스탈린이 개인 숭배를 개발해내면서 유치원 아이들은 위대한 지도자를 찬양하는 동요를 배우게 되었다. 러시아 국민은 당과 정부와 지도자 덕분에 모든 것을 얻는다는 사상이었다. 국민은 사회적인 서비스, 직업 그리고 생활 등 이론상의 모든 선물에 대해 스탈린에게 끊임없이 감사를 표해야 했다. '행복한 유년시절을 보낼 수 있게 해준 스탈린 동무 감사합니다' 같은 슬로건이 널리 유포되었다. 스탈린을 우상화한 사진들 중의 하나는 '어린아이들의 친구'였다. 1936년 크렘린에서 찍은 이 사진은 스탈린이 6살짜리 겔리아 마리코바를 안고 있는 사진이었다. 하지만 얄궂게도 겔리아의 아버지 아르단은 1년 후 일본 스파이로 고발되어 스탈린의 명령에 의해 처형되었다. 얼마 후 겔리아의 어머니도 인민의 적의 아내로 고발되어 총살되었다. 당국은 공고가 방송될 수 있도록 거리에 확성기들을 설치했다. 스탈린 숭배는 정치적 목적에 사용되었다. 이는 충성심과 애국심을 집중적으로 길러주었다. 황제와 유사한 스탈린의 이미지는 정부에 강력하고 단호한 지도자가 있음을 확인시켜주었다. 스탈린이 유일하게 허용한 예술은 사회주의적 사실주의로, 그는 이를 '사회주의 정신으로 이데올로기를 전환하는 과정을 목표로 하는 예술'이라고 말했고, 그가 그린 대형 그림을 러시아 전역에 내걸게 만들었다.

1956년까지 7억 600만 점의 스탈린 작품 복사본이 출간되었다. 1949년에는 붉은광장 열병식에서 그의 70회 생일을 축하하기 위해 그의 얼굴 초상화가 크렘린의 하늘에 투사되었다. 진짜 스탈린은 눈에 보이지 않게 숨어 있던 반면 완벽한 스탈린 그림은 어디에서나 볼 수 있었다.

종전(終戰)으로 스탈린의 심리 상태는 전환점을 맞았다. 국민은 그를 신성시했지만, 그는 점점 피해망상과 불안한 심리 상태에 젖어들었다. 그를 위협할 인물은 남아 있지 않았지만, 그는 어디서나 적을 발견했다. 사실 그는 심한 피해망상증에 빠져 있었기 때문에 독의 유무를 맛보는 사람을 15명이나 고용했다. 그는 특수하게 밀봉된 팩에서 꺼낸 것으로 차를 끓이게 했고, 한 번 개봉된 팩은 다시는 사용되지 않았다. 항상 그가 마실 차를 준비했던 여성이 봉인이 찢어진 팩에서 찻잎을 꺼낸 것이 발각되었을 때, 그녀는 루비안카 감옥에 보내졌다. 그는 사무실과 다른 정부 건물들 사이를 연결하는 터널을 뚫도록 지시했다. 지상에 모습을 드러내야 할 경우에는 7센티미터 두께의 방탄 유리가 설치되어 있는 장갑차만을 타고 다녔다.

스탈린의 피해망상증이 커질수록 그의 분노도 커져갔다. 당원들이나 시민들에 대한 박해도 비슷하게 지속되었다. 그의 친척들조차 죽음을 당했다. 레닌그라드 공산당의 과도한 자신감이 감지되자, 스탈린은 당 노동자 2,000명을 처형했다. 중앙 소비에트 지도부는 마치 갱과 같았고, 스탈린은 갱의 두목으로 동료들에 의지해 국가 제도를 조직했다. 능력과 복종은 필수 사항이었다. 부적격자에게는 머릿속에 '7그램짜리 납덩어리(총알)'를 박아 넣었다. 그가 가장 신임했고 오랫동안 봉사했던 장관들도 예외가 없었다. 스탈린의 개인 비서는 해임되었고 그의 아내는 총에 맞아 죽었다. 국가 원수의 아내도 남편의 행위를 보증하기 위해 포로수용소에서 7년을 보냈고, 몰로토프[9]의 아내는 굴라크로 보내졌다. 1949년 그녀를 체포하기 1년 전에 스탈린은 몰로토프에게 그녀가 유태인이니 이혼해야 한다고 말했다. 스탈린은 유태인은 자기보다는 '이스라엘에 충성하는 위험한 이질 분자'라고 생각했다. 그의 딸 스베틀라나가 유태인을 사랑하게 되었을 때, 스탈린은 그에게 영국 앞잡이란 꼬리표를 붙여 북극 노동수용소로 보냈다. 최근 연구에 따르면, 히틀러처럼 스탈린도 자기 방식으로 유태인 대량학살(Final Solution)을 궁리했던 듯하다.

나치에 의해 말살 직전까지 갔던 유태인들이 스탈린의 다음 목표였다. 사실 소련의 유태인들에게 1948년부터 1953년까지는 암흑 시대였다. 유태인이 운영하는 극장과 신문은 폐쇄되었고, 유태인 지식인들은 체포되었다. 의사들 역시 그의 피해망상증으로 인해 박해를 받았다. '의사들의 음모'로 알려진 사건에서 스탈린은 유태인 외과의사들을 박해했다. 약물로 사람들을 중독시키고, 수술대 위에서 죽였다는 죄로 체포되었던 것이다. 아이러니하게도, 스탈린이 죽게 된 것은 바로 그가 유태인 의사들을 박해했다는 사실과 그를 둘러싼 공포 분위기였다.

1953년 3월 2일, 스탈린은 모스크바 외곽에 있는 별장의 침대에서 발작하여 죽어가고 있었지만, 그의 참모들은 너무 겁을 먹고 있어서 감히 그의 명령을 어기고 방으로 들어가지 못했다. 빨리 들어갔으면 그의 목숨을 구할 수

---

9) 1906년 러시아 사회민주노동당에 입당했고, 10월혁명 때는 군사혁명위원으로 혁명을 지도했다. 또 1921년 당 중앙위원, 1926년 정치국원을 거치면서, 스탈린의 충실한 지지자로서 국내와 당내의 위기를 잘 극복했다. 제2차 세계대전 전후에 걸쳐 국가 외교를 담당했고, 1953년 스탈린 사망 후 다시 외무장관을 지냈다.

있었을 텐데 말이다. 그는 경호원이 들어갈 때까지 12시간 동안 침대에 누워 있었다. 그의 주치의 비노그라도프 박사는 스탈린의 명령에 의해 두들겨 맞고 루비안카 감옥에 수감되어 있었다. 호출된 의사들은 그의 병력에 대해 잘 알지 못했다. 그는 결국 제대로 치료도 받지 못한 채 3월 5일 사망했다.

소련 국민들은 잇단 뉴스 속보를 통해 스탈린이 위중하다는 사실을 전해 들었다. 그의 사망 소식은 1953년 3월 6일 오전 4시에 발표되었다. "레닌주의의 정통 계승자이자, 전우이며, 공산당과 소련연방의 현명한 지도자이자 스승께서 숨을 거두었다."

스탈린의 시신은 간호사에 의해 씻겨진 후 흰색 차에 실려 크렘린 영안실에 안치되었다. 그곳에서 부검이 행해졌다. 부검이 끝난 후 스탈린의 시신은 방부 처리된 후 사흘간 대중에게 공개되었다. 수천 명의 사람들이 그의 유해를 보려고 눈물을 흘리며 줄을 섰다. 군중이 혼란스럽게 몰려들어 넘어져 짓밟히는 사람도 있었고, 교통신호등에 부딪히는 사람도 있었고, 심지어 충격을 받아 죽는 사람도 있었다. 화학 약품으로 처리되어 유리관 속에 놓인 시신은 여전히 순진한 사람들의 삶을 거두어갈 능력을 갖고 있었다.

스탈린의 집권기 동안 죽은 사람들의 정확한 숫자에 대해서는 아직도 논란이 분분하다. 다만 수천만 명에 이르는 것으로 추산되고 있다. 그의 장례식에서 많은 사람들이 지극한 슬픔을 표출한 것은 그가 불러일으킨 공포와 그가 실행했던 기만적 선전 때문이었다. 스탈린은 러시아를 농업 시대에서 30년 만에 핵 시대로 바꾸어놓았다. 그는 수세기에 걸쳐 선진국이 된 국가들을 단숨에 따라잡았다. 그러나 그 과정에서 2,000만 명 이상의 소련 시민들의 희생되어야 했다. 그리고 그가 죽을 때까지 4,000만 명이 넘는 사람들이 굴라크 수용소에서 사라져갔다.

# ADOLF HITLER

유태인 대량학살의 주범

# 아돌프
# 히틀러

'나는 독일 국민의 운명을 책임지고 있다.
내가 바로 최고의 정의이다.
장래에 국가에 해가 되는 일을 시도한다면,
그의 운명은 죽음뿐이라는 사실을
누구나 알고 있어야 한다.'
_아돌프 히틀러

## Father of the Final solution

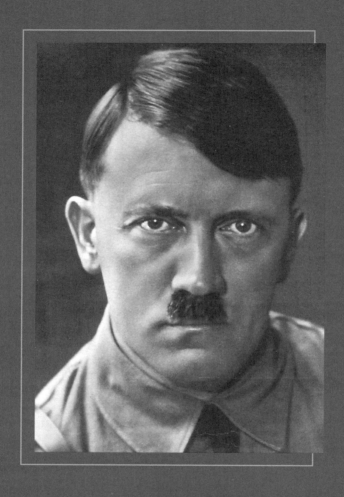

독일 수상이 된 지 1년 후인 1934년 출판된 국가사회주의자당의 당수 아돌프 히틀러의 사진. 그는 세계에 미증유의 파괴 전쟁을 가져왔고, 자국민에게는 절대적이고 철저한 패배를 안겨주었고, 스스로 '열등한 인간'이라고 생각했던 유태인과 슬라브족 등에게는 끊임없는 대량학살 정책을 펼쳤다.(THE ILLUSTRATED LONDON NEWS PICTURE AGENCY)

제2차 세계대전이 끝났을 때 독일은 폐허가 되었다. 독일 총통 아돌프 히틀러는 베를린의 한 은신처에서 자살해 죽은 채로 발견되었다. 대중의 정신을 교묘하게 휘어잡았던 무시무시한 독재자는 국민들에게 멋진 신세계와 빛나는 미래를 약속했다. 대신 그는 병든 친척들을 죽이고, 집시와 동성애자들과 장애인들을 박해하고, 600만 명에 이르는 유태인을 대량학살했다. 그는 세계에 미증유의 파괴 전쟁을 가져왔다. 이 전쟁으로 4,000만 명 이상의 사람들이 목숨을 빼앗겼다. 그들 중 반 이상이 민간인이었다.

아돌프 히틀러는 1889년 4월 20일 저녁 6시 30분 오스트리아와 바이에른[1] 국경 지대에 위치한 브라스나우라는 작은 도시에서 태어났다. 그가 태어나던 당시 유럽 지역은 합스부르크 제국이 통치하고 있었다. 합스부르크 제국은 중부유럽과 동유럽을 지배하는 네 개의 대제국 중 하나였다. 히틀러 일가는 친가와 외가 모두 오스트리아인들의 주요 생활 지역에서 외딴 시골 마을인 발트비에르텔에서 가난한 삶을 꾸려가고 있었다.

아돌프는 그의 아버지 알로이스가 세 번째 결혼에서 낳은 셋째 자식이었다. 알로이스는 세관원으로 건장하고 무정하고 성마른 성격이었고, 아돌프의 어머니 클라라와 나이 차가 많이 났다. 아돌프의 어머니는 신앙심 깊고 모성애가 강했던 반면 아버지는 상스럽고 난폭했다. 아돌프의 학적부에는

---

1)_독일 남부의 주.

이렇게 기록되어 있다. '이 학생은 자제력이 부족하고 오만하며 성격이 나쁘다. 충고나 잔소리를 하면 적의를 드러낸다. 또한 자신을 지도자로 상상하여, 동료 학생들에게 쓸데없는 아첨을 요구하였다.' 그러나 그는 학업을 끝마치지 않았고, 이것은 두고두고 그를 괴롭혔다.

잠시 집에서 지내던 아돌프는 빈으로 떠났고, 거기서 1909년부터 1913년까지 머물렀다. 그는 빈 미술학교와 건축학교에 지원했지만 거부되었고, 그래서 카페 주위를 어슬렁거리거나 정치와 철학에 대한 토론에 참여하면서 시간을 보냈다. 이때가 그의 성격과 가치관이 명확히 형성되던 시기였다. 이 시기에 그는 강가의 값싼 여인숙에서 살았고, 포스터와 작은 가게의 조잡한 광고를 그리면서 겨우 먹고 살 만큼 돈을 벌었다. 그는 친구와 지인이 거의 없는 채로 외롭게 아웃사이더로 살았기 때문에 자신의 예술가적 재능을 확신하는 동시에 자신을 거부한 부르주아 사회에 적의를 갖게 되었다.

1913년 히틀러는 빈을 영원히 떠났다. 그는 24세였고, 고집 세고 침울하고 말수가 적었지만 때때로 흥분해서 마구 말할 때는 증오에 가득 찬 광신적인 열정이 분출되기도 했다.

오스트리아 제국군의 강제 징집을 피하기 위해 히틀러는 뮌헨으로 갔고, 재단사 가족의 집에서 하숙을 하게 되었다. 그는 인종에 대한 이론을 곰곰이 생각하고, 그런 다음에는 사제, 유태인 그리고 합스부르크 왕가에 대해 거친 분노를 터뜨리는 등 여전히 환상 속에 살고 있었다. 히틀러는 유태 민족이 자신들의 열등함에 대한 복수 행위로 아리아 민족을 죽이고 정복하려는 음모를 꾸미고 있다고 확신했다. 슬프게도, 러시아나 동유럽에 있는 유태인들의 농촌 공동체는 학살을 피해 점점 더 서쪽으로 내몰리고 있었기 때문에, 20세기 초의 유태인들은 누구에게나 손쉬운 표적이 되고 있었다.

1914년, 애국심에 불타는 군중들이 제1차 세계대전 발발을 축하하기 위해 독일인 거리에 모여들었고, 이들 군중 속에는 25세의 히틀러도 끼어 있었다. 그는 오스트리아 시민이었지만 바이에른 보병 연대에 입대할 수 있었다. 전쟁은 히틀러에게 지난 몇 년 동안의 좌절과 실패와 원한에서 벗어날 기회를 주었다. 전쟁 내내 히틀러 상병은 연락병으로 일했다. 그의 임무는 중대와 연대 본부 사이에 메시지를 전달하는 것이었는데, 그는 용맹을 떨친 공으로 철십자 훈장을 두 번이나 받았다. 1908년부터 1918년 사이에 히틀러는 더욱 단련되었고, 그 시기가 지나자 그는 확고한 사상과 선입견으로 가득 차게 되었는데, 이러한 사상은 평생 동안 바뀌지 않았다. 그는 유태인을 더욱 더 증오하게 되었다. 그리고 민주주의, 세계주의, 평등과 평화에 대한 경멸은 더욱 심해졌고, 전체주의 정부에 대한 선호와 전쟁의 영웅적인 덕목에 대한 신앙은 강해졌다. 무엇보다도 중요한 것은 정치권력을 어떻게 강화하고 행사할 것인지, 그리고 정치권력을 완전히 획득했을 때 역사적으로 전무후무한 성공을 거두는 방법을 생각해냈다는 것이었다. 정치권력을 서둘러 장악하기 위해서는 충격이 필요했다. 그리고 그런 충격은 제1차 세계대전의 종전과 독일의 조건부 항복 그리고 합스부르크 제국의 멸망으로 시작되었다.

제1차 세계대전 이후 대륙 절반의 정치적·사회적 구조가 재편되면서 유럽엔 불안이 팽배해 있었다. 그중에서도 뮌헨은 가장 민감한 반응을 보였던 몇 안 되는 도시들 중 하나였다. 뮌헨의 정치적 분위기는 불안정하기 짝이 없었고, 극과 극을 오갔다. 따라서 히틀러가 정치를 시작하기엔 더없이 좋은 정치적 상황이었다.

히틀러는 간단한 보고서를 작성하여 사람들에게 사회주의, 평화주의 또는 민주주의 사상에 반대하는 사상을 주입하는 군 교육장교로 일했다. 그의 첫 번째 임무는 독일노동자당의 과격파를 조사하는 것이었다. 1919년 9월 12일 저녁, 히틀러는 뮌헨 맥주홀에서 25명이 참석한 첫 번째 회의에 참석했다.

독일노동자당은 히틀러에게는 이상적인 도구였다. 즉 초기 단계에 있는 당이었고, 그래서 그가 지도적인 역할을 맡을 기회가 있었다. 그는 당에서 일하겠다고 제안했고, 당을 건설하는 데 전념하기 위해 1920년 퇴역할 때까지 당을 천천히 뒤에서 지원했다. 그는 가장 저속한 포퓰리스트적 편견을 명료하게 표현하는 비범한 재능을 가지고 있었기 때문에 정치 선동가로서의 자각과 자신감을 갖기 시작했다. 그는 신념에 가득 찬 거짓말을 하고, 정직함을 가장하는 법을 배웠다. 그의 불신은 경멸과 조화를 이루었다. 사람이란 공포, 탐욕, 권력욕, 질투에 의해 움직이고, 때로는 수단이나 작은 동기에 의해서도 움직인다. 히틀러는 정치란 자신의 목적을 위해 이러한 약점을 이용하는 방법을 아는 기술이라고 결론지었다.

히틀러의 피에 굶주린 연설은 심금을 울렸다. 당에 입당하는 자는 처음에는 두 배로 늘어났고, 다음에는 세 배가 되었다. 단시간 안에 히틀러는 확실한 당 지도자가 되는 길에 들어설 수 있었다. 그리고 당 명칭을 국가사회주의독일노동자당, 나치스로 바꾸었다. 뮌헨의 맥주홀에서 히틀러는 돌격대 (Sturmabteilung)[2] 또는 SA로 불리는 암살단을 모집했다. 그들의 목적은 도시의 거리마다 테러, 협박, 폭력을 퍼뜨리는 것이었다. 회의에서 그들은 히틀러의 경호원처럼 행동했고, 히틀러의 말에 의문을 제기하는 사람은 누구든지 무자비하게 두들겨 팼다. 그의 잔인한 갱들이 거리를 지배하는 한편, 그는 바람직한 사회를 꿈꾸게 하는 캠페인을 벌이기 시작했다.

---

2)_갈색 셔츠.

히틀러는 매우 다양하게 게임을 할 수 있었다. 그는 하층민에게 호소력 있는 일종의 서민적인 진지함을 가지고 있었기 때문에 쉽게 사교계의 살롱을 드나들었다. 여성들은 그에게서 매력을 발견하게 되었고, 그의 정치적 대의 명분을 쌓기 위해 그에게 돈과 보석을 쏟아 붓는 가장 중요한 후원자가 되었다. 또한 히틀러는 자신을 모든 정력을 독일의 선(善)을 위해 헌신하는 은자(隱者)나 금욕주의자로 묘사하여 여성들의 지지를 자극했다. 그러나 역시 그가 투사하는 이미지는 거짓이었다. 동시에 그는 베르테스가덴 여관 주인의 딸 마리아 라이터를 시작으로 많은 십대 정부들과 성관계를 맺고 있었다. 그는 37세였고, 그녀는 16세에 불과했다. 그러나 히틀러에게 최고의 인상을 주었던 정부는 16세의 겔리 라우발이었다. 겔리는 아돌프의 질녀로, 이복누이 안겔라의 딸이었다. 1929년 겔리는 뮌헨의 프린츠레겐텐플라츠에 있는 삼촌 아돌프의 큰 아파트로 이사했다. 그녀는 2층의 히틀러 침실과 붙어 있는 침실을 차지했다. 히틀러의 자제력 있고 엄격하고 소극적인 개성과는 대조적으로 겔리는 활기차고 이상적이고 자유로운 정신을 소유한 여자였다. 겔리는 곧 속았다는 사실을 알았지만, 히틀러는 그녀를 내보내지 않았다. 그들의 관계가 길어지면 질수록 겔리는 히틀러의 비열한 모습을 많이 보게 되었다. 1931년 9월 19일, 겔리는 히틀러의 아파트에서 죽은 채 발견되었다. 그녀는 심장 가까운 곳에 난 상처에서 피를 흘리고 있었다. 왼팔은 6.35구경 권총을 향해 뻗어 있었다. 경찰은 자살이라고 기록했다.

겔리는 히틀러의 정부 중 첫 번째로 비명횡사한 여인이었다. 또한 여배우 레나트 뮬러는 1937년 창밖으로 몸을 던져 죽었고, 에바 브라운은 히틀러와 결혼하기 전에 이미 한 번 자살을 시도한 적이 있었다. 그러나 1945년에 죽을 때까지 히틀러가 뮌헨과 베를린의 침실에 간직하고 있었던 것은 바로 겔리의 사진이었다.

제1차 세계대전이 끝나고 4년이 지날 때까지도 독일은 여전히 병들고 혼란스럽고 분열된 국가였다. 그러나 사태는 극단주의자들에게 유리하게 돌아갔다. 독일은 제1차 세계대전이 끝나면서 체결된 베르사유 조약에 따라 엄청난 배상금을 지불해야 했고, 배상금을 국가가 지불할 능력이 없었기에 인플레이션이 빠르게 가속되었다. 1918년 말에 독일 마르크화 가치는 1달러에 4마르크였는데, 1923년에는 1달러에 7,000마르크가 되었다.

나치즘은 무질서한 환경에서 성장했다. 1923년에는 두 가지 새로운 요소가 나치즘의 출현을 가능하게 했는데, 이는 독일을 경제적 · 정치적 붕괴 지경까지 몰고 갔다. 첫 번째는 프랑스의 루르 점령이었고, 두 번째는 마르크화의 완전한 붕괴였다. 프랑스의 점령은 이전에는 결코 그렇게 결속해본 적이 없을 정도로 독일인들을 강력하게 결속시켰다. 그리고 11월 1일 마르크화는 1달러에 1,300억 마르크로 치솟았다. 이는 식량 부족, 파산, 그리고 실직을 의미했다. 경제 붕괴는 사회 모든 사람들에게 어떤 정치적 사건도 해결할 수 없는 영향을 미쳤다.

1923년 나치당은 바이에른에서 일련의 정치 집회를 갖기 시작했다. 그러나 히틀러는 바이에른 정부를 전복하려 했다는 죄목으로 유죄 판결을 받았고 5년형이 선고되었다. 당연히 당이 해체되었다. 그러나 그 기간은 길지 않았다. 1924년 말, 히틀러는 석방되었고 당을 재건했다.

그는 이때 두 가지 목표를 세웠다. 바로 당에 대한 절대적 통제권을 확립하는 것과 이를 독일의 강력한 정치 세력으로 만드는 것이었다. 그 과정은 느렸다. 독일은 빠르게 경제를 회복하고 있었지만, 히틀러에게는 다행스럽게도 재난이 다시 닥쳐왔다. 1932년 전반적인 불황이 독일을 덮쳤다. 실직자

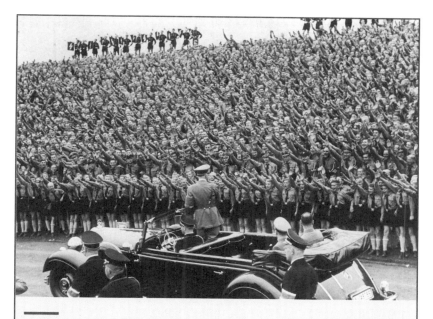

1938년에 찍은 이 사진에 대한 원래 독일어 설명은 다음과 같다. '뉘른베르크 나치당 대표회의에서 찍은 이 사진에는 독일 청년들의 충성심이 인상적으로 표현되었다. 히틀러의 차가 대형 관람석을 지나가자 수천 명의 젊은 군인들이 나치식 경례로 손을 불쑥 내밀면서 만세를 외쳤다.' 대중을 지배하는 데 있어서 히틀러에 필적할 인물은 거의 없다. (BETTMANN / CORBIS)

가 600만 명을 넘어섰고, 수많은 독일인들은 견고했던 삶의 터전이 허망하게 무너지는 것을 보았다. 이런 상황에서 사람들은 환상적인 공포와 터무니없는 희망을 환영했다. 히틀러의 환상적인 민중 선동이 대중을 사로잡기 시작한 것은 이러한 상황에서였다. 선거가 다가오자, 독일인들은 근본적인 해결책을 원하게 되었다. 그들이 선택한 해결책은 히틀러와 나치당이었다. 히틀러는 자신이 독일 국민을 지상낙원으로 이끌 메시아처럼 묘사했다.

1933년 1월 20일 아침, 오스트리아 세관원의 아들로 빈털터리로 삶을 시작했던 아돌프 히틀러는 독일의 수상이 되었다. 나치는 후에 히틀러가 권력을 잡음으로써 갑작스럽게 위대한 국가 부흥이 이루어졌다는 이야기를 조작해 선전했다. 진실은 훨씬 무미건조했다. 대중의 지원으로 승리했음에도 불구하고, 히틀러는 조잡한 정치적 거래를 통해 권력으로 다가갔다. 그는 권력을 잡지 않았다. 그는 마키아벨리식 음모를 통해 공직자가 되었다. 몇 주 이내에 히틀러는 독일에서 가장 강력한 다섯 개의 조직을 처리했다. 즉 공산당과 사회민주당을 금지시켰고, 가톨릭 중도파와 우익 민족주의자들을 해체했고, 노동조합을 접수했던 것이다. 최후의 수단이 아니라 처음부터 잔인하고 무제한의 폭력을 사용하는 그의 갱 방식은 놀라운 결과를 만들어냈다. 내각의 어떤 반대도 폭력 앞에서 와해되었다. 1933년 여름 무렵, 히틀러는 독일 정부의 완전한 지배자가 되었다.

1934년 히틀러는 독일 군대와 SA 내의 숙청으로 연결된 일련의 사건을 일으켰다. 얼마나 많은 사람들이 죽었는지 알려지지 않았고, 모든 서류는 불태워졌다. 그러나 그 수가 500명은 될 것으로 추정되고 있다. 왜 처형하기 전에 재판을 하지 않았느냐는 질문을 받자, 그는 이렇게 대답했다. "나는 독일 국민의 운명을 책임지고 있다. 내가 바로 최고의 정의이다. 그리고 장래에 국가에 해가 되는 일을 시도한다면, 그의 운명은 죽음뿐이라는 사실을 누구나 알고 있어야 한다." 히틀러는 좌익과 우익 양쪽으로부터의 압력을 한방에 날려버렸고, 계승 문제를 진행시킬 수 있었다. 8월 2일, 폰 힌덴부르크 대통령이 사망했을 때는 모든 것이 준비되어 있었다. 한 시간 안에 대통령 집무실이 수상 집무실과 합쳐졌고 히틀러는 국가 수반이자 독일 전군대의 최고 사령관이 되었다는 사실이 공포되었다. 같은 날 독일 군대의 장교들과 군인들은 신임 최고사령관에게 충성 서약을 했다. 그리고 그들은 헌법이나 조국이 아니라 히틀러 개인에게 충성을 맹세하도록 요구받았기 때문에 서약 형식이 중요했다.

1934년 8월 19일, 독일은 총통 투표에 들어갔는데, 히틀러가 거의 90퍼센트의 표를 휩쓸어버렸다. 4,600만 명의 유권자들 중 단 400만 명 정도가 그에게 반대표를 던질 용기가 있었다. 이렇게 해서 나치 혁명은 완수되었고, 히틀러는 독일의 독재자가 되었다.

그러나 히틀러의 새로운 독일 천국은 누구도 환영하는 곳이 아니었다. 처음부터 히틀러의 선전은 유태인들을 독일 사회에서 만악으로 묘사했다. 한 영화에서 유태인은 배반하고 비겁하고 잔인하고 거대한 무리를 지어 다니는 쥐에 비유되었다. 1935년에 뉘른베르크 집회에서 독일인의 혈통과 독일인의 명예를 보호하는 법률이 통과되었다. 이는 유태인과 아리아인 사이에 결혼이나 성교를 금지하고, 유태인이 관공서에서 일하는 것을 금지했다. 게다가 1938년 11월 히틀러는 반유태주의적 감정이 전국을 폭력의 도가니에 빠지도록 선동했다. 유태인 가게의 유리창이 깨졌고, 100명 이상의 유태인이 죽었고, 그들을 보호한다는 명목으로 2만 7,000명 이상이 수용소에 억류되었다. 이날은 소위 '정화의 밤(Reichskristallnacht)[3]'이라 불렸다. 그런 다음 그는 모든 유태인들은 유태인 신분을 나타내는 노란 별을 강제로 달게 하는 중세 법을 다시 도입했다.

히틀러는 라디오나 확성기와 같은 기술 장비들을 동원해 자신의 증오에 가득 찬 메시지를 전달했다. 800만 명이나 되는 사람들이 개인의 사고를 할 수 없게 되었고, 이제 히틀러는 그들을 자신의 의지에 종속시킬 수 있게 되

---

3)_제국의 수정의 밤.

었다. 역사상 어떤 정권도 정치에서 심리적 요인에 이렇게 크게 주의를 기울인 적이 없었다. 히틀러는 대중의 감정을 지배했다. 대규모 집회에서 우연하게 이루어진 것은 하나도 없었다. 그는 모든 책략과 장치를 사용하여 감정적인 강도를 강화시켰다. 권력과 힘과 통일성에 대한 인식은 본능적인 것이었다. 총통이 입장하는 결정적인 순간에 흥분이 고조되도록 모든 것이 집중되었다. 히틀러는 프로파간다와 테러를 결합하여 무엇을 할 수 있는지를 이미 알고 있었다. 그리고 히틀러는 양심의 가책도 없었고 심리적 억제도 하지 않았기에 그의 손안에 쥐어진 무시무시한 권력을 이용함에 있어서, 경쟁자들에 비해 유리했다. 그는 뿌리가 없었고, 충성을 인정하지 않은 사람이었고, 전통에 의해 제약을 받지도 않았고, 인간도 신도 존중하지 않았다. 히틀러는 거짓과 교활 그리고 사악함으로 얻을 수 있는 모든 이점을 잡을 준비가 되어 있음을 보여주었다. 조심스러웠고 은밀하게 행동했던 그는 아무도 믿지 않았다. 다만 '인간성의 원칙이 아니라, 오직 가장 냉혹한 투쟁 수단에 의해서만, 인간은 동물 세계보다 우위에서 살거나 우위를 유지할 수 있다'고 믿었다. 모든 것은 냉철한 계산의 결과였다.

또한 히틀러는 다른 지도자들 사이에 경쟁을 허용함으로써 당에서 최고의 지위를 유지했고, '각개 격파'의 원칙을 적용했다. 어느 파당에서든 하나 이상의 사무실을 운영했고, 그는 파당들을 서로 싸우게 해 이득을 취했다. 그는 증오에 중독되어 있었다. 그가 행한 많은 연설들은 유태인, 마르크스주의자, 체코인, 폴란드인, 그리고 프랑스인을 신랄하게 비방하는 문장으로 이루어져 있었다. 그가 끊임없는 칭찬을 받고자 했다는 것은 놀라운 일도 아니었다. 그의 허영심은 만족시킬 수 없었고, 지나친 아첨도 겨우 당연한 권리로 받아들여졌다. 그는 자신이 신이 점지한 사명을 띤 인물로 믿기 시작했고,

그래서 인간 행동에 대한 일반적인 기준으로부터 벗어나 있다고 믿었다. 히틀러는 모든 기괴함에 의지해 인간의 가장 근본적인 성격에 호소하여 독일인의 국가에서 억압된 에너지를 분출시키는 데 성공했고, 그들의 미래에 대한 믿음을 재창조하는 데 성공했다. 히틀러는 힘과 성공이 결합하면 커다란 매력으로 작용한다는 점을 잘 알고 있었다. 그러나 그는 정부의 판에 박힌 일을 싫어했고, 그래서 의심이 발동하지 않는 한 그는 국가 운영의 대부분을 그의 부관들에게 맡겼다. 그러나 궁극적인 권위가 누구에게 있는지 상기시킬 필요는 없었다.

독일의 정치 체제와 군대와 청년들을 완전히 지배하게 됨으로써, 히틀러는 아리아인들만으로 구성된 새로운 독일이라는 그의 비전을 향해 더욱 극단적인 단계로 나갈 준비가 되었다. 히틀러는 병자와 약자는 사회의 나머지 구성원들에게 불필요한 부담이라고 믿었다. 그는 유전학적으로 표준 이하라고 생각하는 40만 명의 집시, 장애인 그리고 장기 실업자들을 제거하라고 명령했다. 처음에는 치사량의 주사로 체계적인 살인을 수행했다. 그러나 히틀러가 전멸시키고자 하는 대상이 늘어남에 따라 새로운 대량학살 기술이 개발되었다. 그것은 여섯 개 지방 병원에서 실험되었다. 거기서 환자들은 지하실로 끌려 들어가 옷을 벗게 된다. 그런 다음 그들은 샤워실로 들어갔다. 그러나 바닥의 배수로는 위조된 것이고, 파이프에는 물이 아니라 일산화탄소 가스가 들어 있었다. 히틀러가 만든 죽음의 병원은 30만 명 이상의 목숨을 빼앗았다. 시체들은 진실이 밝혀질 경우를 생각해 친척들에게 개방되지 않았다.

행정에는 관심 밖이었고, 오직 권력에만 골몰했던 히틀러는 이제 국가를 유럽을 정복하는 도구로 이용하기 시작했다. 1935년부터 독일은 빠른 속도로 재무장하기 시작했다. 히틀러는 유럽의 다른 국가들이 또 다른 전쟁에 개입하는 것을 극도로 꺼려한다는 점을 잘 알고 있었기 때문에 이를 그의 지위를 향상시키는 데 이용했다.

1938년 3월 11일, 독일군은 히틀러의 조국인 오스트리아에 진입했고, 이틀 후 오스트리아는 독일 제국의 일부가 되었다. 1년 후 히틀러는 체코슬로바키아를 침공했고, 체코 정부는 독일의 통치를 받게 되었다. 1940년까지 히틀러의 군대는 폴란드, 네덜란드, 벨기에 그리고 프랑스를 휩쓸었다. 그리고 1941년 그들은 미국에 전쟁을 선포했다. 유럽을 정복해 모든 제약을 제거한 히틀러는 완전히 과대망상증에 빠져버렸고, 특별히 선발한 정예 부대 SS[4]를 통해 독일의 정화에 힘을 쏟았다.

SS 제국에 대한 히틀러의 비전은 전쟁 초기에 세 개의 SS 사단으로 시작되었으며, 이것은 전쟁이 끝날 때 50만 명이 넘는 35개 사단으로 증가되었다. 그들은 군대의 대안으로 설립되었지만 히틀러의 사병(私兵) 도살자가 되었다. 포로수용소와 학살단(einsatzkommandos) 등이 구축되었고, 1944년까지 히틀러 프로그램의 첫 번째 항목인 유태인 학살은 순조롭게 완성되고 있었다.

전쟁이 발발하자, 히틀러는 독일의 모든 유태인들을 수용소에 억류했다. 폴란드와 같은 점령지에 있는 유태인들은 도시 내 게토에 가두어졌다. 거기서 그들은 독일의 전쟁을 지원할 물자를 생산하면서 죽도록 일해야 했다. 배고픔과 추위가 계속되었고 환경이 끔찍하게 더러웠기 때문에 인간의 존엄성을 유지하는 것은 어려운 일이었다.

그러나 히틀러는 폴란드와 러시아의 유럽 지역에 대해 다른 계획을 갖고

---

4)_나치스 독일의 친위대.

있었다. 그는 그곳에 독일 정착민들을 거주시키려 했다. 그러나 먼저 토착민들을 제거해야 했다. 일부는 새로운 독일 제국을 위해 노예 노동력을 제공해야 했다. 그들은 재산도 없고 교육도 못 받았으며 그야말로 인간 이하의 취급을 당하며 열등한 존재로 남겨졌다. 교육을 받았거나 재산이나 지위가 있는 나머지 사람들은 새로운 식민주의자에게 자리를 양보하고 기아로 죽거나 전멸될 운명에 처하게 되었다.

전쟁이 벌어지기 전에는 포로수용소는 독일 체제의 반대자들을 '예방 차원에서 구금'하는 곳이었다. 전쟁 중에는 수많은 유태인들과 레지스탕스 운동 대원들이 포로수용소로 이송되었다. 그런 다음 1942년 히틀러의 재가를 받은 히믈러[5]는 수용소를 무기 공장으로 사용하기 시작했으며, SS가 자체 공장을 세우기도 했다. 몇몇 수감자들은 '죽도록 일해야 하는' 부류로 분류되었다.

포로수용소 수감자들은 SS 의사들에 의해 의학 생체실험 대상이 되기도 했다. 이 모든 실험들은 마취 없이 이뤄졌고, 희생자들의 고통에 대해서는 전혀 관심 밖이었다. 환자들의 폐가 터지거나 얼어서 죽을 때까지 그들은 강한 기압이나 맹렬한 추위를 겪어야 했다. 그리고 인종의 위생에 대한 수많은 조사가 실행되었다.

포로수용소보다 더욱 치떨리는 것이 바로 학살수용소다. 폴란드의 아우슈비츠에는 각각 한번에 2,000명이 들어가는 대형 가스실이 네 개나 있었다. 여기서 SS는 결정화된 청산(靑酸) 사이클론 B를 죽음의 방에 떨어뜨렸다. 희생자들이 죽는 데는 3분에서 15분 정도 걸렸다. 나치 도살자들은 죽은 것을

---

5)_나치 시절의 SS 책임자. 내무장관을 역임했다.

확인하려 언제 가스실에 들어가야 하는지, 다시 말해 비명이 언제 멈출 것인지를 알고 있었다. 그러나 1944년에는 아우슈비츠의 거대한 수용 면적조차도 충분하지 않았다. 1944년 여름 46일 동안, 헝가리의 유태인들만 25만 명에서 30만 명 정도가 수용소에서 죽어갔다. SS는 가스실의 압박을 줄이기 위해 대량 사살을 하기도 했다. 젊은 시절부터 보다 굳건한 인종적 토대 위에 유럽을 재건한다는 계획을 품었던 히틀러에게 이는 필수적인 예비 행위일 뿐이었고, 따라서 논리적으로 목적 실현의 한 단계였을 뿐이었다. 히믈러가 유태인 말살을 계획했을 수도 있다. 그러나 이렇게 기괴한 계획을 품었던 인물은 바로 히틀러였다.

이제 히틀러는 50대가 되었다. 육체적 외모는 여전히 강한 인상을 주지 못했고, 그의 태도는 여전히 꼴사나웠다. 내려온 머리단과 짙은 콧수염은 그가 항상 강조하는 인종적인 우월감 따위를 상기시킬 뿐이었다. 오직 최면을 거는 듯한 눈만이 그의 인물됨을 드러내고 있었다. 그는 또한 지속적인 육신의 아픔으로 고통을 받았다. 그의 척추는 회복할 수 없을 정도로 휘어 있었기 때문에 종종 며칠이고 심한 경련이 지속되어 고통을 겪었다. 히틀러의 과대망상증이 심해지면서, 그는 자신을 인간 이상의 존재로 여기기 시작했다. 그는 고대 로마의 황제들처럼 자신이 신성한 의지의 대리인이라고 믿었다. 로마의 콜로세움을 흉내낸 거대한 나치 회의장을 건축하도록 명령을 내렸을 때, 히틀러가 생각한 건물은 높이가 콜로세움의 두 배이고 좌석은 5만 석 이상이었다.

1942년 말, 히틀러의 군대는 여러 전선에서 싸우고 있었다. 하지만 독일 산업은 폭격을 받아 와해되었고 인력과 장비도 막대한 손실을 입었기 때문에 경제에 커다란 악영향을 주기 시작했다. 폴란드나 다른 점령지와 마찬가

1944년에 찍은 연설하는 히틀러의 사진. 그의 웅변력은 대단했다. 그는 집회에서 수 만 명의 군중을 사로잡고 열광시켰다고 알려져 있다. 그러나 1944년 독일은 패배 직전이었고, 그런 사실에 대해 공공연히 인정하는 사람은 감히 아무도 없었지만 많은 독일인들은 이미 알고 있었다. 동족에 대한 나치의 보복도 유태인이나 공산주의자와 같은 공공연한 '적에 대해서처럼 야만적이었기 때문이다. (THE ILLUSTRATED LONDON NEWS PICTURE AGENCY)

지로 러시아도 독일 산업과 농업에 필요한 인적 자원을 제공하는 광활한 노동수용소가 되었다. 1943년 말 독일은 479만 5,000명의 외국 노동자들을 징발했는데, 그중 190만 명이 러시아인, 85만 1,000명이 폴란드인, 76만 4,000명이 프랑스인, 27만 4,000명이 네덜란드인, 23만 명이 유고슬라비아인 그리고 22만 7,000명이 이탈리아인이었다. 독일에 도착한 500만여 명의 노동자들 중에서 단지 15만 명만이 자발적으로 온 사람들이었다. 정기적인 범인 색출 작업이 체계화되었다. 남자와 여자들은 자기 집에서 체포되어 가축 차에 실려갔고, 수백 마일 떨어진 곳으로 이송되었다. 이송 도중에 굶어 죽은 사람만도 수천 명에 달했다.

농장에 배치된 사람들은 대단히 운 좋은 사람들이었다. 폭격이 심한 산업 중심지로 보내진 사람들은 무시무시한 상황 속에서 살아가면서 두들겨 맞기를 밥먹듯 했고 계속된 전염병에 노출되었다. 그러나 500만 명이라는 수치는 히틀러를 만족시키지 못했다. 그는 더 많은 노동력을 요구했고, 필요한 인력을 확보하기 위해 점점 더 무자비한 수단을 사용하라고 명령했다.

1941년 전쟁 시작과 동시에 벌어진 전투에서 400만 명에 약간 못 미치는 러시아 포로들이 잡혔는데, 그들 중 상당수는 혹독한 겨울 추위와 굶주림으로 죽도록 고의로 방치되었다. 하지만 히틀러는 인력이 필요했기 때문에 정책을 바꾸었고, 1943년 말에는 100만 명에 이르는 러시아인들이 독일에서 일했다. 그렇지만 죽은 사람을 다시 살려낼 수는 없었다. 전쟁 기간 동안 독일군에게 포로로 잡힌 500만 명 이상의 러시아 군인들 중 200만 명은 죽은 것으로 알려졌지만, 또 다른 100만 명의 생사는 확인되지 않았다.

1943년 히틀러의 제6군단 27만 명의 병력이 스탈린그라드에서 적군(赤軍)에 의해 함정에 빠졌다. 히틀러는 그들의 후퇴를 허용하지 않았고, 전멸 상황이 눈앞에 닥쳤을 때 영웅답게 죽으라고 명령했다. 9만 명의 생존자들이 항복했을 때, 히틀러는 실성한 듯이 광포하게 행동했다.

권력의 철옹성이 무너지자, 히틀러는 옛날 방식으로 되돌아갔다. 그는 점점 더 야비해졌고, 분노는 더욱 거세졌다. 그는 완전히 자제력을 잃은 듯했다. 소리를 지르며 욕설을 퍼부을 때, 그의 얼굴은 분노를 못 이겨 얼룩덜룩해지고 부풀어올랐다. 그는 팔을 거칠게 빙빙 돌리고, 주먹으로 벽을 쳤다. 그리고는 폭발할 때만큼이나 갑자기 그런 행동을 멈추고, 머리카락을 정리하고, 칼라 깃을 세우고, 정상적인 목소리로 대화를 다시 시작했다. 그러나 누군가를 설득하려 할 경우에는 여전히 오싹할 정도의 마력을 발휘할 수 있었다. 그는 완벽한 배우였다. 그는 한 가지 역할에 몰입할 수 있었으며, 말할 때마다 스스로에게 진실임을 확인시켰다.

히틀러는 독일은 결코 항복할 수 없다고 결심했다. 1944년 3월 19일, 그는 모든 수송로, 차량, 무개 화차, 다리, 댐, 공장 그리고 군수품을 파괴하라는 결정적이고 상세한 명령을 내렸다. '전쟁에서 패배한다면, 국가도 역시 멸망할 것이다. 이 운명은 피할 수 없는 것이다. 가장 원시적인 생존의 기초조차 더 이상 생각할 필요가 없다. 반대로 그것마저도 파괴하는 것, 우리 스스로를 파괴하는 것이 더 나을 것이다. 국가가 허약하다는 것이 증명되었다. 미래는 오직 승리자의 것이다. 그 외에도, 전투 이후에 살아남은 사람들은 무가치한 사람들이다. 유능한 사람들은 모두 죽었기 때문이다.' 그의 이 말은 다행스럽게도 실현되지 않았지만, 그의 최후의 배신 행위가 될 뻔한 것이었다.

1930년대에 찍은 희귀한 비공식 사진. 히틀러가 졸고 있고, 정부인 에바 브라운이 그를 쳐다보고 있다. 1945년 4월 29일, 당시 이미 폐허가 되어버린 베를린의 총통 관저 지하 은신처에서 이들은 결혼식을 올렸다. 그리고 그 다음 날 그들은 함께 자살했다. 그녀는 독약을 먹었고, 그는 총을 사용했다. 그들의 시체는 밖으로 끌어내져 불태워졌다. 이것이 제1차 세계대전 이후 독일의 폐허에서 시작했던 이야기의 마지막 장면이다. (HULTON-DEUTSCH COLLECTION/CORBIS)

히틀러가 총통 관저와 정원 아래 은신처에서 격리된 채 하루 하루를 연명하고 있는 동안, 전황은 계속 악화되었다. 러시아가 폴란드에서 공세를 벌이기 시작한 날인 1945년 1월 12일과 미국 제9군이 엘베강을 건넜던 4월 12일 사이에 연합군은 독일군에게 총체적인 패배를 안겨주었다. 4월 16일에는 베를린으로 가는 길이 뚫렸다. 히틀러는 모든 사태를 통제할 능력을 상실했고, 4월이 되자 무슨 일이 발생하고 있는지도 알지 못했다. 모든 건의에 대한 그의 유일한 대답은 '철수 불가'였다. 그가 압도적인 군대에 대항하여 싸운 후 어쩔 수 없이 퇴각한 장교를 해고하거나 파면하고 처형까지 명령했다는 사실은 굳이 조사할 필요도 없는 사실이었다. SS조차도 면책되지 않았던 것이다. 히틀러가 최후의 순간을 연기할 무대는 그렇게도 이상한 운명의 종말과 썩 잘 어울리는 것이었다.

은신처의 물리적 환경은 답답했다. 그러나 심리적 압박감에 비교하면 아무것도 아니었다. 비행기들은 끊임없이 공습을 가했고, 러시아인들이 도시에 들어와 있음을 알고 있었기에 신경성 피로와 공포가 히스테리 같은 긴장을 가져다주었다. 그리고 히틀러의 난폭한 심경 변화는 은신처에 있는 모든 사람들의 생명에 악영향을 미쳤다. 4월 26일 밤, 러시아인들은 총통 관저를 포격하기 시작했고, 거대한 벽돌 건축물이 쪼개져 정원에 와르르 무너지자 은신처가 흔들렸다.

죽음과 자신이 만들었던 체제의 파괴를 직면한 상태에서도 노욕(老欲)만 남은 히틀러는 패배를 인정하기는커녕 여전히 수백만 명의 희생을 강요했다. 처음부터 끝까지 후회나 자책을 암시하는 말은 조금도 하지 없었다. 잘못은 다른 사람들의 몫이었다. 특히 오래된 증오를 달랠 길이 없었기 때문이었을까. 히틀러는 유태인들에게 모든 잘못을 떠넘겼다. 20년이 넘는 시간이 지났지만 그는 아무것도 깨달은 바가 없었다. 히틀러는 자리에 앉아 최후의 유서를 썼다.

독일 국민에게 보내는 히틀러의 마지막 메시지에는 적어도 하나의 충격적인 거짓말이 포함되어 있었다. 그의 죽음은 영웅의 종말과는 거리가 먼 것이었다. 그는 자살함으로써 고의로 책임을 회피했고, 비겁자의 길을 택했다. 히틀러는 독약을 삼킨 그의 아내 에바 브라운의 어깨에 오른손을 올려놓은 채 입에 총을 넣고 방아쇠를 당겼다. 1945년 4월 30일, 월요일 오후 3시 30분이었고, 히틀러의 56세 생일 열흘 후였다.

제3제국<sup>6)</sup>은 건립자보다 일주일을 더 지속한 후 멸망했다.

---

6)_히틀러가 권력을 장악한 1934년부터 1945년까지의 독일 제국. 1933년 정권을 장악한 나치스 독일이 1934년 대통령 힌덴부르크의 사망을 계기로 사용한 명칭. 나치스 독일은 962년에서 1806년의 신성로마제국을 제1제국, 1871년에서 1918년의 독일제국을 제2제국, 1933년에서 1945년의 나치스 지배 체제를 제3제국이라 일컬었다.

ILSE KOCH

부헨발트의 마녀

# 일자 코흐

그녀는 나치 전범자 중에서도
가장 잔학함을 즐긴 사람이었다.
아직도 전 세계에서 들려오는 비명소리가 있다면,
그것은 그녀의 손에 고문을 받으며 죽어간
무고한 사람의 소리일 것이다.
_ 공판 검사, 1951년

The Bitch of Buchenwald

SS 대령으로 부헨발트 포로수용소 사령관이 된 남편 카를 코흐와 함께 포즈를 취한 일자 코흐. 이들 부부는 부헨발트에서 그들의 지위를 남용했기 때문에 나치에 의해 재판을 받았다. 실제로 일자 코흐는 사형선고를 받았고, 부부가 함께 잔인한 짓을 자행했고 그들만의 쾌락의 공원으로 삼았던 수용소의 운동장에서 고소인에 의해 처형되었다.(CORBIS)

나치와 함께 권좌에 오른 이후, 히틀러는 아리아인이 가장 우월한 종족이라는 사실을 주장하기 위해 사회에서 '바람직하지 않은 분자들'을 모두 제거할 방법을 궁리했다. 이러한 '바람직하지 않은 분자들'에는 유태인, 집시, 정신이상자나 신체 장애인, 동성애자 그리고 지식인 등 사실상 그가 가고자 했던 길에 걸림돌이 되는 모든 사람들이 포함되었다. 처음에 그는 그들을 추방하거나 매장하기로 선택했다. 그러나 제2차 세계대전으로 육지와 바다와 공중에서 전투가 벌어지자, 임상 수준에 머물렀던 나치 살인기계가 행동하기 시작했다. 대량학살자 중에는 몰살을 하나의 직업 이상으로 보았던 한 여자가 있었다. 그녀는 부헨발트 지역 사령관의 부인 일자 코흐였다. 정신병적인 사디스트이자 색정증 환자인 일자 코흐는 잔인한 분위기와 유죄 선고를 받은 남녀노소의 고통을 즐겼다. 그녀는 수감자들을 고문하고 죽이기 전에 추악한 성행위를 하도록 강요했다. 그녀의 집의 전등갓 옆에는 죽은 수감자들의 피부로 만든 주름진 머리들이 장식되어 있었다. 상상할 수 없이 잔인한 괴물, 일자 코흐는 '부헨발트의 마녀'로 알려져 있었다.

일자 코흐는 1906년 작센 지방 드레스덴에서 노동자의 딸로 태어났다. 학교에서 그녀는 조용하고 애정이 넘치는 가정 출신의 품행이 단정한 학생으로 알려져 있었고, 소년들에게 인기가 있었다. 15세에 학교를 그만둔 일자는 공장에서 일을 시작했지만 곧 서점의 사서가 되었다. 독일은 비참할 정도로 경제불황기를 지나고 있었고, 제1차 세계대전의 패배로 여전히 휘청거리고 있었다. 단조로운 삶을 살고 있었던 젊은 일자는, 1930년대 초반에 새롭고 활기찬 것들을 나치당의 공식 지부에서 볼 수 있게 되었다. 젊고 매력적인 빨강머리 일자는 서점을 자주 찾는 남성적인 나치 추종자들에게 매혹되었다. 그녀는 곧 출세를 위해 몸을 던졌고, 여러 SS 대원들과 관계를 가졌다.

일자는 나치의 비서가 되었다. 그리고 SS와 게슈타포의 사령관인 하인리히 히믈러에게 발탁되어 그의 일급 보좌관 카를 코흐와 결혼하게 되었다. 당의 주요 신념 중 하나는 새롭고 완벽한 아리아인 혈통을 창조하는 것이었고, 일자와 카를은 이상적인 결합으로 간주되었다. 사실 카를 코흐는 은행원으로서도 실패했고 결혼도 실패했지만, 히틀러가 만든 나치당이 권력을 잡기 시작하는 1931년에 입당하면서는 승승장구하여 SS 장교가 되었다.

히틀러는 독일 군대를 견제하고 자신이 선호하는 잔인한 방식으로 일을 처리하도록 하기 위해 그의 경호부대 겸 친위부대 SS를 창설했다. 히틀러는 조화를 깨뜨리기를 즐겼고, 미래에 권력을 움켜쥐기 위해 대규모 지원자를 모집하기 시작했다. 순수한 모든 아리아인들에게 더 나은 삶을 향한 길에 동참할 것을 권유했고, 카를 코흐는 그 점에서 완벽한 인물이었다. 그는 베를린 근처에 세워진 악명 높은 작센하우젠 포로수용소에서 잔혹한 악당이란 평판을 얻었고, 대령으로 승진했다.

1936년 어느 날 저녁, 카를과 일자는 깜깜한 떡갈나무 숲에서 결혼했다. 그의 신부는 그의 직업을 전혀 꺼려하지 않았다. 반대로 그녀는 농부의 딸에서 최고위급 장교의 아내로 신분이 격상한 것을 자랑스러워했다.

카를 코흐는 폭력적인 규범을 세운 나치의 모델이었다. 그의 전공은 면도 칼날이 박혀 있는 말채찍으로 수감자들을 때리는 것이었다. 그는 엄지손가락을 죄는 틀과 낙인찍는 쇠도장을 사용하자고 주장했고, SS 권력자들은 곧 그의 능력을 인정했다. 1939년, 나치가 블리츠카리그(Blitzkrieg)[1]로 유럽 각국을 격파하자, 카를은 그 지역의 너도밤나무 숲의 이름을 따서 부헨발트라 불리게 된 새 수용소의 사령관으로 승진했다.

1930년대 내내 나치당은 독일에서 '바람직하지 않은 분자들'을 청소하려 시도했다. 나치는 거리 사살, 유태인 강제거주지구의 기아, 철도 객차에 대한 독가스 공격 등을 통해 수천 명을 죽였다. 그러나 냉혹한 효율성을 추구했던 SS는 집단학살이 신속한 방식이 아니라고 결정했다. 그 결과 정치범을 수용하기 위해 수년 전에 세워졌던 많은 포로수용소들은 몰살수용소로 바뀌었다.

부헨발트는 약한 사람들은 죽이고, 건강한 사람들은 죽을 때까지 일을 시키는 노동수용소였다. 또한 유태인들이 아우슈비츠의 가스실로 이송되어 죽기 전에 잠시 머무르던 곳이기도 했다. 히틀러가 대량학살을 명령하기 전인 1938년 초에 도착한 사람들과 다른 곳으로 이동하기 전에 단기간 동안 부헨발트에 머무르도록 되어 있었던 사람들은 무시무시한 결과를 맞이했다. 그들은 안전한 생존을 보장받지 못했고, 화장실조차 없는 감방에 처넣어졌다.

1937년 바이마르 지방에 세워진 부헨발트는 나치 독일이 최초로 설립한 거대한 포로수용소 중 하나였다. 부헨발트는 북으론 작센하우젠 수용소와 남으론 다카우 수용소를 거느리고 있었다. 대부분의 다른 포로수용소처럼 부헨발트의 인구는 독일제국 시기 내내 급격하게 증가했다. 1937년 7월에는 수감자가 1,000명 정도에 불과했다. 그러나 1939년 9월에는 8,634명으로 증가했고, 1943년 12월에는 3만 7,319명에 이르렀으며, 해방될 무렵에는 8만

---

1)_전격전. 신속한 기동과 기습으로 일거에 적진을 돌파하는 기동작전.

436명이나 되었다.

수용소는 130개의 막사와 증축 건물들로 구성되어 있었고, 세 개의 주요 구역으로 나뉘어져 있었다. '대형 막사'에서는 일부 고참병들과 수감자들이 함께 생활했고, '소형 막사'에는 격리 수감자들이 있었고, '천막 막사'에는 1939년 독일의 폴란드 침공 이후에 보내진 수천 명의 폴란드 포로들이 있었다. 이세 구역 외에도 관리자 주택, SS 막사 그리고 수용소 공장들이 있었다.

이 수용소는 수감자들에 의해 지어졌다. 1937년 여름 내내 SS는 '자유시간'을 이용해 수감자들이 채석장에서 수용소로 거대한 돌을 운반하게 했다. 불행하게도 SS의 눈에 너무 작아 보이는 돌을 운반한 사람들은 당장 살해되었다. 나중에는 많은 수감자들이 거대한 짐수레에 사슬로 묶인 채 거대한 돌을 수용소까지 운반해야 했는데, SS는 작업 도중 이들에게 강제로 노래를 시켰다. SS는 이런 수감자들을 '노래하는 말'이라고 불렀다. 또한 에테르스베르크 산자락에서 수용소 입구까지 도로를 건설하는 도중에 수천 명의 수감자들이 죽었다. 그래서 그 도로는 수감자들에게 '피의 거리'로 불렸다.

대부분의 초기 수감자들은 정치범들이었다. 그러나 1938년 봄에는 유태인, 동성애자 그리고 집시 등과 같은 '반사회적 분자들'을 잡아넣은 결과 수감 인원이 급격히 늘어났다. SS와 독일 주민들이 많은 유태인 사업체를 파괴한 1938년 11월 정화의 밤(Reichskristallnacht) 이후 1만 명 이상의 유태인들이 부헨발트에 수감되었다. 전쟁 기간 동안 부헨발트에는 수감자가 8만 명에 이르렀고, 이들은 7,000명이 넘는 SS 보초들의 통제를 받았다.

이 수용소에는 가스실이 없었고, 가스실이 필요하지 않았다. 입소자들은 공장이나 밭에서 죽을 때까지 일했고, 평균 여명(餘命)은 약 3개월이었다. 부헨발트의 공식적인 목적은 수감자들을 중노동을 시켜 죽이는 것이었다. 남녀노소 가리지 않고 모든 사람들이 대상이었다. 질병이나 영양실조, 피로, 구타 그리고 처형 등으로 매달 수백 명이 목숨을 잃었다.

게다가 부헨발트에는 더욱 소름끼치는 것이 있었는데, 바로 의학 연구였다. 무장 친위대 위생연구소의 발진티푸스 및 바이러스 연구 부서가 부헨발트에서 매우 열정적으로 연구 작업을 수행하고 있었다. 마취하지 않은 상태에서의 불임수술, 신약 실험을 위한 주사 그리고 고통과 열과 추위에 대한 인간의 저항 등과 같은 이상한 실험들이 실시되었다. 나치 학살자들은 살아 있는 수감자들의 생체를 해부하기도 했고, 수감자들의 간장(肝臟)에 실험을 하기도 했다. 그리고 불에 탄 사람들에게는 상처에 독을 주사하기도 했다. 그러나 그 중에서 가장 기괴한 것은 연구자들이 '질병'의 치료제를 발견하기 위해 동성애자들에게 한 일련의 실험이었다. 그들은 환자를 치명적인 질병에 감염시킨 다음 면밀히 관찰하였다. 즉 수백 명이 발진티푸스에 감염되었고, 의사들은 엄청난 고통 속에서 서서히 죽어가는 환자들을 관찰했다. 의사와 과학자들의 눈에 이들은 나치 과학과 아리아인의 보호라는 영광스러운 목적을 진전시키는 데 사용되는 모르모트일 뿐이었다. 극히 일부만 감염된 병을 치료받고, 일단 더 이상 쓸모를 잃게 되면 그들 대부분은 죽게 내버려졌다.

수감자들은 또 마구간에서 죽어갔다. 수감자들은 가짜 진료소에 들어가 신장계 위에 섰다. 그러면 SS 대원이 수감자의 목 높이에 위치한 작은 구멍으로 총을 쏴 죽였다. 이들은 라디오 볼륨을 최대한 높여서 처형 시 나는 소리를 감추었다.

카를과 일자 코흐가 부헨발트에 왔을 때, 처음 몇 달 동안 그들은 최소 두 명의 아이를 가져야 한다는 상급 나치당원의 준수 사항을 따르기 위해 아이를 하나 더 낳는 데 시간을 보냈다. 나치의 기본 철학에 따르면, 여성의 중요한 의무는 '자신의 남편, 가정, 자녀 그리고 집'을 소중히 여기는 것이었다. 하지만 일자 코흐로서는 거의 따르고 싶지 않았다. 그러한 의례를 끝마치자, 그녀의 남편은 일에 몰두하기 시작했고 곧 그녀를 잊어버렸다.

이제 일자는 자유롭게 자기가 할 일을 찾기 시작했다. 그녀는 사령관의 아내로서 사치스럽고 특권적인 생활을 영위했고, 다른 한편으론 도처에서 잔인함과 타락상을 드러냈다. 그녀는 처음엔 자유분방하게 행동했다. 그녀는 모든 수감자들이 자신을 귀족 여성을 호칭하는 '구나디게 프라우(Gunadige Frau)[2]라고 부르게 했다. 그러나 곧 다른 데로 관심을 돌렸다.

1940년, 카를은 25만 마르크를 들여 실내 투기장을 건설하게 했다. 그는 이 비용을 수감자들로부터 강탈한 돈과 횡령한 돈으로 충당했다. 그와 일자는 아침마다 승마를 했는데, 승마할 때마다 SS 군악대가 특별 연단에 서서 음악을 연주했다.

문 앞의 운동장에서는 수감자들이 굶어 죽어가고 있었던 반면, 외모를 고민했던 일자는 마데이라산(産) 포도주로 목욕을 하곤 했다. 그녀는 낮에 채찍을 들고 수용소 주변을 돌아다니면서 보기 싫은 수감자에게 채찍질을 해대곤 했다. 채찍을 맞은 수감자의 고통스러워하는 모습은 그녀를 기쁘게 했고 활력을 주었다. 그녀는 임신한 여인들에게 개를 풀어놓고 그녀들이 공포에 떠는 모습을 보며 환희의 비명을 질러댔다. 밤에는 장교 부인들과 레즈비언 향연을 벌였다. 그런 다음 그녀는 남편의 부하 장교들과 한번에 12명까지 관계를 가졌다. 일자는 학대 기술과 수감자의 고문에 매혹되었고, 곧 색정증

---

2)_우아한 부인.

1945년에 찍은 부헨발트 포로수용소. 여기서 죽었거나 살해당한 수천 명의 사람들을 추모하기 위해 과거 수용소 입소자들이 교수대에 히틀러 인형을 걸어놓았다. 전쟁이 끝난 후 수용소는 기아와 질병과 모진 고문을 받은 결과로 계속 고통받고 있는 많은 입소자들을 위한 병원으로 사용되고 있다. (BETTMANN/CORBIS)

환자와 사디스트라는 평판을 얻었다. 수감자들은 강제로 타락한 향연과 끔찍한 성행위에 빠져들어야 했고, 그동안 그녀는 뒤에 앉아 쇼를 즐겼다. 그녀가 즐겼던 쾌락 중 하나는 새 수감자들이 도착할 때 수용소 정문에 서 있는 것이었다. 그녀는 자기 가슴을 애무하고 음탕한 말을 내뱉으면서 속옷 차림으로 기다렸다. 한 명의 수감자라도 그녀를 오래 바라볼 경우 그들은 정신을 잃을 때까지 두들겨 맞았다. 한번은 보초들이 세 명의 남자가 그녀의 아랫도리를 쳐다보는 것을 눈치챈 적이 있었다. 두 명은 현장에서 죽도록 두들겨 맞았고, 다른 한 남자는 얼굴을 흙에 처박힌 채 목이 눌려 질식사했다. 일자는 처형당한 남자들이 그녀를 음탕한 눈길로 바라보았다는 진술서를 제출했다.

나치 전쟁기계들이 동부전선에서 수렁에 빠져 꼼짝 못하게 되자, 일자는 부헨발트의 죽음의 수용소를 놀이터로 만들어버렸다. 하루는 수감자들이 일하고 있는데, 보초가 수감자들에게 총을 쏘기 시작했다. 그녀는 금세 흥분해 권총을 잡고 총을 쏴서 24명을 죽였다.

그러나 이 사건은 그녀의 테러가 시작되었음을 알리는 서곡에 불과했고, 훨씬 더 소름끼치는 그녀의 모습은 그 후에 드러나기 시작했다. 일자는 소름끼치는 기념물로 집 안을 장식하기를 좋아했기 때문에 수감자 몇 명의 머리를 절단해 자몽만한 크기로 오그라들도록 화학처리한 후 가져오라고 명령했다. 그녀는 아이들과 함께 매일 앉아 식사하는 식당을 화학처리한 12개의 머리로 장식했다. 게다가 이 시기에 그녀는 제3제국에 대한 메스껍고 영구적인 이미지들 중 하나를 만들어냈다.

일자는 항상 젊은 수감자들의 육체를 감탄의 눈으로 바라보았고, 매력적인 남자들을 데려와 그녀 앞에서 열을 지어 행진하게 했다. 그들의 부드러운 피부를 몹시 탐하게 된 그녀는 색다른 아이디어를 생각해냈다. 일자는 그들의 피부를 떼어내 여자 재봉사를 시켜 책 커버, 지갑, 장갑 그리고 전등갓을 만들게 했다. 대부분의 독일 어머니가 자식들을 위해 모직으로 스카프나

양말을 뜨개질했던 반면, 일자는 인간의 유해로 수공예품을 만들었다. '병리학 병동'으로 알려지기 시작한 악명 높은 제2병동에서는 SS가 희생자의 피부 가죽을 벗기고 무두질을 하였다. 전등갓은 독일 인종의 우월성을 나타내는 상징으로 특별히 만들어졌다. 피부로 만든 선물은 만찬에서 감탄을 자아냈고, 남편들과 아내들이 주고받는 선물이 되었다. 그리고 피부의 품질이 높을수록 더욱 가치가 있었다. 일자와 그녀의 모임에서는 희귀하고 가치있는 재료로 만들어진 가장 고운 가죽으로 평가되었다.

유태인 대학살을 부정하는 사람들은 이러한 가죽이 인피(人皮)라는 것을 인정하지 않았다. 그러나 복잡하고 정교한 법의학적 실험을 통해 그것이 인간의 피부임이 밝혀졌다. 일자는 특히 한 가지를 좋아했는데, 어느 부헨발트 입소자는 이렇게 증언했다. "출석을 부르는 동안 SS의 아내들은 희생자를 선택했는데, 그녀들은 남편들보다 훨씬 냉소적이었다. 그녀들은 예술적으로 문신을 한 아름다운 피부를 찾았다. 그녀들을 기쁘게 하기 위해 종종 광장에서 특별 점호를 하곤 했는데, 이때 수감자들은 모두 벌거벗은 채 점호를 받곤 했다. 그러면 그녀들은 패션쇼에서처럼 열 사이를 지나다니며 검토하고 선택했다. 그녀들이 킥킥거리는 소리와 감탄과 만족을 표시하는 웃음소리가 들려왔다. 그녀들은 '벌써 다 되었네'라고 중얼거리며 선택한 대상을 손가락으로 지적했다." 일자는 집시와 러시아 전쟁포로의 피부를 선호했고, 피부가 손상되지 않도록 주사를 놓아 죽이라고 명령했다(SS 지령에 맞추어 인간의 머리카락도 수집되었다. 머리카락은 U보트 대원들과 국영철도의 사원용 양말을 제조하는 데 사용되었다). 일자는 문신이 있는 피부로 장갑을 만들었고, 고문할 수감자를 찾아 수용소를 돌아다닐 때마다 이 장갑을 꼈다.

그러나 변태적인 행동을 즐겼던 것은 일자만이 아니었다. 그녀의 남편 카를 역시 수감자들에게 고통을 주면서 즐거움을 느꼈다. 그는 부헨발트에 도착하자마자 작은 동물원을 짓게 했다. 동물원은 새장처럼 생겼고, 곰 네 마리와 원숭이 다섯 마리를 넣을 수 있는 물웅덩이와 방이 있었다. 부헨발트의 생존자 모리스 허버트는 다음과 같이 기억했다. "수용소에는 곰과 매가 있는 우리가 있었다. 그들은 유태인을 매일 한 명씩 그곳에 집어넣었다. 곰은 사람을 갈가리 찢고 독수리는 뼈를 쪼았다."

곰 우리는 수감자들에게 훤히 들여다보였다. 프랑스의 유태인 수상 레옹 블럼은 다카우 수용소로 이송되기 전에 매 우리에 있었다.

카를 코흐는 동물들을 매우 동정적으로 대했다. 수용소 안내서에는 그가 내린 다음과 같은 명령이 들어 있었다. "SS 대원들이 사슴의 뿔을 울타리에 묶어두고 한참이 지난 후에야 풀어주는 일이 있었다. 게다가 사슴을 울타리로 꾀어내 은박지로 입을 막기도 했다. 앞으로 그런 너저분한 행동을 하는 자가 발견되면, SS 총사령관에게 보고해 동물학대죄로 처벌받게 할 것이다."

카를 코흐는 동물들에게 동정심을 베풀었지만, 그런 동정심은 인간 희생자들에게는 적용되지 않았다. 그는 살아 있는 사람들을 냉혹하게 대했을 뿐 아니라 공갈까지 일삼았다. 그리고 죽은 사람들의 금니를 훔쳤고, 시체의 손가락에서 결혼반지를 빼내고 돈을 빼앗았다. 그런 다음 그는 약탈품을 스위스은행 계좌에 예치했다.

이들 부부는 전쟁 내내 권력을 계속 유지했지만, 상급자들의 방해가 없진 않았다. 역설적이게도 독일의 제3제국은 수용소에서의 가혹한 잔학 행위에 눈살을 찌푸렸다. 그리고 소름끼치는 실험을 명령하고 희생자들을 잔학하게 대하라고 명령했음에도 불구하고, 수용소 측에서 희생자들을 제멋대로 처벌

일자 코흐가 부헨발트에서 만든 '손수건'들 중의 하나. 유태인 수감자의 문신을 한 가슴 피부를 도려내 만든 것으로 젖꼭지가 보인다. 그녀와 같은 모임에 있던 사람들은 이것을 보고 매우 감탄했다고 한다. 1947년에 열린 그녀에 대한 전범재판에서 이렇듯 섬뜩하고 소름끼치는 유품의 일부가 증거물로 제시되었다. 그러나 1951년 연합군 법정이 그녀의 사례를 다시 조사할 때, 증거물들은 이미 사라지고 없었다. 아마도 도난당했을 것이다. 이러한 상황은 나치 옹호자들이 이것이나 이와 유사한 인간 '공예품'은 존재하지 않았다고 주장할 여지를 주었다. (CORBIS)

한다고 판단할 경우가 있었던 것이다.

1941년에 코흐 부부는 '무자비한 만행, 부패 그리고 불명예'라는 혐의로 SS 법정에 섰다. 사람들을 구타하고, 고문하고, 살인하는 것과 그런 것을 즐기는 것은 완전히 다른 것이었다. 혐의는 기각되었다. 일자는 부헨발트로 되돌아왔지만, 카를은 폴란드에 있는 마이다네크 포로수용소로 보내져 노동을 했다. 유력한 남편이 뒤에서 받쳐주지 못하자, 그녀는 수용소 상급 장교들과 일련의 관계를 갖기 시작했고, 계속 음란한 삶을 살아갔다.

1944년, 카를은 부헨발트의 아내에게 되돌아왔다. 그러나 그는 과거의 행적에 발목을 잡혔다. 그는 곧 몇 건의 새로운 고발을 당했다. 이번에는 그의 절도와 횡령에 관한 것이었다. 나치로서도 더 이상 참을 수 없었던 것이다.

1947년 다카우에서 열린 연합군 법정에 선 '부헨발트의 마녀.' 이 재판에서 그녀는 종신형을 선고받았다. 1951년 미군 법정에서 석방되자, 그녀는 즉시 독일 당국에 의해 다시 체포되어 재판을 받았다. 여기서 그녀는 무기징역을 선고받았고, 감형도 허용되지 않았다. 16년 후 그녀는 감옥에서 스스로 목을 맸다.(CORBIS)

제국을 벗겨먹는 것에 비하면 고문이나 살인은 아무것도 아니었다.

패배를 인정할 수 없었던 카를은 재판 전날 주요 증인들을 독살했고, 카를에 대한 장문의 기소장에는 살인 항목이 추가되었다.

1945년 4월 어느 추운 아침, 카를 코흐는 자신이 잔인한 행위들을 지휘했던 바로 그 장소인 수용소 운동장으로 끌려나와 고발자 폰 발덱에 의해 총살되었다. 그 장면을 지켜본 수감자들이 전 사령관의 죽음에 대해 느꼈을 기쁨이 어느 정도였는지는 상상할 수 있을 것이다. 그러나 부헨발트의 마녀로 불렸던 그의 아내는 살아남았다.

그녀는 실제로 남편을 부추겨 똑같은 죄를 저질렀다는 죄목으로 고발되었음에도 불구하고 방면되었다. 그러나 수용소 사령관의 아내라는 유리한 지위는 더 이상 이용할 수 없었다. 교활한 일자는 달아나기 위해 일반 사람들 틈에 섞여들었다. 러시아가 진격하고 강력한 제3제국이 무너지기 시작하자, 그녀는 수천 명의 다른 사람들에 섞여 연합군을 피해 서쪽으로 향했다.

1945년 4월 10일, 미군은 부헨발트에 진입했다. 이때 일자는 루드비히스부르크에서 친구와 함께 머물고 있었다. 그러나 해방된 수감자들은 그녀를 잊지 않았다. 미국인들이 목격한 잔학한 행위들은 너무나 끔찍한 것이어서 아이젠하워 대통령은 부헨발트에 진입한 사단의 모든 장병들에게 수용소 내의 무시무시한 장면을 보여주라고 명령했다. 아이젠하워 대통령은 '그들은 무엇을 위해 싸웠는지 모를 것이다. 그러나 적어도 이제 그들은 무엇에 대항하여 싸웠는지 알게 될 것이다'고 말했다.

그 후 몇 달 동안, 일자는 아무도 모르게 숨어 살았으나, 마침내 그녀는 체포되었고 1947년에 수감되었다. 그리고 수감된 남자 동료에 의해 임신을 한 채 다카우에 있는 법정으로 갔다. 학대받아 수척해진 과거의 수감자들은 몇 주 동안 계속해서 그녀의 행위를 증언했다. 검사는 그녀의 손에 의해 5만 명이 넘는 입소자들이 고문당하고 죽어갔다고 주장했다. 일자는 자신은 나쁜 사람들의 단순한 하수인에 지나지 않는다고 주장하는 진술서를 읽었다. 시체 더미를 쌓아놓은 사진을 보여주자 일자는 '거짓말이야! 새빨간 거짓말이야!'하고 소리쳤다. 그녀는 모든 혐의를 부정했고, 연합군이 그녀를 옭아맨다고 주장했다. 소송이 절반 정도 진행되었을 때, 일자는 경련을 일으키고 멍하니 앞만 바라보는 등 간질병에 걸린 체했다. 그러나 후에 그녀의 감방에서 법정 의사가 그녀를 검사했을 때, 그녀는 웃으며 '일급 코미디'를 하면서 얼마나 즐거웠는지 모른다고 말했다. 한편 법정 바깥에서는 군중들이 모여

들어 일자를 즉각 처형하라고 요구했다. 법정은 무기징역을 선고하며 중노동을 부과했다. 그러나 그것으로 끝난 것이 아니었다. 1951년, 미군의 루셔스 클레이 장군은 그녀를 계속 감금할 만한 증거가 충분하지 못하다며 '증거 불충분'을 내세워 일자를 석방했다. 즉시 전 세계에서 항의가 일어났다. 그녀를 법정에 세웠던 검사는 '이는 정의의 심각한 패배이다. 그녀는 나치 전범 중에서도 가장 잔학함을 즐긴 한 사람이었다. 아직도 전 세계에서 들려오는 비명소리가 있다면, 그것은 그녀의 손에 고문을 받으며 죽어간 무고한 사람의 소리일 것이다'라고 말했다.

그러나 결국은 정의가 승리했다. 일자는 감옥을 나오자마자 다시 체포되었고, 재심에 회부되었다. 240명 이상의 목격자들이 그녀에 대해 증언을 했고, 그녀에겐 종신형이 선고되었고, 감형도 허용되지 않았다.

1967년, 일자는 첫 번째 재판을 받던 중 바이에른에 있는 아이카흐 형무소의 감방에서 낳은 아들 우베에게 편지를 썼다. 그녀는 자신이 나치당의 더 높은 계층을 위한 속죄양이 되었다고 씁쓸하게 불만을 털어놓았다. 그녀는 자신이 저지른 범죄에 대한 후회도 슬픔도 내비치지 않았다.

같은 해 9월 1일, 61세가 된 일자 코흐는 아들에게 마지막 편지를 쓰기 전에 간단한 식사를 했다. 그런 다음 그녀는 침대보를 매듭지어 침대 위에 있는 전등에 묶은 다음 목을 맸다. 그녀가 마지막 편지에 쓴 내용이다. "내게 다른 길은 없다. 죽음만이 유일한 해방이다."

POLPOT

대량학살 기획자

# 폴포트

붉디붉은 피가 조국 캄보디아의
도시와 평원을 물들인다.
노동자들과 농부들이 흘린 숭고한 피,
남녀 혁명 전투원들이 흘린 피,
피는 흘러 크나큰 의분이 되고 싸워야만 한다는
결연한 주장이 되네.
4월 17일 바로 그날, 혁명의 깃발 아래 흘린 피가
우리를 노예에서 해방시켰다.

_민주캄푸치아[1]의 국가(國 )

Architect of Genocide

300만여 명의 캄보디아인을 살해했던 대량학살 정책의 기획자 폴포트의 인물 사진. 이 사진은 과거에 크메르루즈 감옥이자 고문실로 사용되었던 뚜올 슬랭 박물관에 걸려 있다.(PABLO SAN JUAN/CORBIS)

1998년 세계는 태국의 정글에서 숨진 한 노인의 시신이 공개되는 것을 불신의 눈으로 바라보았다. 그는 할아버지 같은 자상하고 활기찬 눈에 넓고 살찐 얼굴을 하고 있었고, 이가 보이게 두꺼운 입술을 벌리고 상냥한 웃음을 짓고 있었다. 그는 약간 희극적으로 보였는데, 그러한 인상은 폴포트라는 그의 특이한 이름을 듣고도 사라지지 않았다. 그러나 폴포트와 관련해서는 결코 우스운 것이 없다. 그는 국민들에게 자비를 베푼 적이 없는 지도자였다. 1979년 이후 도피생활을 했던 그는 한때 캄보디아를 통치했던 자로 캄보디아 인구의 3분의 1인 200만 명에 달하는 사람들의 죽음에 대해 책임이 있는 사람이다. 4년의 통치기간 동안 그는 남녀노소를 가리지 않고 캄보디아인을 고문과 기아로 죽게 만들었다. 때로는 아기들까지도 잔인하게 망치로 내리치고 생매장하기도 했다.

살로수 사[2]는 1925년 일곱 형제 중 막내로 태어났다. 그는 프랑스의 지배를 받던 캄보디아의 프놈펜 북쪽에서 벼농사를 짓던 부유한 농가에서 자랐다. 이 어린 소년은 농사일을 한 적이 없었고, 6살 때 승려 교육을 받기 위해 수도로 보내졌기 때문에 시골 생활에 대해 아는 거라곤 거의 없었다. 그는 불교 사원에서 6년을 보냈고, 승려로 2년을 보냈다. 그러나 시골 출신의 이 소년은 소란스럽고 현대적인 도시에서 이방인이라는 느낌만을 받았다. 폴포

1) 1975년부터 1988년까지의 캄보디아 국명. 2) 폴포트의 본명.

트는 캄보디아 도시의 다중 문화적 성격을 이해하지 못했거나, 이해했다 하더라도 이를 괘씸하게 생각했다. 그는 자신이 '산에서 내려온 무지몽매한 원숭이'처럼 느껴졌다고 말했다.

1949년, 폴포트는 장학금을 받고 전파전기학을 공부하기 위해 파리로 건너갔다. 파리에서 그는 첫 번째 아내 키우 포나리를 만났다. 그녀는 그보다 여덟 살 많았고, 바칼로레아[3]를 통과한 최초의 캄보디아 여성이었다. 그의 타고난 인종주의는 프랑스에서 극단적인 공산주의와 결합했다. 폴포트가 파리에서 공부하는 동안, 공산당은 서유럽에서 가장 강경한 노선을 걸었고 강령에 의해 주도되는 스탈린주의자 당이 되었다. 그는 또 다른 좌익 캄보디아 학생이었던 키우 삼판의 철학을 받아들였다. 키우 삼판[4]은 캄보디아에서 진정한 농촌 혁명을 달성하려면 도시, 산업, 통화, 교육도 없는 농촌 경제로 퇴보할 필요가 있다고 믿었다.

파리에서 대학을 마친 후, 폴포트는 혁명의 이상을 가득 품은 채 캄보디아로 돌아왔다. 그리고 프랑스를 등에 업은 군주 시아누크 왕과 론 놀 대통령에게 반대하여 지하 공산당에 가입했다. 그는 2년도 채 안 되어 당 총서기가 되었고, 정부군의 체포를 피해 중무장을 한 중견 요원들과 함께 산악지대로 도망쳤다. 그는 격렬한 게릴라전을 수행하면서 산악지대 부족들에게 혁명 교리를 설교했다. 당시 폴포트는 이미 최고권력을 겨냥하고 있었고, 1962년에는 공산당 지도자인 그의 선임자를 처형하도록 명령했다는 소문이 파다했

---

3)_프랑스 대학입학자격시험.  4)_캄보디아의 정치가. 1959년 파리대학에서 수학, 경제학 박사학위를 받은 후 캄보디아로 돌아와 한때 시아누크 왕 밑에서 상무장관을 지냈다. 1967년 프놈펜을 떠나 크메르루즈에 합류, 1970년부터 1976년까지 시아누크 왕이 망명지 베이징에서 결성한 '캄보디아민족연합정부'의 국방장관 겸 부총리를 지냈다. 1976년 국가간부회의 의장 겸 총리가 되었으나, 1979년 친베트남군에 의한 프놈펜의 함락으로 축출되었다. 그 후 반군 크메르루즈의 지도자로서 1982년 6월 시아누크·손산 등과 함께 반베트남연립정부의 구성에 합의하고 부통령에 지명되었다.

다. 처음에 그는 농부들에게 극히 평판이 좋지 않았다. 그러나 그가 권력을 쥐자 모든 것이 바뀌었다.

1970년대 초부터 크메르루즈로 알려진 폴포트와 그의 그룹은 론 놀 정부에 대항하여 맹렬한 공세를 펼치기 시작했다. 1972년에 접어들면서 분쟁은 본격적인 내전으로 확대되었다. 베트남전쟁이 캄보디아에 영향을 미쳤을 때, 권력을 향한 폴포트의 무자비한 행보도 빨라졌다. 1969년에서 1973년에 캄보디아인들의 머리 위에 떨어진 미국의 대규모 폭격은 폴포트에게 설득력 있는 증오의 대상을 제공했고, 수천 명의 혁명지지자와 신입 당원이 생겨났다. 1970년에는 당원이 4,000명에 불과했던 반면, 1975년에는 1만 4,000명으로 급속히 늘어났다. 1970년과 1975년 사이에 미국인들이 11억 8,000만 달러의 군수물자 이외에도 론 놀의 크메르공화국에 5억 300만 달러를 원조했다. 그러다가 미국은 갑자기 캄보디아에 대한 모든 원조를 중단했다. 그 결과 캄보디아는 경제적·군사적 불안에 빠져들었다. 폴포트는 정부의 약점을 이용했고, 1975년 봄 크메르루즈는 프놈펜 외곽까지 치고 들어갔다.

캄보디아의 신년[5]이 막 지난 4월 17일, 크메르루즈는 미국이 지지하는 정부에 대항한 5년전쟁의 승리자로서 수도에 입성했다. 고무농장 노동자 폴포트가 신임 수상이 되었다는 발표가 났을 때, 그의 이름을 들어본 적이 있는 사람은 거의 없었다. 그의 형과 누나들이 그들의 동생이 정부 수상이라는 사실을 알게 된 것은 1978년 그의 사진이 지방자치단체의 대형 식당에 걸리기 시작했을 때였다.

캄보디아의 왕 시아누크가 축출된 5년 전만 해도 거의 알려진 바 없는 정

---

5)_차울 츠남이라 하며 4월 중순에 시작된다.

치세력이었던 캄보디아 공산당은 창설 후 24년이 지난 다음 놀라운 승리를 거두고 캄푸치아인민혁명당(KPRP)으로 개명했다. 이제 폴포트 체제는 일종의 극단적이고 순수한 혁명, 즉 역사상 그 어떤 혁명보다도 완전한 혁명을 제자리에 놓고 실행할 위치에 있었다. 혁명당원들이 도시를 비우고, 서양의 소비재들을 파괴하고 금융시장과 외환시장을 폐쇄하자 캄보디아 외부의 세계는 경악했다. 그들은 모든 내수시장과 외국 무역을 정부 통제 하에 두었고, 그런 다음 서구화된 엘리트들을 제거하기 시작했다.

중앙은행은 폭약에 의해 파괴되었고, 황폐화된 수도의 거리에는 은행권(銀行券)이 바람에 휘날렸다. 프놈펜에 있는 로마가톨릭 성당의 석재는 하나씩 해체되어 캄보디아에서 가장 뛰어난 서구식 건축물은 흔적도 없이 사라졌다.

승리에 들떠 있었고 공평무사함을 자신하고 있었던 폴포트는 캄보디아 사회를 재구성하려는 자신만의 계획을 실현해나가기 시작했다. 그 계획은 과거의 있었던 것은 모두 지워버리고, 다시 시작하는 것으로, 심지어 연도도 더 이상 1975년이라 하지 않고 영년(零年)이라고 주장했다. 폴포트가 캄보디아 사회를 파괴하고 해체하며 야만의 상태로 되돌리기 시작하면서부터 아마도 캄보디아 국민들이 4년 동안 살육과 비참 속에서 참담한 삶을 영위하게 되었을 것이다. 크메르혁명은 언어, 종교 및 노동 습관과 같은 캄보디아인의 가장 기본적인 생활양식을 즉각적이고 완전하게 바꾸어놓았다.

새 권력자들은 프놈펜에 입성한 지 몇 시간도 지나지 않아 도시를 소개(疏開)시키라고 명령했다. 처음에 그들은 이러한 조치가 시골에는 식량이 풍부하기 때문에 모든 사람들이 충분한 식량을 구할 수 있게 보장하고, 신체제에서는 금지된 사유재산 개념을 극복하기 위한 것이라고 주장했다. 하지만 실제로는 그들의 지지자들이 대체로 무식한 농부들이었고 도시는 외국인들이 지배하는 중심지로 여겨져, 새 정부가 도시를 통제할 수 없었기 때문이었다.

의사든, 법률가든, 선생이든, 수리공이든 아니면 청소부든 관계없이 모두 강제로 시골로 보내져 농부가 되어 벼농사를 짓고 댐을 건설하며 혁명에 봉사하도록 강요되었다. 프놈펜에 거주하던 200만 명에 달하는 캄보디아인들은 72시간 만에 소개되었다. 군인들은 집집마다 찾아다니며 총부리를 들이대며 사람들을 거리로 내몰았다. 반항하는 사람들에겐 즉시 발포했다. 프놈펜에서 내몰린 300만 명에 가까운 강제 행군 대열과 캄보디아 지방 도시에서 나온 수십만 명의 사람들 중 무더위, 식량과 식수 부족 그리고 그 중에서도 특히 의료 지원의 부재로 40만 명의 사람들이 죽어갔다. '정오가 지나 공산당 군대가 더 많은 사람들을 몰아내자, 거리는 군중으로 인산인해를 이루었다. 남녀노소, 병자 등 가릴 것 없이 온갖 인간 군상이 거대한 무리를 이루었다. 모든 사람들은 실제로 뜨거운 햇빛 속에서 시체가 부풀어오르고 썩는 것을 보았다. 그리고 도시 전체에 물 공급이 끊겼다. 추방당한 수백만 명의 사람들에겐 마실 물도 비축된 식량도 없었고, 쉴 곳도 준비되어 있지 않았다. 이미 굶주림과 피로로 약해진 육체는 심한 설사로 괴로움을 겪으며 죽어갔고, 200미터마다 아이들의 시체가 하나씩 눈에 띄었다.'

크메르루즈는 도시의 강제 소개를 통해 실질적으로 구질서와 관련된 모든 물질적 연결고리를 끊어버렸다. 모든 집, 돈, 은행계좌 그리고 소비재들을 버리고 떠난 것이었다. 잠재적인 적은 와해되었고, 저항 중심지가 될 가능성이 있는 지역에서 격리되었으며, 이로써 폴포트 정권은 완전한 지배자가 되었다. 익숙했던 사회적·종교적·경제적 양식은 분쇄되었고, 소개된 모든 사람들은 기본적인 생존경쟁을 벌여야 했다.

폴포트는 자신의 정책을 강화하기 위해 이후로 불교와 돈과 개인 소유를 모두 금지한다고 공포했다. 근본으로 되돌아가자는 것이었다. 도시 사람들이 과거의 삶에 오염되어 있다고 믿은 폴포트는 그들의 역사를 다시 쓰려고 했다. 그들은 이상적인 농부로 되돌아가 중노동과 학대를 통해 정화될 것이었다. 수십 년간 육체노동을 하지 않았던 늙은 승려들은 특별히 오랜 시간 땅을 파는 벌이 부과되는 등 강제 노동을 해야 했다. 임산부를 포함한 모든 사람들은 추운 우기에도 운하 작업을 하며 목까지 잠기는 물 속에 서 있어야 했기 때문에 다리와 발이 퉁퉁 붓거나 출혈하는 경우도 있었다. 병으로 작업을 중단하면 음식을 얻지 못했다. 당시 크메르루즈가 내건 슬로건은 '살고자 하면 반드시 죽고, 죽고자 하면 반드시 산다(生卽必死 死卽必生)'였다. 모든 사람은 똑같이 노동했다. 그렇게 하지 않으면 총살당했다. 공포와 자의적인 위협, 우연한 죽음이 도처에 널려 있었다.

폴포트는 노동의 순수성에 대한 신념을 갖고 있었기 때문에 개인주의는 마땅히 제거되어야 한다고 확신하고 있었다. 개인적인 사고의 모든 근원과 흔적을 파괴함으로써만 집단주의 체제에 헌신적인 사람들이 출현할 것이라 믿었던 것이다. 이러한 생각을 토대로 해서 인구는 출신배경과 과거의 정치 경력에 따라 세 가지 범주, 즉 최고권리를 가진 펜 시트(Penh sith), 최고권리의 후보자들인 트리엠(Triem) 그리고 어떤 권리도 갖지 못한 반후(Bannheu)로 나뉘어졌다. 펜 시트는 우선 순위로 식량을 배급받았고, 당이나 군대를 포함하여 어떤 조직에도 가입할 수 있었다. 그들은 대부분이 초기 단계에서 폴포트를 지지했고, 농촌 인구집단 중 가장 가난하고 교육을 받지 못한 부류들이었다. 트리엠은 쌀 배급에서 2순위였고, 이류의 공직을 갖는 것이 허용되었다. 이들 대부분은 농촌 출신이었지만, 시간이 지나면서 강제로 도시에서 내몰렸던 가난한 사람들 중 일부도 트리엠으로 상승했다. 가장 낮은 범주인 반후는 아무런 권리도, 심지어 식량을 배급받을 권리마저도 없었다. 타도대상이 된 대부분의 인물들은 이 범주에 속했다. 즉시 처형되지 않은 사람들은 거의 굶어죽지 않을 정도의 식량을 배급받았고, 기력이 다할 때까지 노동을 해야 했다.

새로운 혁명 윤리가 공포됨으로써 남편은 오랫동안 아내와 떨어져 지내야 했고, 결혼하려면 앙카(Angkar)라는 기구에서 허락을 받아야 했고 엄격한 지침을 따라야 했다. 혼전 성관계를 가진 것이 밝혀지면 때로는 사형까지 가는 극형으로 다스려졌다. 음주와 도박은 금지되었다. 1976년, 앙카의 관리인 키우 삼판은 '우리나라에는 도둑도, 술꾼도, 부랑아도, 창녀도 없다'고 발표했다. 또한 앙카는 모든 캄보디아 어린이의 부모를 자처하기도 했다. 십대 소년소녀들은 그들의 가족과 격리되어 엄격한 이념 교육을 받았다. 폴포트는 그들의 젊은 신진 당원을 잔인하게 훈련시키면 그들은 결국 살인을 즐기는 병사가 될 거라 믿었고, 신진 당원들에게 동물을 고문하면서 즐기고 희생자를 가능한 한 고통스럽게 하라고 부추겼다.

아이들은 부모와 거의 같이 살지 않았다. 6살이 안 된 아이들은 할머니에게 맡겨졌고, 할머니는 영웅 이야기를 들려줌으로써 아이들의 혁명정신을 북돋웠다. 6살에서 12살까지의 아이들은 분리된 숙소에 살며, 부모들을 염탐하고, 부모가 저지른 규칙 위반을 고발하도록 교육시켰다. 그들이 12살이 되면 '기동부대'에 편입되었고, 부모를 다시 볼 기회는 거의 없었다. 그들은 폴포트에게서 명령만 수행할 뿐 이유를 묻지 않는 엄격한 기강만을 배웠다.

이제 폴포트는 역설적으로 명명된 '민주캄푸치아'의 수반이 되었고, 사회를 재구성하려는 그의 계획에 반대하는 것을 두고 보지 못했다. 불교의 수

행자 단체로 전통적인 캄보디아를 대표하며 폴포트에게 도전할 수도 있었던 상가(Sangha, 僧伽)는 크메르루즈의 전체주의 권력에 저항할 수 있는 준비가 되어 있지 않았고, 결국은 해체되고 말았다. 폴포트가 권력을 잡기 전 캄보디아는 동남아시아 최고의 불교 국가로 알려졌다. 시골 곳곳에는 2,500개가 넘는 사찰이 있었고, 대부분의 사람들은 인생의 어느 지점에서 승려가 되었다. 그러나 크메르루즈는 승리를 거둔 직후 불교의 가르침과 수행이 혁명 교리의 주요한 측면과 모순되기 때문에 일상생활에서 불교적인 흔적을 빨리 지워버렸다. 그들은 지도적 위치에 있는 승려들을 처형했고, 나머지 승려들에게서는 성직을 빼앗았고, 적선을 통한 공덕 쌓기를 금지했고, 많은 절을 파괴했다.

그런 다음 크메르루즈는 정치지도자, 군장교, 관리 그리고 교육을 받은 사람들을 확인한 후 처형하기 시작했다. 어떤 경우에는 장교의 배우자와 자식들도 반역자로 몰아 함께 죽였다. '크메르루즈는 관리들을 앞으로 떼민 다음 가슴과 등을 찔러 죽였다. 남자들이 죽어 넘어지면, 두려움과 공포에 질린 아내와 자식들도 끌려나왔다. 여인들은 강제로 무릎을 꿇린 채 찔려 죽었고, 자식들은 서 있는 채로 찔려 죽었다. 처형자들은 무슨 일이 일어나고 있는지도 알지 못하는 어린아이들까지도 들어올려 사지를 찢어발겼다.'

시아누크 왕도 의심을 받아 자택에 억류되었다. 폴포트는 영구적 숙청 정책에 따라 과거도 없고 대안도 없는 사회를 만들려고 했다.

목격자들에 의하면, 붉은 손수건을 두른 광신적으로 세뇌된 십대들에 의해 많은 도살이 이뤄졌다고 한다. 이들 십대들은 다음 희생자를 선택할 때 소리를 지르고 공중에 총을 쏘아대곤 했다. 젊은 도살자들은 문맹인 무식쟁이들이었기 때문에 훨씬 더 난폭하고 예측 불가능한 행동을 일삼았다. 살인

버려진 캄보디아 학교에 쌓여 있는 해골 더미. 폴포트와 그의 정권이 자행한 잔혹함을 상기시키는 끔찍한 장면이다. 크메르루즈는 1970년대에 정권을 잡은 후, 수 만 명에 달하는 사람들을 도살하는 것은 물론 신문과 도서관이 폐쇄되는 것을 목격한 교육받은 사람들에게 경고성 메시지를 전달하기 위한 목적으로 학교를 폐쇄했다. (MICHAEL FREEMAN/CORBIS)

은 마구잡이로 행해졌다. 크메르루즈에게는 변명이 필요없었다. 폴포트의 군대는 이해할 수 없거나 수동적인 저항을 만나게 되면, 시간을 갖고 재교육시키는 불편을 감수하기보다는 몰살시키는 쪽을 선택했다.

크메르루즈가 집권하고 얼마 안 돼 학교와 도서관은 폐쇄되었고 신문도 사라졌다. 안경을 끼기만 해도 인텔리겐차의 일원으로 간주되었고, 그러므로 혁명의 적이라고 확신하기에 충분했다. 모든 사람은 똑같이 먹었고, 개인은 숟가락과 그릇만 소유할 수 있었다. 신발이 닳으면 고무 타이어 조각을 도려내 임시방편으로 호치민 샌들을 만들어 신었다. 그리고 의복도 검은색 작업복 한 벌만 허용되었다. 1975년에는 외국의 모든 의약품 공급이 중단되었고, 새 정부는 현지 약초로 조제한 약품 사용을 장려했다. 외과의 교육을 받지도 않은 사람들이 수술을 했다. 1975년에서 1976년까지 2년 내내 질병이 맹위를 떨칠 때도 폴포트는 완고했다. 그는 국민들에게 자립의 중요성을 반복해서 상기시켰다. 총알을 맞지 않으면 굶어죽을 것이라고 협박하며 노동을 독려했다.

동남아시아의 주식은 쌀이고, 보통 사람은 하루에 일곱 홉에 맞먹는 양의 쌀을 소비했다. 하지만 크메르루즈 치하에서 하루에 15시간씩 논농사를 짓는 사람들은 한 홉 반의 쌀로 살아가야 했다. 폴포트는 열정과 영웅심만 있으면 충분하다고 믿었고, 그가 정권을 잡은 처음 3년 동안 쌀 생산이 세 배로 늘어날 것이라 기대했다. 그러나 농촌의 인구가 증가한데다 도시 사람들의 농사일이 서툴렀기 때문에 수확은 줄어들었고, 그 결과는 기아로 이어졌다. 그러나 크메르루즈는 정책의 실패를 자인하고 과거로 회귀하는 것을 부정했고, 계속해서 성취를 과장했다. 사람들의 목숨은 값싸게 취급되지도 못했다. 아예 아무런 가치가 없는 것으로 취급되었다. 캄보디아 곳곳은 무시무시한 킬링필드로 변해갔다. 오늘날까지도 희생자의 사체를 던져 넣은 집단무덤의 정확한 수가 알려지지 않고 있다.

또한 폴포트는 국토의 조건이 장소에 따라 크게 차이가 나는데도 불구하고, 언제 파종하고 제초하고 수확을 해야 하는지를 약술해놓은 규범집을 만들어 그대로 따르도록 강요했다. 사유재산이 허용되지 않는 사회에서는 노동의욕을 유발할 수 없었다. 그저 죽기 않기 위해 일할 뿐이었고, 죽은 시체는 거름으로 사용되기도 했다. 처형된 사람들에 대해서는 '코코넛으로 환생하거라'하고 빌 정도였다. 연중 농사철에는 논에서 계속해서 농사를 짓고, 그 나머지 기간에는 휴식도 없이 관개시설을 만드는 것이 생활이 되었다. 실수를 하거나 프로젝트를 비판하는 노동자들은 끌려가서 죽도록 매질을 당하거나 총살당했다. 죽은 시체를 먹다 발각된 굶주린 농부와 같은 특별한 범죄자는 머리만 내어놓고 땅 속에 파묻은 후 죽을 때까지 그대로 내버려두었다. 그런 다음 그들의 머리를 잘라 말뚝에 걸어 놓고 다른 사람들에게 경고용으로 삼았다.

폴포트가 집권하고 2년 만에 수십만 명의 캄보디아인들이 집단 무덤에서 썩어갔다. 약식 처형과 기아와 과로가 도시 사람들과 농부들의 생명을 앗아 갔다. 이토록 비참한 정책을 기획한 폴포트는 국민 생활의 모든 면을 통제했다. 그러나 그는 그들의 고통에 대해 조금도 자신의 책임을 인정하지 않았고, 죽은 어떤 사람도 정당한 이유 없이 죽었다는 점을 인정하지 않았다. 폴포트는 독재의 만능도구였던 테러를 사용해 가능한 한 빠른 시간 내에 모든 장교들과 론 놀 군대에 소속되었던 많은 사람들, 구체제의 관료, 지주, 상업에 종사한 사람들, 숙련 노동자, 서구식 교육을 받은 전문가와 많은 불교 승려들을 일소하려고 했다.

폴포트 혁명에서 정말로 특이한 면은 외교적 고립과 경제적 황폐화와 대중의 고통에 대해 캄보디아가 엄청난 비용을 치를 것이란 점은 전혀 고려하지 않은 채 추상적인 정치원리를 곧이곧대로 적용했다는 것이다. 다른 혁명 당원들은 이런 주제에 대해 큰 소리로 오랫동안 토론을 하다가도 권력의 책임 문제만 나오면 입을 다물었다. 폴포트는 완전한 주권과 자립을 획득하기 위해 한계가 분명한 극단적인 원칙을 적용한 것으로 유명하다. 크메르루즈의 지도자들은 그들만의 특이한 상상 세계 속에 살고 있었고, 그 세계에서 인간이란 요소는 사실상 잊혀진 지 오래였다. 그들이 합리적인 경제조직이라 여겼던 것은 격리된 숲 속에서나 의미가 있었을 뿐, 운영정책으로서는 잔

S-21로 알려진 뚜올슬랭(Tuol Sleng) 감옥. 프놈펜에 있는 이 감옥은 학교였던 건물을 테러 통치기간 동안 폴포트가 개조한 것으로, KGB나 CIA의 간첩 혐의로 체포한 2만 명의 사람들을 고문하고 처형하는 기지로 사용되었다. 이렇게 살해된 사람들 중에는 순진한 아이들도 있었다. (KEVIN R. MORRIS/CORBIS)

인하고 비현실적인 것이었다.

캄보디아는 외부와 철저히 차단되어 있었기 때문에, 세계는 행복하게도 캄보디아에서 무슨 일이 일어나고 있는지 모르고 있었거나, 아니면 정치적 편의주의 때문에 그런 사실을 무시하기로 했을 것이다. 이웃 국가에 도착한 피난민들은 믿을 수 없는 공포스런 이야기를 전했다. 그러나 외교적인 관계도 없었고, 여행도 우편 서비스도 불가능한 캄푸치아란 국가는 곁에서 보기에 자국민의 대량학살 위에 세워진 침투할 수 없는 무장 수용소였다. 유엔이 토론을 요구했을 때, 폴포트의 외교사절은 회의에 참석하며 시간을 허비할 수 있는 사람이 아무도 없다며 거부를 표시했다.

그러나 두 명의 신문기자(그중 한 명은 엘리자베스 베커였다)가 1978년 캄보디아에 들어갔다. 그들은 영국의 대학교수 말콤 칼드웰과 함께 폴포트를 만났다. 폴포트는 그들을 앞에 놓고 자신이 캄푸치아에서 행한 놀라운 실험 결과에 대해 일장 연설을 늘어놓기 시작했다. 그날 밤늦게, 그리 특징적이지도 않았던 폴포트와의 만남은 잊을 수 없는 악몽으로 변했다. 말콤 칼드웰의 방에서 총소리가 나는 것을 듣고 엘리자베스는 위층으로 뛰어 올라갔고, 그의 몸에 벌집처럼 총알 구멍이 나 있는 것을 발견했다. 그녀는 아직까지도 그가 왜 죽었고, 그녀는 죽지 않았는지를 이해하지 못하고 있다.

프로파간다 영화가 복지 국가 대열에 들어선 캄보디아를 보여주는 동안, 폴포트는 다수의 적대 계급을 몰살시키고 구체제를 전복했다. 그는 이제 자신의 정부 내에 있는 적들을 표적으로 삼았다. 1975년 폴포트가 권력을 장악할 당시, 공산당 중앙위원회에는 22명의 위원들이 있었다. 3년 8개월 20일 후에 그의 통치가 끝났을 때, 22명의 위원 중 18명이 처형되었다. 크메르루즈 치하에서 정부에 의한 살인은 사실상 너무나 체계적으로 자행되었기 때문에 캄푸치아 사회에서 반대파로 상상되고 의심받는 자들을 제거하기 위해서는 많은 관료가 필요했다.

폴포트는 프놈펜에 있는 이전 학교 건물을 개조해 감금, 심문, 고문, 처형을 일삼았던 전국 규모의 몰살장으로 악명 높은 뚜올슬랭(S-21)을 세웠다. 처음에는 2만 명이 넘는 반혁명주의자들을 심문하기 위해 세워졌지만, 나중에는 더 많은 사람들이 KGB나 CIA 앞잡이라는 날조된 혐의나 단순히 전에 체포되었던 사람을 알고 있다는 이유로 고문당하고 처형되었다. 이곳에 끌려온 사람들은 남녀노소 할 것 없이 모두 꼬리표를 달았고, 대부분 고문을 당했고, 자백하라는 것은 무엇이든 자백했다. S-21에 끌려왔던 4,000명 중 일곱 명만이 살아남았고, 단 한 명이 석방되었다. 나머지는 S−21이 특별히 만든 쩡아엑의 킬링필드에 매장되었다. 이 킬링필드에 묻힌 해골은 확인된 것만 따져도 8,000구가 넘었다.

S−21에 끌려오면 누구나 사진을 찍었고, 그들의 죄는 낱낱이 기록되었다. 크메르루즈는 수감자의 범죄와 운명을 기록하는 그들만의 규범을 개발해냈다. 한때 감옥에는 1,500명이나 수감되어 있었다. 감옥의 이데올로기는 당은 절대 옳다는 것이었다. 따라서 체포되었으면 그들은 모두 유죄였다. 사실 캄보디아어로 수감자는 구속되어 있는 사람이 아니라 죄인을 의미했다.

뚜올슬랭 근처에서 발견된 작은 노트에는 17명의 다른 수감자들에게 행한 인체 실험에 대해 쓴 5페이지 분량의 내용이 들어 있었다. S−21의 교도소장 두치는 소녀의 배를 가른 후 물 속에 넣고 얼마나 오래 떠 있는지를 관찰한 결과를 기록했다. 이와 유사하게 '목구멍을 찔린 네 살짜리 소녀'에 대한 자세한 기록도 있다. 확인된 문서에서 반복적으로 나타난 문제들 중 하나는 고문이 너무 난잡하게 실행되었고, 수감자로부터 정보를 끌어내기도 전에 수감자들이 죽어버렸다는 점이었다. 이는 '통제의 실종'을 의미했다. 반대 계급과 정치적 반대자들이 사라지자, 인종주의에 집착하고 있었던 폴포트는 이제 캄보디아의 소수 인종에게로 주의를 돌렸다. 폴포트는 오직 남부 캄보디아에서 발원한 크메르족만이 순수한 민족이라고 생각했다. 중국인들은 캄보디아에 거주하고 있었던 가장 큰 소수 민족이었는데, 그들 중 절반은 폴포트 정권 치하에서 죽음을 당했다. 참족[6]과 이슬람교도는 직접적인 표적이 되었고, 무자비하게 학살당했다. 그러나 폴포트는 캄푸치아의 베트남인들에게

---

6)_베트남 남부에서 캄보디아 톤레삽호에 걸쳐 거주하는 종족. 2세기에 힌두교, 10세기에 이슬람교의 영향을 받아 두 종교의 신앙 전통이 유지되고 있으며, 캄보디아에서는 크메르 이슬람이라 부르고 있다.

1979년 당시 캄푸치아로 불렸던 캄보디아에 베트남군이 침공했다 물러난 이후, 폴포트와 그의 직속 부하들은 게릴라 근거지로 은신해 들어갔다. 그러나 1997년 크메르루즈의 잔재들이 청산되기 시작했다. 폴포트는 체포되었고, 과거의 동료들에게 '정적'으로 몰려 법정에 세워졌다. 그는 종신형을 선고받았지만, 이듬해 자택구금 중 죽었다. 이 사진은 1979년 12월 태국-캄보디아 국경 근처의 크메르루즈 임시 주둔지에서 일본인 신문기자가 찍은 것이다. (BETTMANN / CORBIS)

가장 극악한 박해를 자행했다. 크메르루즈는 1970년 이후 계속 베트남인들을 제거해왔다. 그러나 이제는 베트남인에 대해 말하거나 베트남인들을 쳐다보는 것만도 사형에 처할 정도의 범죄가 되었다. 베트남 여자와 결혼한 캄푸치아 남자들에게는 아내를 죽이지 않으면 그들 자신이 처형될 것이라는 지시가 내려졌다. 그 결과 2만 명 이상의 베트남인들이 생명을 잃었다. 폴포트의 북부 지역 서기 캉찹도 그의 아내가 반은 베트남의 피를 물려받았다는 이유로 아내를 총으로 쏘아 죽이도록 명령받았다. 그는 명령받은 대로 실행했다.

크메르루즈는 혁명당원의 폭력과 유혈 희생을 공공연하게 찬양했고, 국가 공식 문서에서 그들을 칭찬했다. 혁명을 위해 흘린 피는 정화하는 상징이 되었다. 사실상 국가(國歌)의 모든 행마다 피가 언급되어 있었다. 그것은 마치 혁명당원들이 그들의 통탄할 행위에 적법성을 주기 위해 그들 국가의 가장 어둡고 폭력적인 성격을 이용하는 것과 같았다.

1978년 말, 처형과 기아가 최고조에 달했고 폴포트 체제가 무적으로 보였을 때, 정부는 자폭하기 시작했다. 당은 비밀경찰을 통해서만 정보를 수집했기 때문에 적의 스파이 활동에 쉽게 걸려들었고, 캄보디아 국민을 거의 다 숙청했기 때문에 이제는 당 자체를 숙청할 수밖에 없었다. 당의 권위를 확인해줄 전통적인 기구는 하나도 남아 있지 않았다. 그들은 테러와 탄압으로 모든 반대파를 박살냈다. 이제 폴포트의 정신병적이고 일평생 계속된 베트남인에 대한 증오가 그의 파멸을 부르고 있었다.

베트남과의 접경 지대에서 일련의 전투가 벌어진 후, 15만 명의 베트남 군대가 캄푸치아 국경을 넘어 진격해왔다. 베트남 군대는 1월 6일 프놈펜에 이르고 있었다. 폴포트의 반복된 숙청은 장교와 사병 사이의 명령 관계를 단절시켰고, 군과 당의 윤리를 모두 무너뜨렸다. 반역자가 아닌 것을 알고 있지만, 반역자로 지목된 사람들은 어떻게 해야 할지를 몰랐다. 당의 이름으로 죽을 것인가 아니면 도망칠 것인가. 그러나 캄보디아 국민들은 스스로 무엇을 해야 하는지를 알고 있었다. 그들은 가슴을 열고 베트남인들을 환영했고, 기쁨에 겨워 소리를 질러댔다. 역설적이게도 숙청을 피해 달아났던 세 명의 캄보디아 베트남인 헹 삼린, 체아 심, 로스 사마이가 폴포트를 대신해 정부의 수반이 되었다.

폴포트와 그의 직속 부하들은 캄보디아 북부와 태국으로 도주했고, 가증스러운 S-21 교도소장 두치는 한 시간 후 체포를 피해 교묘히 달아났다. 크메르루즈는 프놈펜을 점령한 지 44개월 만에 베트남 침략군에 의해 수도에서 일소되었다. 크메르루즈가 정권을 잡고 있던 기간 동안 캄보디아에서는 20세기 들어 단일 국가로는 전체인구 대비 최대 인명 손실을 입었다. '순수 공산주의'를 추구했던 크메르루즈는 전쟁으로 파괴되지만 역사적으로 곧 회복하곤 했던 캄보디아 경제를 자연발생적인 부흥 가능성이 없는 경제로 만들어버렸다. 폴포트가 부과한 엄격한 생활규칙을 따른 결과 캄보디아는 국가 규모의 굴라크(Gulag)로 바뀐 것이었다.

폴포트가 측근들과 함께 흰색 메르세데스와 헬리콥터를 타고 태국으로 도주했을 때, 수천 명의 크메르루즈 중견 요원들은 황폐한 캄보디아에 남겨졌다. 그는 농촌 지역에 거주하는 헌신적인 추종자들을 세력 기반으로 계속 투쟁했고, 크메르 인민해방전선을 창설해 정치와 종교 자유를 약속한다는 위선적인 성명을 발표했다. 폴포트를 다시 보게 된 것은 그로부터 20년이 지난 후였다. 그러나 이번에 법정에서 재판을 받는 것은 폴포트였다.

마침내 크메르루즈는 이전의 지도자에게 등을 돌렸다. 그들은 그를 체포했다. 대량학살이나 인류애에 반한다는 죄목이 아니라, 정적(政敵)이라는 혐의였다. 죽기 직전 나트 타이어와 한 인터뷰에서 폴포트는 그렇게 많은 무고한 사람들을 죽음으로 몰고 간 데 대해 후회하고 있는지를 묻는 질문에 대답을 거부했고, 정책 실행 과정에서 정권이 실수를 한 적이 있었다고 말했다. 그로부터 2주일 후인 1998년 4월, 폴포트는 자연사했다.

그가 죽고 4년이 지났어도 폴포트의 학살 동지들은 재판에 회부되지 않았다. 집단 무덤 발굴지가 캄보디아 전국의 외딴 지역에서 발견되었다. 폴포트의 악행을 기억하기 위해 해골이 수집되어 울타리 쳐진 곳에 쌓아졌다. 유엔은 소급 재판을 위해 증거를 계속 수집하고 있다. 그러나 과거 크메르루즈 요원들이 캄보디아 새 정부에서 요직을 차지하고 있기 때문에 그런 활동이 방해받고 있다. 캄보디아 외무장관 이엥 사리가 마침내 크메르루즈 체제 아래서 300만 명의 사람들이 죽었다고 인정했을 때도, 그는 폴포트가 오해받고 있었고 대량학살은 모두 '실수'였다고 주장했다.

# IDI AMIN

# 이디 아민

'지상의 모든 맹수와 바다의 모든 물고기의 주인이시며,
아프리카 대륙과 특히 우간다의 대영제국의 정복자시며,
빅토리아 십자훈장과 공로훈장과 전공(戰功) 십자훈장에
빛나는 생명장(場)의 최고사령관이신,
닥터 알 하지 이디 아민 대통령 각하'

_우간다 대통령 이디 아민의 칭호와 직함

## The Butcher of East africa

1975년 2월, 캄팔라에서 경례를 받고 있는 이디 아민 다다 대통령. 아민은 건장한 신체에 더할 수 없이 잔인했고, 서구인들의 눈에 약간 웃기는 인물로 비쳐졌다는 사실 때문에 그가 가한 테러는 훨씬 더 사악하게 느껴졌다. 실제로 수천 명의 사람들이 알고 있듯이, 그를 거스르는 것은 한 마디 항의도 할 수 없는 고문과 죽음으로 초대받는 것이었다.(BETTMANN/CORBIS)

1971년 스스로에게 작위를 수여한 이디 아민 장군은 우간다의 대통령이 되었다. 세계의 다른 국가에서 보기에 그는 너무나 엉뚱하여 희극의 광대로서 재능이 뛰어났다고 알려진 흥행사였다. 그러나 히죽거리는 웃음 뒤에는 어처구니없는 엄청난 비극을 가져오는 계산적인 괴물이 있었다. 그의 명령에 의해 국가정보부는 인종청소 캠페인을 벌여 수천 명의 무고한 우간다인들을 학살했고, 그의 적들을 처형하는 장면을 텔레비전으로 생방송했다. 그는 아내를 불구로 만들고, 장관들을 죽였으며, 다른 사람들에게 일종의 경고를 준다는 명분으로 처형된 장관의 머리 하나를 냉장고에 보관했다. 그의 통치가 끝났을 때, 우간다 인구의 60분의 1인 30만 명 이상의 사람들이 살해되었다.

우간다는 육지로 둘러싸인 동아프리카의 국가이다. 국토 면적이 9만 3,000평방마일을 약간 웃돈다. 북쪽으로는 수단, 동쪽으로는 케냐, 남쪽으로는 탄자니아와 르완다, 서쪽으로는 콩고와 국경을 접하고 있다. 과거에 영국의 식민지였던 우간다는 1962년 10월 9일 독립을 쟁취했다. 영국 통치 하에서 경제력과 교육이 남부에 집중되었던 반면 대부분의 무장군대와 경찰, 준(準)군사조직은 북쪽에서 나왔다. 이러한 불균형으로 인해 우간다의 역사는 처참하게 일그러졌다.

이디 아민 다다는 우간다 서(西)나일 지역에서 1928년경 태어났다. 그의 아버지는 카크와족 이슬람교도였고, 어머니는 카크와족의 이웃 부족인 루그바

라족으로 기독교도였다. 이들 두 부족은 모두 일반적으로 누비아족으로 통하는데, 누비아족은 끔찍할 정도로 잔혹하고, 정규 교육을 받지 못했으며, 적을 독살하는 능력이 탁월한 것으로 명성이 높았다. 그의 부모는 아민이 어릴 때 이혼했고, 어린 소년 아민은 무당 차림을 하고 주둔지를 따라다니던 어머니와 함께 이 부대에서 저 부대로 막사를 전전했다.

단 2년간 초등교육을 받은 후, 1946년 아민은 킹즈 아프리칸 라이플즈[1]에 입대하여 보조 조리사가 되었다. 그의 복무 기록을 보면 그는 항상 말썽을 일으켰다. 아민은 교육을 받지 못했지만, 신장이 약 194센티미터에 달하는 등 영국군 최고등급의 신체조건을 가지고 있었다. 그의 상관인 장교들은 아민이 그런 신체조건들을 가지고 있기 때문에 전투에서 용맹을 떨칠 수 있고 더욱 명령에 복종할 수 있을 거라 확신했다. 승진이 빨랐던 아민 대위는 1962년 영국 윌트셔에서 지휘관 과정을 이수하도록 명령을 받고 영국으로 건너갔지만, 1964년 졸업하지 못한 채 돌아오고 말았다. 그런 다음 그는 이스라엘로 가서 낙하산 훈련을 받았는데, 이 훈련 역시 끝마치지 못했다. 1966년, 아민은 우간다로 되돌아왔다. 그리고 우간다 군대의 부사령관이 되었다. 이제 그는 국가를 지배하고자 하는 어떤 정치인도 필히 같은 편으로 끌어들이고 싶어하는 인물이 되었다.

그러나 아민은 우간다로 돌아오기 전 이미 잔학성을 드러낸 적이 있었다고 보고되었다. 1950년대 케냐의 마우마우족 폭동진압 시 상등병으로 싸웠던 그는 카라마족 사람들의 성기를 탁자 위에 올려놓게 한 후 칼로 잘라버리겠다고 위협한 적이 있었고, 1962년 초 투르카나 원주민 살인 사건에 대해서

---

[1]_영국 식민지 부대

도 직접적인 책임이 있다고 한다. 당시 우간다 수상이었던 오보테는 영국 정부를 통해 그의 행동에 대해 보고를 받았다. 그러나 독립을 앞두고 있는 우간다에서 아민은 우간다 전군에서 두 명밖에 없는 흑인 장교 중 한 명이었기 때문에 사건은 고의로 은폐되었고, 아민은 대령으로 진급했다. 그는 정치적 변화의 바람을 탄 덕에 구제된 것이었다. 이것을 두고 후에 오보테는 두고두고 후회하게 된다.

그러나 얼마 지나지 않아 아민은 다시 곤란한 지경에 빠지게 되었다. 이번에는 아민의 탐욕에서 비롯된 것이었다. 1966년, 그는 부패 혐의로 조사를 받았다. 한 달 만에 그의 은행계좌에서 우간다 대령이 10년간 벌 수 있는 것보다 많은 2만 파운드가 예치되어 있는 것이 발견되었다. 아민은 간신히 책임을 면했다.

1966년, 우간다의 정치 상황은 점점 복잡해졌다. 1962년 밀턴 오보테는 국가의 초대 수상이 되었고, 그에게 있어서 첫 번째 우선순위는 수도 캄팔라에 있는 어떤 정부보다도 그들 부족 추장에게 더 많은 충성을 바치는 1,400만 우간다 국민들 사이에 통일을 이루는 것이었다. 법률가였던 오보테는 소수 랑기족 출신이었고, 이를 염두에 둔 그는 부간다 부족의 강력한 통치자 프레디 왕을 대통령으로 임명했다. 식민지 행정관과 선교사에 의해 대부분 영국화 되어버린 부간다 부족은 우간다에서 가장 큰 단일 인종이었다. 그들은 자신들을 엘리트로 간주했다. 그러나 오보테는 그들을 달래느라 다른 모든 부족으로부터 불신을 샀다.

오보테는 대통령의 권력을 제한하기 시작했고, 부간다 원주민들은 오보테 타도를 외치기 시작했다. 부간다 부족에 대항하여 군사력을 경쟁할 필요가 있음을 절실히 깨닫게 된 오보테는 신임 부사령관으로 이디 아민을 선택해 국가를 통제하는 데 지속적인 도움을 받고자 했다.

오보테의 이러한 요구에 대해 아민은 신속하고 적극적으로 반응했다. 아민은 자신의 개인 지프에 탑재된 122밀리미터 포로 프레디 왕의 왕궁에 구멍을 내버렸다. 공격 직전에 위험을 경고받은 대통령은 도망쳐 숨었고, 결국 영국으로 망명하여 외롭게 죽었다.

그 후 4년 동안 아민은 수상에게 가장 신임받는 군인이 되었다. 그리고 1971년 1월, 오보테는 편안하고 느긋한 마음으로 영연방회의에 참석하기 위해 싱가포르로 떠났다. 그러나 1월 25일 우간다 라디오 방송은 아침부터 오후 3시 45분까지 계속 군악을 연주하기 시작했다. 윌프레드 아스와 준위(그는 3년 후 아민의 손에 죽을 운명이었다)가 군사쿠데타의 명분을 알리는 성명서를 낭독했다. 첫 번째 방송에서 아민은 언급되지 않았다. 그러나 30분 후 아민은 군대가 자신에게 국가를 통치해달라고 요청했다고 발표했다. 그의 첫 마디는, '나는 정치인이 아니라 직업군인입니다. 그러므로 나는 말을 별로 하지 않는 사람입니다'였다. 그러나 이제 그는 끊임없이 말하는 우간다의 대통령이 되었다.

새 정권이 탄생하자 초기에는 많은 인구 집단들이 대단한 축제를 벌였다. 하룻밤 사이의 쿠데타에 이어 아민은 국가를 민주주의로 되돌리겠다고 약속했다. 하지만 그의 말은 거짓이었다. 그를 환영했던 많은 사람들은 후에 그의 손아귀에서 고통을 받았다. 외국 신문, 특히 영국의 신문들은 이 사건을 우간다에 새 시대가 도래했다며 축하했다. 아민의 첫 번째 조치는 부족들의 적대감을 진정시키고, 귀중한 숨돌릴 여유를 얻는 것이었다. 그는 사실 프레디 왕에게 귀띔하여 안전하게 도망칠 시간을 주었던 것이 바로 자신이었으며, 사망한 국왕의 유체를 가져와 완전한 의전에 따라 매장할 계획이라고 부간다 부족의 지도자들을 설득했다. 아민은 이 의식(儀式)적인 유출과 장례식

1971년 1월, 아민은 밀턴 오보테 대통령과 그의 정권을 전복시키는 쿠데타를 지휘했다. 당시 소대장이었던 아민이 지프를 몰고 캄팔라로 진입할 때 수천 명의 우간다인들이 환호의 갈채를 보내며 기쁘게 맞이했다. 그러나 그는 대부분의 군장교들은 물론 오보테를 지지했던 사람들을 단번에 죽이고 자신의 부패한 하급 관리로 대체하면서 집단학살을 시작했다. (BETTMANN / CORBIS)

의 낭비에 깊은 영향을 받은 것으로 알려졌다. 그러나 이 경험은 후에 끔찍하게 사용되었다.

아첨과 행복감에 고무되었지만, 아직은 정규 교육을 받지 못한 데서 오는 심각한 한계를 뛰어넘을 수 없었던 아민은 이제 우간다를 야만과 내분의 대량학살 시대라는 어두운 터널로 몰아넣기로 결심했다.

아민과 그의 직속 부하들은 이전 정부를 지지했던 부족들에 대한 대량학살 캠페인을 시작했다. 그는 오보테의 부족들과 그의 지지자들을 살해함으로써 군을 정화했다. 서나일과 누비아는 복수의 욕망으로 가득 찼고, 아민은 그들의 열정에 그의 피해망상증과 피에 대한 갈망이라는 연료를 제공했다. 군인들이 대학에 나타나기 시작했다. 그들은 문에 쓰여진 이름을 보고 특정한 이름을 가진 여성들을 데려갔다. 그 대상은 원칙적으로 부간다인들이었는데, 이 부족 출신만 해당되었던 것은 아니었다. 이러한 여성들은 밤에도 비명을 지르며 질질 끌려갔다. 그들은 여러 부족에서 추려낸 여성들이었고, 그들 대부분은 다시 볼 수 없었다.

1972년 3월, 아민은 군대의 재조직을 발표했고, 36명의 장교에게 우간다의 수도 캄팔라에 있는 마킨디에 감옥에 대해 보고하도록 명령함으로써 국내에서의 안전을 도모하기 시작했다. 불만을 품었지만 정치인이 아니라 군인이 정부의 일부를 구성한다는 생각에 현혹된 장교들은 감옥에 도착했다. 그들은 싱가포르라고 불리는 감방으로 들어갔다. 감옥과 특히 그러한 감방들이 바로 테러와 고문의 본보기가 되었다. 문에 난 구멍을 통해 옆 감방 수감자들의 끔찍한 장면을 볼 수 있었다. 일부 장교들은 팔과 다리가 부러진 채 고통스러워하며 기면서 비명을 질렀다. 군대 위병들이 총검과 칼로 그들을 찌르고, 배를 가르고, 목을 자르고, 참수하였다. 피가 바닥에 1센티미터 두께로 흥건히 고였다.

이전의 군 참모총장 브리가디에 술레이만 후세인은 체포되어 다른 감옥으로 끌려갔다. 거기서 그는 라이플 총의 과녁이 되어 죽었다. 그의 머리는 잘린 다음 캄팔라에 있는 궁궐 같은 아민의 새 관저로 운반되었다. 대통령은 이를 냉동실에 보관했다. 음바라와 진자에 있는 두 막사에서는 부대 정예 장교들이 장갑 종대의 경례를 받기 위해 연병장에 한 줄로 늘어서 있었다. 탱크는 연병장을 가로지르며 휩쓸었고, 일렬로 돌진하여 장교들을 압사시켰다. 살아남은 사람들은 실전용 과녁으로 사용되었다. 다른 막사에서는 살아남은 참모 장교들이 아민의 강연을 듣기 위해 브리핑 룸으로 모였다. 그들이 아민의 번쩍이는 메르세데스가 연병장 안으로 들어서는 것을 보았을 때, 바깥에서 문이 잠겼고 유리창으로 수류탄이 던져졌다.

5개월도 채 지나지 않아 아민은 군대에 있는 대부분의 훈련받은 직업 장교들을 죽였다. 그러나 이러한 사건에 대한 뉴스는 우간다 국민들에게 알려지지 않았고, 국민들은 소수의 불충한 장교들이 군법 회의에 회부되어 처형되었다고만 알고 있었다. 계급의 공백을 메우기 위해 아민은 자기와 친한 카크와 원주민들을 승진시켰다. 요리병과 운전병, 당번병과 무전병들이 하룻밤 사이에 소령과 대령으로 승진했다. 1971년 동안에는 대부분의 살인이 발생했던 내륙 지방에서는 미국의 신문기자 니콜라스 스트로 같은 외국인과 진실을 발견하려는 사람들의 출입이 통제되었고, 스트로는 곧 아민의 분노의 희생자가 되었다.

스트로와 그의 동료 로버트 시들은 군인 대량학살에 대해 계속 의문을 제기했다. 그들은 음바라 막사에서 순식간에 장교 지위를 받게 된 전직 택시운전사이자 새 지휘관 주마 아이가 소령과 인터뷰를 하도록 허락받았다. 그들의 악착같은 질문이 쏟아지자, 아이가 소령은 아민에게 전화했다. 그의 대답은 간단하게 '죽여버려!'였다. 이틀 후 아이가가 스트로의 폭스바겐을 타고 캄팔라 주변을 드라이브하는 것이 보였다. 그리고 두 명의 미국인은 결코 다시 나타나지 않았다.

아민은 이제 우간다 군대의 중추를 부숴버렸고, 국가 수반으로서 첫 번째 외국 여행을 시작하기로 결심했다. 이 여행은 세계 무대에서 우간다의 안전을 강화하려고 애쓰는 평화의 사자의 행동으로 비쳐졌다. 그러나 사실은 완전히 달랐다. 아민은 우간다에 그의 공포 통치를 더욱 공고히 세우기 위해 무기를 사들이려 했던 것이다.

1972년 7월, 그는 첫 번째 방문지로 이스라엘을 선택했다. 여기서 그는 골다 마이어 수상을 만났지만, 그의 군대를 훈련시켜줄 수 있다는 막연한 제안을 제외하면 빈손으로 돌아온 셈이었다. 그런 다음 아민은 과거 식민지 지배자들을 놀라게 만들기로 결심했다. 영국에서 아민의 방문을 최초로 알게 된 것은 아민의 비행기 조종사가 히스로 공항 관제탑에 무전으로 그의 도착을 알렸을 때였다. 당시 여왕이 관저에 있었고, 측근의 설득을 받고 여왕은 그에게 버킹검 궁전에서 점심 오찬을 제공했다. 여왕이 아민에게 영국을 방문한 이유를 물었을 때, 그는 14사이즈의 신발을 사기 위해서 왔노라고 대답했다.

에드워드 히스 수상과의 회담에서 아민은 자신의 의도를 보다 솔직하게 털어놓았다. 그는 포, 비행기 그리고 탄약을 원했다. 그러나 그에게는 그것들을 살 돈이 없었고, 당연히 거부당했다. 마음에 담아두고 있었던 동맹국의 거절에 화가 난 아민은 우간다로 돌아왔다. 곧 양국은 그의 분노를 느끼게 되었다.

그때 우간다에서 아민의 분노는 전설이 되어 있었다. 1972년 8월의 어느 무더운 밤, 아민의 궁전인 스테이트하우스에 초청받은 손님들은 아민이 나갔다가 서리가 끼어 있는 브리가디에 후세인의 머리를 갖고 되돌아왔을 때 충격을 받고 비위를 상했다. 분노의 발작으로 고함치며 아민은 잘린 머리에 대고 욕설을 퍼붓곤 칼붙이를 던졌다. 그리고 손님들에게 나가라고 명령했다.

1971년 아민이 권력을 잡았을 때, 우간다는 동아프리카에서 경제적으로 자립할 수 있는 거의 유일한 정부였다. 생필품의 부족도 배고픔도 없었고, 비참한 가난이란 것도 몰랐다. 여행은 빠르게 발전하고 있었고, 주요 외환소

사람을 잘 믿지 않는 대부분의 사람들과 마찬가지로 아민 역시 충성서약에 집착했다. 1975년 찍은 이 사진은 한 무리의 사람들이 우간다 군대에 선서하는 장면을 보여주고 있다. 이들은 13명의 백인 남자들과 한 명의 여자로, 그들 중 다섯 명은 영국인이었다. 이 의식은 대통령 앞에 무릎을 꿇고 남아프리카공화국과 싸우기로 맹세하는 것이었다. 아민이 공공연히 찬양했던 히틀러도 그의 군대로부터 비슷한 충성서약을 요구했다. (BETTMANN／CORBIS)

득원으로 면화를 거의 대체하고 있었다. 1971년 초의 우간다 외환보유고는 영국화폐로 2,000만 파운드까지 기록했다. 그러나 그해 연말에는 300만 파운드로 떨어졌다. 아민이 집권한 지 1년 만에 우간다는 사실상 파산 상태가 되었다. 대통령은 경제를 활성화하기 위해 쓸모없는 은행권을 수백만 장 발행하라고 우간다은행에 명령했다. 미국 달러의 보유고는 모두 그가 개인적으로 사용하기 위한 것이었다.

캄팔라의 비누가격은 남아 있는 몇 안 되는 경제자원 중 하나인 커피농장

노동자의 2주 평균임금에 해당하는 6파운드로 상승했다. 1972년 2월 13일에 만난 적이 있었던 또 다른 엉뚱한 독재자 리비아의 가다피가 아민에게 일시적인 구제 수단을 제공하겠다고 타진했다. 대가는 단 하나였고, 아민은 너무 기쁜 나머지 리비아와 기꺼이 동맹관계를 체결했다. 리비아 돈이 캄팔라에 쏟아 부어져 국가는 간신히 파산을 면했고, 아민은 약속을 지켰다.

아민은 이제 이스라엘 정부에 반대하고 팔레스타인의 명분을 지지한다고 발표했다. 1972년 3월 27일, 그는 모든 이스라엘 사람들은 우간다를 떠나야 한다고 명령했다. 그의 비난은 점점 더 거칠어졌다. 그는 이스라엘인들이 나일강에 독을 타서 수단과 이집트에 있는 모든 아랍인들을 죽이려 했다고 주장했다. 「아랍위크」지와의 인터뷰에서 그는 아랍 군대를 이끌고 이스라엘을 정복하겠다고 말했다. 그해 이후 우간다의 새 지폐에 그가 묘사되었을 때, 아민은 이스라엘 낙하산부대 비행단의 유니폼을 입었던 모순을 깨닫지 못했다. 분노하고 고통을 당한 이스라엘 사람들은 철수했다. 그들이 가져간 문서에는 얇은 책자가 포함되어 있었는데, 그것은 우간다에 대한 이스라엘의 마지막 선물 계획인 엔테베 공항의 새로운 승객 터미널, 관제탑, 그리고 활주로 배치도 등 역사에 남을 만한 것이었다.

가다피에게 자신이 보호받을 가치가 있음을 증명하기 위해 안달이 난 아민은 캄팔라에 완전한 외교관 신분을 가진 팔레스타인해방기구의 사무실을 열게 해주었다. 그는 아돌프 히틀러에 대한 찬양을 선언하고, 캄팔라 중심지에 나치 독재자의 기념비를 건립할 계획을 세웠다. 1972년 팔레스타인 테러리스트들이 뮌헨에서 이스라엘 올림픽대표팀을 학살했을 때, 아민은 유엔에 다음과 같은 전신을 보냈다. "히틀러와 모든 독일 국민은 이스라엘 사람들이 세계인들의 이익을 위해 일하는 사람들이 아니라는 사실을 알았고, 그렇기 때문에 독일 땅에서 600만 명의 유태인을 가스로 죽였던 것이다. 세계는 독일의 지원을 받은 팔레스타인이 올림픽선수촌에서 가능한 군사행동을 했음을 기억해야 한다."

1972년 8월, 아민은 우간다 내에서 커다란 어려움에 봉착했다. 과도한 군비 지출로 경제가 심한 압박을 받았고, 사라진 수백 명의 사람들이 시온주의자와 제국주의자들에 의해 살해되고 유괴되었다는 그의 주장은 더 이상 신뢰받지 못했다. 이전보다 직업이 크게 줄었고, 폭력과 살인이 상습적으로 일어났다. 민간인들은 불평을 토로했고, 군인들조차 해결책을 제시해달라고 아민을 바라보았다. 아민은 국면을 전환할 필요가 있었고, 돈도 필요했다. 우간다에 거주하는 아시아 사람들이 그의 다음 희생자가 될 운명이었다.

아시아인들은 원래 고용 계약 노동자로 우간다에 철도를 건설하기 위해 들어왔다가 수천 명이 남았고, 후에 더 많은 사람들이 그들과 합류했다. 영국은 아시아인들을 영국인과 아프리카인들 사이의 정치적·경제적 중간 계층으로 통치에 이용했고, 지배를 공고히 했다. 아시아인들은 우간다 부(富)의 거의 절반을 소유하고 지배했기 때문에 아프리카 마을 내에서는 질투의 대상이 되고 있었다.

우간다의 아시아인 마을을 괴롭히려 한다는 초기 징후가 1971년에 이미 표면화되고 있었다. 아민은 인구조사를 명령했고, 아시아인들이 통화를 횡령했으며, 밀수와 분리주의 운동을 했다고 고발했다. 1972년 1월, 그는 정치집회를 여는 아시아인은 누구든 약식 재판에서 총살될 거라고 경고했다. 그런 다음 8월 5일 그는 폭탄을 떨어뜨렸다. 꿈에 신(神)이 알려주었다고 주장하며 아민은 8만 명의 아시아인들에게 90일 이내에 우간다를 떠나라고 명령했다. 아시아인의 추방으로 정부는 대가를 지불하지 않고도 아시아인 마을의 재산을 획득할 수 있게 되었고, 아민은 그가 적당하다고 여긴 방식대로 처리할 수 있게 되었다. 아민은 대중과 군인들의 탐욕에 화답했다.

다음 3개월 동안 우간다 라디오 방송에서는 매일 최종기한을 세는 아민의 목소리를 들을 수 있었다. 대부분의 아시아인들은 국가 상업의 중추를 형성하며 수세대를 우간다에서 살았지만, 이제 그들은 집과 사무실과 상점과 농장을 남겨둔 채 테러를 피해 도망쳤다.

우간다에 남았던 아시아인들은 잔인하게 다루어졌다. 일부는 약탈을 일삼는 아민의 군대에 의해 살해당했다. 공항, 국경초소, 철도정거장 그리고 막힌 거리에서 그들은 폭력을 당하고, 학대받고, 강탈당하고, 강간당했다. 그들은 그들의 사업과 함께 재산을 모두 남기고 떠나도록 강요되었고, 그들의 재산은 아프리카인들에게 할당되었다. 아민은 그의 친구와 벗들에게 유망한 사업체를 양도했다. 약국과 외과진찰실은 악명 높은 국가정보국의 자동차 정비사에게 넘겨졌고, 섬유 도매점은 국가정보국의 전화교환수와 군대 상등병에게 주어졌다. 몇 주 이내에 상점들은 버려졌고, 재고품은 팔렸고, 진열대는 더 이상 채워지지 않았다. 소매상 경험이 없는 아프리카인들은 캄팔라 상점에 있는 값비싼 외국 셔츠에 대해 칼라의 크기가 가격표라고 생각하고 칼라 크기에 따라 가격을 결정했다.

아민은 아시아인들을 추방하면, 영국 여권을 가진 아시아인들 대다수가 영국으로 도망치게 될 것이므로 영국에 어려움을 주게 될 것이란 점을 알았다. 그는 아직 영국에 대한 원한을 해결하지 않고 있었던 것이었다. 12월 17일, 한밤중에 라디오와 텔레비전 방송을 통해 아민은 우간다에 있는 영국 시민이 소유하고 있는 모든 재산을 탈취하겠다고 발표했다. 우간다 정부는 우간다 텔레비전과 영국 금속 회사는 물론 모든 차밭을 접수했다. 남아 있던 모든 영국인들은 간첩으로 고발당했고, 그 결과 커다란 고통을 받아야 했다.

그러나 아민은 끊임없이 살찌워야 하는 괴물을 만들고 있었다. 악명 높은 국가정보국은 도저히 사람답지 않은 사람들에 의해 운영되는 정부 내의 정부였다. 아민은 많은 돈을 주거나, 비디오와 위스키, 그리고 런던이나 파리에서 수입한 의류 같은 값비싼 사치품을 주고 그들의 충성심을 샀다.

아시아인들과 영국인들의 사업이 처분되자, 국가정보국 직원들은 또 다른 대가를 원했다. 그들의 요구를 충족시켜줄 돈이나 재산이 남아 있지 않았던 아민은 그에게 유일하게 남아 있는 재산인 동료 우간다인들의 생명을 그들에게 주었다. 이것은 역사상 가장 추잡한 대량학살 계약이었다. 아민은 그의 동료들에게 이익을 위해 살인해도 좋다는 면허를 주었던 것이다.

아민은 죽은 친척이 남긴 마지막 유해에 대해 깊은 경의를 표하는 우간다인들의 관습과, 사랑했던 사람의 시체를 매장하기 위해 모든 가치를 제쳐두고 마지막 남은 한 닢의 동전까지 쓰면서 시체를 찾는 관습을 알고 있었다. 많은 부족들은 숲을 뒤지며 조사하여 외진 지역에서 죽은 아버지나 아들의 시신을 찾아준 '시신 발견자'에게 보답을 했다. 이제 국가정보는 살인자인 동시에 시신 발견자가 되었다.

촌스럽게 번지르르한 셔츠와 나팔 바지를 입고 수입 자동차를 타고 캄팔라 대로를 돌아다니면서, 그들은 공공연히 일반 도시민들을 체포했다. 그리고 아민의 집에서 몇 백 미터 떨어진 그들의 본부에서 희생자들을 잔혹하게 도살했다.

아민의 장관 중 한 명이 나중에 그들이 가했던 고문 목록을 책으로 편집했다. 내용은 다음과 같다.

일반적으로는 천천히 죽인다. 팔과 가슴과 다리에 총을 쏜 다음 죽을 때까지 피를 흘리게 내버려둔다.

희생자의 살을 도려내고 그가 출혈로 죽을 때까지 그 살을 날것으로 그에게 강제로 먹이기도 했다.

죽을 때까지 사람의 살을 도려내 구운 다음 이를 강제로 먹였다.

몇몇 수감자들은 매우 깊고 어두운 구멍 속에 처넣어졌다. 이 구멍은 얼음처럼 차가운 물로 채워져 있었고, 수감자들은 그 속에 들어가 죽을 때까지 고문당했다.

수감자의 항문이나 생식기를 총검으로 찔렀다.

여자들은 강간하고, 살아 있는 채로 여성의 음부를 불태웠다.


3층 건물의 지하실이 시체들로 쌓여감에 따라, 국가정보국의 다른 조사관들이 급파되어 슬픔에 빠진 가족에게 그들의 사랑하는 사람이 체포된 후에 사라졌고, 죽었을 것 같다는 염려를 전해주었다. 150파운드나 가족이 소유한 모든 소유물을 시신을 찾는 수수료로 내면, 국가 후원 살인자들은 미망인이나 흐느끼는 아들과 딸을 차에 태우고 캄팔라 교외의 무성한 숲으로 데려갔다.

거의 모든 협곡과 관목 숲에는 죽은 사체가 숨겨져 있었다. 밤마다 100가족 정도가 시체를 찾아다녔다. 반환이 요구되지 않은 사체는 빅토리아 호수에 던져졌다. 오웬즈폭포 댐의 수문이나 수력 발전기를 통해 그들이 떠오를 때까지 쓸모없는 자산은 사업 손실로 기록된 다음 삭제되었다.

캄팔라의 따뜻한 열대야 속에서 침침한 불을 밝히고 있는 가로등은 이제 우간다 국민의 윤리 지표가 되었다. 두 채의 전시용 호텔에 투숙한 방문객들과 무기 판매상과 외국 외교관들은 칵테일 바가 어둠 속에 빠져버리고 엘리

1979년 4월, 탄자니아군에 의해 캄팔라가 해방된 후의 아민의 집. 훌륭한 교외 별장의 순진한 분위기가 건물에 불길함을 더해준다. 사실 이것은 아민의 비밀경찰에 의해 100명이 넘는 수감자들이 학살당했던 '국가정보국'이라고 완곡하게 명명되었던 곳의 본부 옆에 있었다. 국가정보국은 군대와 함께 억압, 강탈 그리고 대량학살 같은 아민의 정책을 수행하는 기본 수단의 하나였다. (BETTMANN/CORBIS)

베이터가 두 층 사이에서 움직이지 않을 때마다 큰 소리로 불평을 해댔다. 그러나 불평 한 마디 하지 않는 캄팔라 주민들은 불이 꺼진 거리를 떠나 방책으로 막은 문 뒤의 집으로 갔다. 단속적인 등화관제는 아민 대통령이 또다른 학살의 하루를 막 끝마쳤다는 표시였다. 전압이 떨어졌다는 것은 캄팔라에서 서쪽으로 64킬로미터 정도 떨어진 오웬즈 폭포의 수력발전 댐이 다시 한번 부패한 시체 때문에 운전이 멈추어졌다는 것을 의미했다. 시간이 지날수록 발전기를 닦아야 했고, 물 주입구에서 사체를 치워야 했는데, 하루의 사망자 수가 보통 40명에서 50명에 이르렀다. 그러나 빅토리아 호수에서 지속적인 보트 순찰을 벌였음에도 불구하고, 정비 기술자는 모든 사체를 발견하리란 희망을 가질 수 없었다. 그들에게 다행스럽게도 동맹 세력이 있었다. 쓰레기를 치우는 악어들이 증거를 먹어치웠던 것이다. 이 게걸스러운 동물도 비대해지고 게을러졌다. 먹을 것이 너무 풍부했던 것이다.

이제 국가정보국의 총살형 집행대에서 처형하는 것이 문제가 되었다. 이웃한 프랑스대사관 직원들은 밤새도록 들려오는 총소리에 대해 아민에게 직접적으로 불만을 토로했다. 점점 타락 속으로 빠져들어가는 아민은 국가정보국 국장 이작 말리아문구 중위와 해결책을 논의했다.

아민이 정부 관료로 만들어주기 전에 섬유공장의 수위로 일했던 말리아문구는 잔인한 살인자로 악명이 높았다. 그는 마사카 시장을 처형한 후 참혹하게 사지가 찢긴 시장의 손에 그의 잘린 성기를 들린 채 거리를 따라 끌고 다녔다. 이제 그와 아민은 탄로가 날지도 모르는 총격 소리를 계속해서 내지 않으면서 수익성이 큰 살인의 끔찍한 공급량을 유지하는 문제에 대한 해결책을 논의했다.

살인 희생자를 지하실에 격리시켜 놓은 다음, 그를 큰 쇠망치로 때려죽이면 형 집행을 유예해주겠다고 다른 수감자에게 제안했다. 겁에 질려 살려달라고 애원하는 수감자들은 대부분 용기가 없기 때문에 이 제안을 거부하지 못했다. 제안에 따라 그들이 소름끼치는 살인 행위를 실행하고 나면 이제 역할이 바뀌었다. 마음에 내키지 않은 짓을 저지른 사형집행인은 보통 흐느껴 울다가 미쳐 홀로 남겨졌다. 이제 그가 홀로 있는 사람이 되고, 옆에 있는 감방에서는 다른 우간다인에게 큰 쇠망치를 주며, 살려주겠다는 약속을 하면서 똑같은 과정을 반복했다.

아민의 아내들조차 그의 망상과 분노로부터 안전하지 못했다. 1974년 3

월, 그는 네 명의 아내 중 세 명과 이혼하기로 결심했다. 그는 그녀들이 그의 일에 간섭을 했다고 비난하고, 집에서 나가라고 명령했다. 3개월 후, 젊은 전 부인 카이가 캄팔라의 한 아파트에서 서투르게 유산을 시도하다 죽었다. 임신 4개월째였다. 분노한 아민은 영안실로 달려가 그녀의 시체를 보았다. 잠시 후 병원 직원에게 고함치듯 어떤 명령을 내리고는 떠났다.

2시간 후 그는 되돌아왔고, 그의 명령대로 수행되어 만족스러워했다. 그의 가장 어린 아내 사라와 카이의 어린 아들 알 리가도 함께 왔다. 그는 으르렁대며 이렇게 말했다. "주의를 집중해서 보아라. 카이는 사악한 년이었다. 그녀가 어찌 되었는지 봐야 한다." 카이의 절단된 토르소가 수술대 위에 놓여 있었다. 그녀의 머리와 사지는 절단되어 있었고, 그녀는 머리는 뒤집혀서 그녀의 토르소에 얼굴을 아래로 하고 꿰매어져 있었다. 그녀의 다리는 그녀의 어깨에 꿰매어졌고, 팔은 피투성이의 골반에 꿰매어져 있었다.

그러나 아민은 오만함에 대한 보답을 받기 직전이었다. 1976년 6월 28일, 에어프랑스 여객기가 일군의 팔레스타인 테러범들에 의해 공중 납치되어 엔테베 공항에 도착했다. 비행기는 텔아비브에서 파리로 가는 중이었고, 아테네 근처에서 납치되었다. 승객은 300명 가량 되었고 대부분 유태인이었다.

히틀러 신봉자가 통치하는 아프리카 국가의 한가운데에 있었기 때문에 구조의 희망은 거의 품을 수 없는 상태였다. 팔레스타인 테러범들이 자신있게 요구 목록을 작성하는 동안 아민은 방관하면서 세계가 주목하고 있는 것을 자못 흡족히 바라보며 여유를 부리고 있었다. 아민은 이스라엘과 유럽에 수감된 53명의 수감자들을 석방하지 않으면, 48시간 이내에 모든 승객이 죽게 될 거라고 하는 약탈자들의 요구서를 작성하는 것도 도와주었다. 국제적인 긴장이 고조되면서 최종시한이 7월 4일 아침으로 연장되었고, 비유태계 승객들은 떠나는 것이 허용되었다.

최종시한을 이틀 남겨두고, 겁을 먹은 인질들이 승객 터미널에 몰려들었고, 영국과 이스라엘의 이중국적을 가졌던 나이든 여인 도라 블록은 음식 조각에 숨이 막혀 32킬로미터 떨어진 캄팔라의 병원까지 후송되었다. 그러나 텔레비전을 통해 전세계에서 승객 라운지에서 인질들을 괴롭히는 이디 아민을 보고 있을 때, 이스라엘 기술자들은 서류 정리용 캐비닛을 열고, 그들이 건립을 도와주었던 공항의 중요한 청사진을 연구하기 시작했다.

7월 3일 한밤중이 지나자 특공대를 실은 이스라엘 공군 기동부대 비행기가 빅토리아 호수 위를 지나 엔테베 공항에 착륙했다. 그들은 인질들이 억류되어 있는 바로 그 장소로 정확하게 이동했다. 한 시간도 안 되어 그들은 우간다 군인 20명과 납치범 일곱 명을 모두 죽이고 인질들을 구출해 다시 이륙했다. 그들은 또 교전 중에 총을 맞은 두 명의 대원도 함께 싣고 갔다.

그러나 늙은 도라 블록은 캄팔라 병원에 남겨졌고, 숨도 겨우 쉴 정도로 허약했다. 아민은 분노를 그녀에게 풀기로 결심했다. 그녀가 영국 고위 국장 피터 챈들리의 재보증을 받은 후 국가정보국에서 온 아민의 직속부하 두 명이 병원 문을 열고 달려나갔다. 그들은 허약한 도라 블록을 권총으로 쏜 후 그녀를 끌고 3층 계단을 내려갔다. 반시간 후, 그들은 총알 구멍으로 벌집이 된 그녀의 사체를 캄팔라 외곽 들판에 버렸다. 고위 국장이 그녀를 보러왔을 때, 아민은 그에게 구출 작전이 일어나기 전에 그녀가 공항에 되돌아와 있었고, 그래서 구출된 다른 승객들과 함께 있을 것이라고 말했다. 국장은 작전을 수행한 후에 블록 여사를 보았기 때문에 그의 말은 명백한 거짓말이었다.

그리고 상황은 1970년대 말까지 표류했다. 폭력과 살인은 우간다의 고질병이 되었다. 시민들은 정부가 존재하기 때문이 아니라 정부가 존재하고 있음에도 불구하고 살아나갔다. 그리고 개인들과 마을들은 굴욕과 폭력과 강탈로부터 보호받지 못하고 있는 자신을 발견했다.

아민은 영국국교회의 자나니 루엄 대주교를 암살했다. 뒤이어 우간다에서는 26개 기독교 조직이 모두 금지되었다. 이제 인종적·정치적 배경과 관계없이 전례 없는 국외 추방이 줄을 이었다. 아민은 전세계적으로 비난을 받았고, 심지어 이때까지 그와 동맹을 맺고 있었던 사람들로부터도 비난을 받았다. 미국 의회는 그의 심각한 인권 침해를 비난하는 결의안을 통과시켰다. 그러나 아민을 막지는 못했고, 국민들은 그들의 대통령이 불멸이고 그들은 살아서 다른 지도자를 볼 수 없을 것이라 생각하기 시작했다. 신은 국민들의 기도를 들어주지 않았고, 불길한 운명을 타고난 우간다 국민을 잊은 듯이 보였다.

그러나 신은 잊은 적이 없었다. 아민은 특히 그의 군대에 취약했다. 그는 자신에게 반대하는 사람들을 결코 완전히 제거할 수 없었다. 게다가 다른 세력이 움직이기 시작했다. 민간인들이 단체를 조직했고, 케냐와 탄자니아에서 군대가 전투 태세를 갖추고 있었다. 아민의 지나친 행위는 반대파들, 특히 해외 망명자들에게 힘을 실어주었다.

권력의 고삐를 놓치지 않기 위한 이디 아민의 마지막 절망적인 도박은 1979년 4월에 좌절되었다. 정신병에 가까운 과도한 자신감으로 그리고 우간다 국민을 위협하여 복종하게 하면서, 그는 국가가 남쪽의 이웃 국가인 탄자니아의 유혈 침공으로부터 위협받고 있다고 주장했다.

아민은 자신의 환상에 소재를 부여하면서 그의 군대 중 작은 분견대에게 '침략자'에 대항하여 탄자니아 국경을 넘어 공격하라고 명령했다. 이러한 도발은 탄자니아 대통령 줄리우스 니에레레에게는 무모한 짓이었다. 그의 군대는 공격을 격퇴한 다음 우간다 깊숙이 압박해 들어갔다. 그들은 오랫동안 시달려온 우간다 사람들로부터 열렬히 환영받았다. 그들은 캄팔라를 향해 진군했고, 마침내 1979년 4월에 캄팔라에 도착했다.

마지막 텔레비전 방송에서 아민은 그의 군대가 진자에서 마지막 저항을 하기 위해 합류할 거라고 주장했다. 그러나 군인들은 결코 모습을 드러내지 않았고, 아민도 마찬가지였다. 그는 전용 비행기를 타고 은신처를 찾아 하나 남은 동맹 가다피 대령이 집권하고 있는 안전한 리비아로 도망쳤다. 이디 아민의 잔인한 통치는 끝났다. 오늘날 아민은 사우디아라비아의 메카 근처에서 왕족의 손님으로 살고 있다.

## 옮긴이의 말

'악의 축'이니 '악의 화신'이니 하는 말들이 신문과 방송을 뒤덮었던 적이 있었다. 그때 그런 어휘들을 접하며 인류의 역사가 시작된 이후부터 지금까지도 '악(惡)'이라는 현상과 실태가 여전히 존재하고 있다고 생각하며 모골이 송연해지는 한편 우리의 삶이 '악'에서 한 발짝도 벗어나지 못하고 있음에 안타까움을 금할 수 없었다.

이 책에 묘사된 대표적인 세기의 악인 16명의 행적을 따라가 보면 '악'을 행하는 데에도 어떤 질서가 있음을 알게 된다. 즉 '악'은 절대권력을 쥔 인물에게서 발생하기 쉬운 것으로 누구의 전유물이라 할 수 있는 것은 아니며, '악'이라는 개념과 현상을 주도하는 개인이나 집단 곁에 항상 '악'의 추종자들이 들끓고 있어서 그들 모두로 인해 '악'이 보편적인 인간 행동의 한 현상이 되고 있다는 점이다. 이를 구조적으로 볼 필요는 없다고 할 수도 있겠지만, 여전히 우리는 '악'을 접하며 살고 있고 또 '악'은 우리의 삶 한가운데에 소리소문 없이 뿌리를 내리고 있는 것 아닌가.

이 책에서 끔찍한 악인으로 묘사되고 있는 인물들 중 절반 이상은 이미 우리가 중·고등학교 역사 시간에 배운 바, 들은 바 있는 절대권력을 한 손에 쥐었던 인물들이다. 이제 우리는 이 책을 통해 그들의 잔인했던 행적을 더욱 자세히 알 수 있게 되었다. 물론 저자의 관점이 침투해 있긴 하지만 말이다.

이 책의 저자는 분명 세계사에 돌출된 대표적인 악인들을 묘사함으로써 이 세상에서 악이 사라져주기를, 아니 인간 사이에서 악이라는 현상이 더욱 열어지기를 또는 절대권력을 장악한 자들이 '악의 화신'으로 빠져들지 말기를 기대했을 것이다. 그래서 어느 부분에서는 너무도 잔인 무도하고 흉악해서 입에 담기가 꺼려지는 이야기들을 감히 서술했을 것이고, 어느 부분에서는 너무 극악한 묘사는 피하려 하기도 했을 것이다. 나는 이 책의 몇 부분을 번역하면서 극심한 멀미와 같은 구토 증세를 느끼기도 했고, 간혹 이토록 잔인하고 읽기만 해도 인간성을 황폐하게 하는 내용을 군이 활자화 할 필요가 있었을까 하는 회의를 품기도 했다. 하지만 번역을 다 마친 후에는 번역하는 과정이 힘들긴 했지만, '악'이란 것의 실체를 조금이나마 적나라하게 보여주어서 그것이 우리들 삶에 자성의 계기를 마련해준다면 나름대로 의미가 있을 것이라는 결론을 내리게 되었다.

그렇다. 인간은 자신이 추구하는 목적만을 위해 앞으로 나아가는 존재이고 또 자신에게 이득이 되는 것을 추구하는 존재이다. 그래서 절대권력을 쥔 자들은 자신의 권력을 과시하기 위해서거나 그 권력을 연장하기 위해, 커다란 대의명분을 위해서든 아니면 자신의 자잘한 즐거움을 위해서든 자신이 저지른 행동을 합리화하기 위해 전력을 다하며 숭고하고 절대적인 목적을 위한 것이라는 포장을 하기 바쁜 것이다.

저자의 메시지는 일종의 '권력에 대한 경고'인 셈이다. 따라서 권력을 쥔 자들은 권력의 남용을 경계하도록 하라. 어떤 종류의 권력이든 말이다. 자신의 행동이 어느 때 어느 곳에서든 낱낱이 후세에 보고될 것이고, 그것을 우리들은 어떻게든 알게 될 것이니 말이다.

2003년 6월 한 정 석

# 참고문헌

### 칼리굴라

Barber, Stephen and Reed, Jeremy, *Caligula—Divine Carnage,* Creation, London, 2001.
Barrett, A. A., Caligula—*The Corruption of Power,* New Haven, New York, 1989.
Ferill, A., Caligula—*Emperor of Rome, Tha*mes & Hudson, London, 1991.
Gibbon, Edward, The Decline and Fall of the Roman Empire, Everyman, London, 1993.

### 네로

Bishop, John, Nero—*The Man and The Legend,* Hale, London, 1964.
Griffin, Miriam T., *Nero—The End of a Dynasty,* Routledge, London, 2000.
Holland, Richard, *Nero—The Man Behind the Myth,* Sutton, Stroud, 2000.

### 훈족 아틸라 왕

Howarth, Patrick, *Attila King of the Hun—The Man and The Myth,* Robinson, London, 2001.
Nicolle, David, *Attila The Hun,* Osprey, Oxford, 2000.

### 존 왕

Appleby, J. F., *John, King of England,* Knopf, New York, 1959.
Norgate, Kate, *John Lackland,* Macmillan, London, 1902.
Warren, W. L., *King John,* Yale University Press, London, 1997.

### 토르케마다

Baigent, Michael and Leigh, Richard, The Inquisition, Penguin, London, 2000.
Edwards, John, *The Spanish Inquisition,* Tempus, Stroud, 1999.
Kamen, Henry, *Inquisition and Society in Spain in the 16th and 17th Centuries,* Weidenfeld & Nicolson, London, 1985.
Peters, Edward, *Inquisition,* University of California Press, 1988.
Roth, C., *The Spanish Inquisition,* R. Hale, London, 1937.

## 블라드 드라큘라 왕자

McNally, Raymond T. and Florescu, Radu, *Dracula: Prince of many Faces: His Life and Times,* Little, Boston, 1989.

Treptow, Kurt W., Vlad III Dracula, Oxford, 2000.


## 프란시스코 피사로

Bernard, Carmen, *The Incas—Empire of Blood and Gold,* Thames & Hudson, 1996.

Innes, Hammond, *The Conquistadors,* Collins, London, 1969.

Kirkpatrick F. A., *The Spanish Conquistadors,* Black, London, 1946.

Wachtel, Nathan, *The Vision of the Vanquished—the Spanish Conquest of Peru through Indian Eyes,* Harvester Press, 1977.


## 메리 1세

Erickson, Carolly, *Bloody Mary,* Robson, London, 2001.

Prescott, H. F. M., *Mary Tudor, Eyre & Spottiswode,* London, 1952.

Ridley, Jasper, *The Life and Times of Mary Tudor,* Weidenfeld & Nicholson, London, 1973.

Tittler, Robert, *The Reign of Mary I,* Longman, London, 1983.


## 이반 4세

Graham, Stephen, *Ivan the terrible: Life of Ivan IV of Russia,* Archon, Connecticut, 1968.

Hosking, Geoffery, *Russia and The Russians: A History from Rus to the Russian Federation, Belknap,* Harvard University Press, 2001.

Troyat, Henri, *Ivan the Terrible,* Phoenix Press, London, 1984.


## 엘리자베스 바토리 백작부인

McNally Raymond T., *Dracula was a woman: in search of the blood countess of Transylvania,* Hale, London, 1984.

McNally Raymond T. and Florescu, Radu, *In Search of Dracula: A true story of Dracula and vampire legends,* New York Graphic Society, Greenwich, 1972.


## 라스푸틴

Lincoln, W. B., *The Romanovs,* Weidenfeld & Nicolson, London, 1981.

Moynahan, Brian, *Rasputin—The Saint Who Sinned,* Arum, London, 1997.

Radzinsky, Edvard, *From Wastrel Monk to Political Power—Rasputin: The last Word*, Weidenfeld & Nicolson, London, 2000.
Xenofontova, Lyudmila(trans.), *The Romanovs—Love, Power and Tragedy*, Leppi, Italy, 1993.

## 요시프 스탈린

Conquest, Robert, *The Great Terror—A Reassessment*, Pimlico Books, London, 1990.
Conquest, Robert, *Stalin—Breaker of Nations*, Phoenix, London, 1998.
Figes, Orlando, *A People's Tragedy*, Pimlico, Lmdon, 1996.
Sema, Robert, *A History of 20th Century Russia*, Penguin, London, 1997.

## 히틀러

Bullock, Alan, *Hitler—A Study in Tyranny*, Penguin, London, 1962.
Kershaw, Ian, *Hitler—Profiles in Power*, Longman, London, 1991.
Kershaw, Ian, *Hitler—Hubris and Nemesis*, Penguin, London, 2001.
Maser, Werner, *Hitler, Bechtle*, Munich, 1971.

## 일자 코흐

Hackett, David A.(trans. and ed.), *The Buchenwald Report*, Westview, Oxford, 1995.
www.jewishgen.org/ForgottenCamps/Camps/BuchenwaldEng.html.

## 폴 포트

Chandler, David P., *Brother Number One: A Political Biography of Pol Pot*, Westview, Oxford, 1999.
Jackson, Karl D., *Cambodia 1975-1978—Rendevouz with Death*, Princeton, 1989.
Kiernan, Ben, *The Pol Pot Regime*, Yale University Press, 1993.
Martin, M. A., *Cambodia—A Shattered Society*, University of California Press, 1994.

## 이디 아민

Jamison, Martin, *Idi Amin and Uganda: an annotated bibliography*, Greenwood, London, 1992.
Listowel, J. H., *Amin*, IUP Books, Dublin, 1973.
Martin, David, *General Amin*, Faber, London, 1974.
Mutibwa Phares, *Uganda Since Independence*, Hurst, London, 1992.